일본편

DISCOVER THE SPIRIT OF JAPAN

tourism

community

관광을 통한 지역 만들기 성공 사례집

관광이 바꿀 수 있는 우리 지역의 오늘, 그리고 놀라운 내일

안용주 국제레저관광학과 교수

선문대학교

日本を元気にする地域の力

ー観光地域づくり事例集2015ー

편집: 국토교통성/관광청

발행일: 2017년 3월

협력처: 문부과학성 농림수산성 경제산업성

문의: 관광청 관광지역진흥부 관광지역진흥과

관광을 통한 지역 만들기 성공 사례집 -일본편-

관광이 바꿀 수 있는 우리 지역의 오늘, 그리고 놀라운 내일

초판 인쇄 | 2019년 08월 09일

초판 발행 | 2019년 08월 12일

번　역 | 안용주

디자인 | 소통

발행인 | 황선조

발행처 | 선문대학교 출판부

등록번호 | 제9호

등록일 | 1998년 09월 25일

주　소 | 충남 아산시 탕정면 선문로221번길 70

전　화 | (041) 530-2042

팩　스 | (041) 530-2979

가　격 | 25,000원

ISBN | 978-89-8423-871-8 03910

관광을 통한 지역만들기 성공 사례집

여는 글

일본을 연구하는 한 개인으로서 일본은 들여다볼수록 많은 부분에서 놀라운 발견을 하게 됩니다. 여행자의 시선으로 일본을 느끼면서 자괴감에 젖을 때도 있습니다. 10년 전에 갔던 길을 되짚어 돌아봐도 고즈넉하고 정갈한 모습은 오가는 사람들로 하여금 마치 어제 왔었던 나를 재발견하는 시간을 선물해 줍니다. 여행자의 시선은 사방팔방을 휘돌아보며 추억의 단편을 만들어 내고, 기억의 파편을 더듬어 보고, 이야기 거리를 담아내려고 렌즈를 들이댑니다. 어쩌면 발밑을 기어가는 흔하디흔한 개미의 일상조차 여행지에서 바라보는 시선은 새롭고 신기하기만 합니다. 왜일까요? 낯선 곳에서 만난 일상이 어쩌면 그리움과 편안함, 내가 있어야 할 곳에 대해 이야기해 주기 때문이 아닐까 싶습니다.

모두가 4차 산업 혁명을 이야기하고, 인공 지능, 빅 데이터, 사물 인터넷에 대해 이야기합니다. 가상 현실을 통해 의자에 앉아서 우리는 세상을 느끼고 볼 수 있는 가상 체험의 세계를 그려 보기도 합니다. 그런 세상은 물론 곧 우리 눈앞에 펼쳐질 것입니다. 그러나, 걸어 보고, 만져 보고, 내음새를 맡아 보고, 눈에 보이지 않는 그 어떤 것을 느껴 보는 것은 가상 세계가 만들어 내는 것과는 결코 동일하지 않을 것입니다. 그리고, 기억의 저편에서, 추억의 한 단면을 예쁘게, 그립게, 다시 찾고 싶게, 떠올리게 만들어 줍니다.

본서는 문명을 찾아, 과학을 찾아, 편리함을 찾아 도시로 향한 사람들로 이루어진 고독의 섬에서 생활하는 사람들에게 고향을 느끼고, 떠올리고, 다시 찾고 싶게 만들기 위해 우리가 벗어나고자 발버둥쳤던 시골을, 지방을, 매력 있게 만들기 위해 오늘도 보이지 않는 곳에서 구슬땀을 흘리고 있는 지역 만들기 전문가, 지방 창생을 위해 노력하고 있는 공무원, 졸업 후에 지역에서, 로컬에서 주인공이 되고자 공부하고 있는 미래의 꿈나무들이 관광이라는 키워드를 통해 내가 살고 있는 지역을 어떻게 변모시킬 수 있는지, 어떤 모습을 꿈꾸고 그려 낼 수 있는지에 대한 답을 찾는데 길라잡이가 될 수 있습니다.

지리적으로 가장 가까운 나라 일본은 지진과 화산을 제외하면 한국과 매우 닮아 있습니다. 지진과 화산은 실질적으로 일본인들에게는 과거에서 오늘에 이르기까지 가장 두려운 존재입니다. 현재 활동 중인 화산만 100여 개에 이르고 있고, 2011년에 발생한 M9.1의 지진은 엄청난 재해를 초래했습니다. 일본은 7천여 개의 섬들로 이루어져 있고, 국토의 80%가 산지로 이루어져 있어 국토의 70%가 산으로 이루어진 한국과 매우 흡사하기도 합니다.

이렇게 많은 산지와 적은 평야, 사방이 바다로 둘러싸인 결코 축복받은 땅이라고 하기에는 무리가 있는 일본이 어떻게 경제 대국과 이를 뒷받침하는 관광을 통해 부흥을 꾀하는 관광 대국으로 갈 수 있는 터전을 만들어 내고 있는 것일까?

본서를 통해 답을 얻을 수 있습니다.

일본이 관광이라는 콘셉트로 경제 성장과 지방 창생이라는 두 마리 토끼를 잡기 위해 로컬을 어떻게 바꿔 나가고 있는지 성공 사례를 통해 우리가 생각하는 지역 만들기의 미래를 만들어 갈 수 있습니다.

본서는 오랫동안 일본이 노력해 온 관광을 통한 지역 만들기의 노하우를 담아 놓은 책입니다.

지역 만들기의 정답은 역시 사람입니다. 그리고, 그 지역 주민을 주인공으로 모셔야 한다는 사실입니다. 지역 주민이 공감하고, 지역민이 주인이 되고, 지역민이 협력하는 지역민들에 의한 집단 지성이 갖추어져야 지속 가능한 지역 만들기가 완성됩니다.

행정은? 공무원은?
한 걸음 늦춰야 합니다.

지역 만들기에 대한 성급한 결과 요구는 황금알을 낳는 거위의 배를 가르는 일과 진배없습니다. 지역민들이 추구하는 마을 만들기의 가치를 인정하고, 인재가 자라날 수 있는 토양을 만들어 주고, 스스로 가치를 발견할 수 있도록 지원하고 협조해 주는 역할에 만족할 수 있을 때 비로소 지역민이 주인이 되는 마을 만들기가 빛이 나고, 지속 가능한 발전 전략을 모색할 수 있습니다.

본서를 통해서, 마을 만들기의 참 모습을 발견하기를 기대합니다.
본서를 출판하도록 도와주신 선문대학교 출판부와 소통,
여러분들에게 감사드립니다.

역자 안용주 교수

1 인바운드에 대한 대처 방안

2 선진적인 추진 체제와 대처 방안

2-1 선진적인 추진 체제

2-2 선진적인 대응

칼럼

3 다양한 분야에서 지역 만들기와의 연계

4

지역 인프라와의 연계

4-1 지역내 교통과의 연계

칼럼

4-2 관광지의 환경·경관 정비와의 연계

1

인바운드에 대한 대처 방안

근래, 아시아를 비롯한 일본을 찾는 외국인 여행객이 큰 폭으로 증가하고 있다. 지역의 입장에서도, 이를 호기로 삼아 여행객을 적극적으로 받아들이는 것이 지역발전과 맥을 같이하는 것일 것이다.

1 인바운드에 대한 대처 방안

1-1 외국인 환대 환경 정비

칼럼

1-2 지역의 특성을 살린 MICE 추진

1-3 효과적인 프로모션과 정보 발전

특집

2020년의 일본방문 외국인 여행자 수 2,000만명으로 높은 목표 설정

도쿄올림픽·패럴림픽을 염두에 둔 정부와 관민일체가 된 대응방안 추진

이제까지와는 다른 스피드로 나날이 증가하는 외국인 방일 여행자 수

방일 외국인 여행자 수는, 재작년인 2013년에 사상 처음으로 천만명을 달성하고, 이어 2014년에 사상 처음으로 1천3백만명을 넘는 등 이제까지 볼 수 없는 속도로 증가하고 있다.

이런 속도를 보았을 때 2015년도 가일층 증가할 것으로 보이는 가운데, 이와 같이 방일 외국인 여행자 수의 증가세가 호조를 보이고 있는 요인으로서는 크게 4가지로 집약시킬 수 있다고 하겠다.

첫째는, 아시아 등의 경제성장에 따른 해외 여행자 수 증가, 엔화 약세에 따른 방일 여행이 비교적 저렴하다고 생각하는 경향이 확대되고 있다는 것. 두번째는, 올림픽·패럴림픽의 개최결정, 후지산(富士山)과 후지오카방적공장의 세계문화유산등록, 일식(日食)과 화지(和紙 : 일본 전통방식으로 만든 종이)의 무형문화재유산등록 등에 따라 일본의 국제적인 주목도가 높아졌다는 것. 세번째는, 하네다공항 국제선의 이착륙비율 확대, 비자 취득의 대폭적인 완화, 면세제도의 확충, CIQ* 체제 충실함 등에 의해 몇 가지 장벽이 철폐되었다는 점. 네번째는, 지속적인 일본방문 프로모션에 의해 세계 각국과 각 지역에서의 방일 여행에 대한 인기가 높아진 점을 들 수 있다.

*CIQ : Customas, Immigration and Quarantine의 약어. 세관·출입국관리·검역을 뜻한다.

지역의 관련 그룹과 아와오도리(阿波踊り)를 즐기는 외국인 여행자. 춤 뿐만 아니라 연주 체험까지 즐긴다.
(니시아와にし阿波-剣山・吉野川観光圏)

외국인 여행자로 북적이는 관광지
(기후현 타카야마시)

산간 벽지에서 지역민과 만남을 갖는 외국인 여행자의 인기 투어.
민가에 있는 정원에서 즐기는 야외 런치가 인기!
(니시아와にし阿波-剣山・吉野川観光圏)

다국어대응이 가능한 관광안내소
[TICTOKYO](도쿄 치요다구)

문화체험을 즐기는 외국인 여행자

관광지의 지역에 요구되는 대응과 정부의 대응전략

이 같은 흐름 속에서, 앞으로 관광지가 있는 지역에서는 외국인이 쉽게 관광을 즐길 수 있도록 다국어에 대한 대응, 무슬림 여행자에 대한 대응 등의 환대 환경 정비, 지역이 혼연일체가 된 해외 프로모션 등을 펼쳐나가는 것이 중요하다. 또한, 어떤 나라를 타겟으로 할 것인가에 대해서도 분석·검토하고, 그들 나라로부터의 내방객을 불러들이고 환대하기 위한 전략과 시스템 만들기도 필요하다.

정부에서는, 2020년을 향해서, 2천만명의 목표를 달성하기 위해 다음과 같은 6가지 메인 테마를 중심으로 관광 입국 실현을 위한 액션 프로그램2014(2014.6.17. 내각결정)을 책정하고, 정부와 관민이 혼연일체가 된 대응을 강력하게 추진하고 있다.

1. [2020년 올림픽·패럴림픽]을 염두에 둔 관광진흥
2. 인바운드의 비약적인 확대를 목표로 한 대응방안
3. 비자 요건 완화 등의 방일 여행의 간소화
4. 세계에 통할 수 있는 매력있는 관광 지역 만들기
5. 외국인 여행자의 환대 환경 정비
6. MICE 유치·개최촉진과 외국인 비즈니스객에 대한 대처

다국어 대응 WEB페이지 정비 사례

해외에 있는 것 같은 착각을 일으킬 정도로 수많은 외국인 여행자로 북적이는 니세코 스키장(쿳쨩관광협회. 홋카이도)

국제회의 [나라 관광통계 위크] 개최

MICE개최 모습(JNTO)

MICE개최 모습(JNTO)

쇼핑을 즐기는 외국인 여행자 (니가타현 우오누마시)

또한, 방일 외국인 여행자에 대해서는, 국가별로 도표1-2에서 보는 바와 같이 대만, 한국, 중국, 홍콩 등 동아시아가 압도적으로 많고, 미국, 태국, 호주가 그 뒤를 잇고 있어, 앞으로 동아시아는 물론 동남아시아와 구미로부터의 여행객이 더욱 늘어날 것으로 기대하고 있다.

또한, 정부에서는 오른쪽 페이지에 적시한 것처럼 방일 외국인 여행자 수를 더욱 증가시키기 위한 대응방안을 추진하고 있다.
제1장에서는 지방이 방일 외국인 여행자를 더 많이 불러들이고, 또한 쉽고 편하게 들어올 수 있도록 하기 위한 환경 정비를 진행하고 있는 전국의 대처사례를 소개한다.

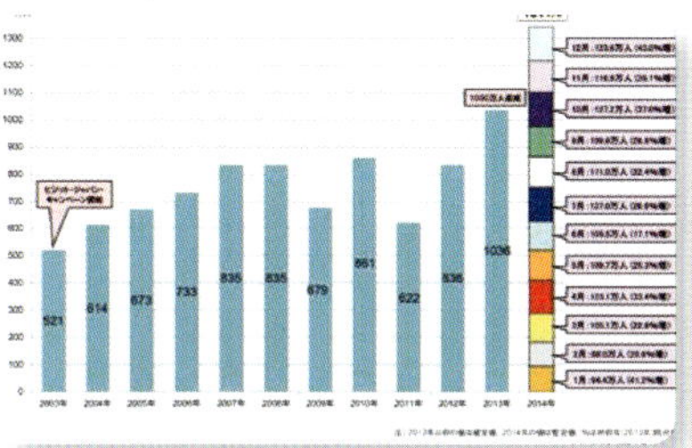

주) 2013년 이전 수치는 확정치.
2014년 수치는 잠정치.
%는 전년도(2013년)동월비
출전 : 일본정부 관광국(JNTO)

도표1-2 방일 외국인 여행자 수 추이

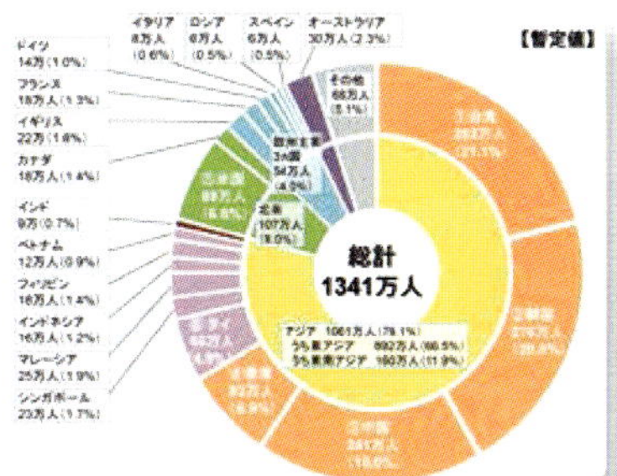

※ 방일 외국인 여행자 수 전체에 대한 셰어
※ 그 밖에는 아시아, 유럽 각 지역이 있는 경우에도 기재하지 않은 국가와 지역 포함
※ 수치는, 각각 사사오입을 적용했기 때문에 서수에 있어서 합계와 합치하지 않는 경우가 있음
※ 일본정부 관광국(JNTO)자료에서 관광청이 작성

도표 1-2 2014년 방일 외국인 여행자 수 및 비율(국가·지역별)

TOPICS 인바운드에 관한 주요 시책

방일 프로모션(비짓 재팬 사업) 개요

<중점 마켓(20개 시장)>

한국, 중국, 대만, 홍콩, 태국, 싱가폴, 말레이시아, 인도네시아, 필리핀, 베트남, 인도, 호주, 미국, 캐나다, 영국, 프랑스, 독일, 이태리, 러시아, 스페인

현지 소비자 타겟 사업

해외 광고 선전

해외 미디어 초청

현지 미디어를 일본 관광지에 초청하고 귀국 후 외국인의 시선으로 기사 게재, SNS에 의한 방일 관광의 매력을 발신

여행박람회 출전·이벤트 개최

현지 여행사 타겟 사업

여행박람회 출전·이벤트 개최

해외 여행사 초청투어

공동 광고

재외공관과 연계 사업

○ 재외공관 등과 연계해서 올 재팬(all Japan)체제에 의한 방일 프로모션 전개 (이벤트 개최, 여행박람회 출전 등)

관민 연계 사업

○ 해외 네트워크를 가지고 있는 기업과 연계해서 '일본 브랜드'팬에 대한 방일 프로모션 전개(현지 점포 • 네트워크를 활용한 방일 캠페인, SNS, WEB을 활용한 프로모션 등)

지방 연계 사업

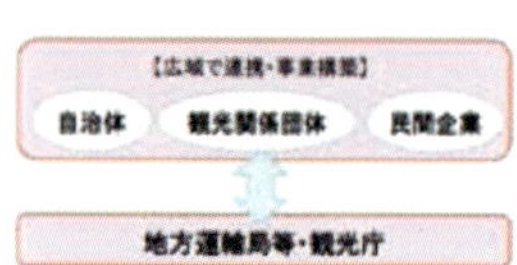

○ 광역적으로 연계한 방일 프로모션을 지역과 정부가 협조해서 실시(여행사 초청, 미디어 초청, 여행박람회 출전 등)

광역관광주유루트 형성 촉진사업의 개요

복수의 도도부현에 걸친 테마성, 스토리성을 가진 일련의 매력있는 관광지를, 교통 액세스까지 포함시켜 네트워크화하고, 외국인 여행자의 체재일수(평균 6일-7일)를 고려하여, 일본 방문을 강하게 동기부여 시킬 수 있는 [광역관광주유루트](거대 관광 동선) 형성을 촉진시키고, 해외에 적극적으로 발신한다.

국제관광수요 증가 (특히 동남아시아)

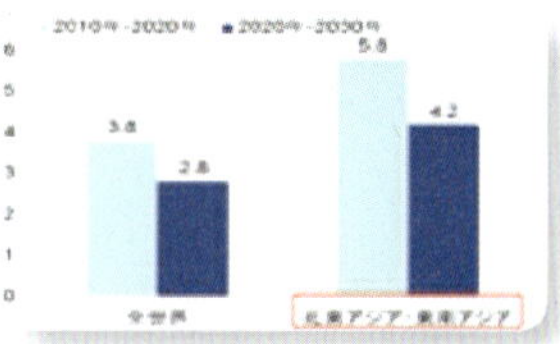

국제관광객 도착객 수의 연평균 신장율 예측
북동아시아·동남아시아 지역은 세계에서 가장 높은 신장율이 예측되는 국제관광 시장

정주인구 감소에 대한 여행 소비 효과

정주인구 1인당 연간 소비는,
1. 외국인 여행자 10인분
2. 국내 여행자(숙박)26인분
3. 국내 여행자(당일)83인분의 여행 소비에 상당

골든 루트

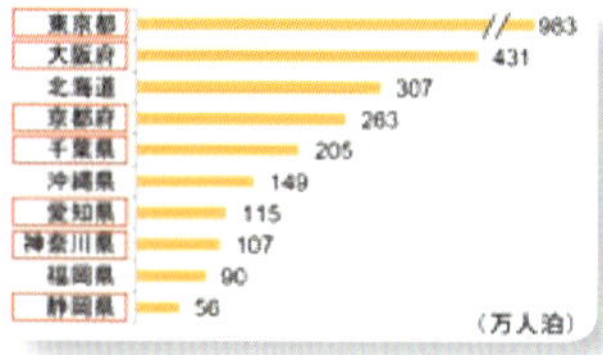

도도부현별 외국인 연간 숙박자 (2013년)

광역관광주유루트 형성 촉진 사업 (광역 관계자에 의한 대응)

- 광역관광주유루트 형성 계획 책정
- 수치목표 설정과 PDCA사이클 정비
- 외국인 환대 환경 정비(면세점 정비, 다국어 표기, 무료 공중 무선 LAN 환경 정비, 핸드 프리 관광 추진 등)
- 광역주유를 위한 교통 액세스 원활화
- 지역의 관광 자원을 활용한 체재 콘텐츠 내실화
- 광역 관계자의 관민 연계에 의한 시스템 만들기 등

←

정부 지원

- 계획 책정에 관련된 비용
- 마케팅 비용
- 광역에서의 외국인 환대 환경 정비
- 광역주유를 위한 교통 액세스 원활화
- 해외로의 정보 발전 등

→ **다양한 광역관광주유루트를 형성하고, 지역에서 수요를 창출**

Specialist Message 전문가의 변

-지금이 적기! 세계적인 방일 붐-
JNTO(일본정부 관광국)해외 프로모션부

1. 세계적으로 방일 관광 조류 호조

최근의 방일 외국인 동향이, 올해 크게 다르지 않게 각국 시장에서 호조를 보이는 상황이 이어지고 있다. 요인은 각 시장의 상황이 대부분 같은 상황이 이어지는 공통적인 것과 일본 엔의 환율이 낮아진 것에 대한 영향이 크다고 하겠다.

시장별로는, 동아시아와 동남아시아에서는 저가항공(LCC, Low Cost Carrier) 취항에 따른 영향도 큰 것이 사실이다. 아시아에서는 면세제도의 완화, 사증(VISA) 취득 요건 완화에 따른 효과를 들 수 있다. 물론, 각 시장에 대한 방일 프로모션 효과가 착실하게 누적되어 결실을 맺고 있는 것도 한 요인으로 들 수 있다.

지금 시점은 세계적으로도 일본 붐이 조성되었고 재방문도 증가하고 있다. 앞으로 JNTO가 생각하고 있는 프로모션 방향성으로는, 첫째, 지방으로 방일 외국인 여행객의 발길이 이어지도록 하는 것, 둘째, 오프시즌에 외래 관광객을 유도하는 것이다. JNTO에서는 항공회사와 크루즈 유치를 실시하고 있는데 LCC의 등장으로 일본의 지방공항에서도 동아시아, 동남아시아, 구미의 관심이 높아지고 있다. 도쿄올림픽·패럴림픽 개최까지 2천만명의 방일 외국인 여행객 달성을 예상하고 있기 때문에 해외의 항공회사도 경쟁이 고조되어 있다.

또한 관민 연계를 통해 촉진되고 있는 첨단의 세련된 프로모션도 전개하고 있다(트립어드바이저 활용, Tokyo Otaku Mode의 Web발전 등).

2. 동아시아 상황과 프로모션 대응

i) 한국시장

한국시장의 특징으로는 일본과의 거리가 가깝고 지방도시로의 항공기 취항편이 많다는 점, 재방문율이 높다는 것을 들 수 있다. 이로 인해 방일 외국인 관광객이 지방으로 가기 쉽다는 점에 착목해서, 각 지방에 맞는 매력있는 콘텐츠를 세련되게 업그레이드 시키고 지방의 매력을 더 많이 발전시킬 필요가 있을 것이다.

또한, 개별 외국인 여행객이 많고 마치 국내여행을 하는 듯한 감각으로 단기간(2박-3박)으로 오는 방일 외국인 여행객이 많다. 재방문이 많다는 것과 체험형 테마성을 가진 프로모션(예를 들면 트래킹 등)도 호응을 얻고 있다. 한편, 동일본대지진 이후에는 동일본으로 들어오는 여행객 수가 늘지 않아서 고민하고 있고 앞으로도 이와 같은 부정적 이미지를 불식시키는 등의 노력이 요구된다.

구 정월 기간의 쇼핑 촉진(도쿄 그랜드 쇼핑 등)의 Facebook에 의한 정보발신

많은 LCC가 집결하는 나리타 국제 공항 터미널

ii) 대만시장

대만 시장의 특징은 일단 일본에 유화적이며 재방문이 많다는 것과 단체여행 비율이 높다는 것, 한국과 마찬가지로 지방도시로 취항한 항공노선이 많다는 점을 들 수 있다. 물론 다른 시장에 대해서도 분석할 수 있지만 의외성이 있는 것에 대한 인기가 나타나고 있는데, 예를 들면 [블랙 선더]라고 하는 일본 초콜릿과자가 유행한 적이 있다. 일본인이 생각하지 못한 점에 외국인이 착안하는 경우도 많은데, 외국인의 눈높이에서 사물을 바라보는 것이 중요하다.

프로모션에서는 한국과 비슷한데, 다른 중화권 시장에서는 좋은 징조라고 하는 용을 이미지화한 중부·호쿠리쿠 지방의 [용의 승천 프로젝트]는 대만에서도 커다란 효과를 보고 있다.

iii) 중국시장

중국시장의 특징은 방일 외국인관광객이 폭발적으로 증가하고 있다는 것이다. 한편, 다른 동아시아와 비교하면 아직은 단체관광객이 주 고객층이며 일본을 처음 방문한 여행객 비율이 높고, 골든 루트*와 홋카이도(北海道), 도쿄체재형이 인기가 있다. 다만 베이징(北京), 샹하이(上海)같은 대도시에서는 개별관광객(FIT) 비율이 증가하고 있고, JNTO에서는 지역확산을 위해 비교적 중국과 가깝고 노선도 발달된 규슈(九州)를 2014년도부터 집중적으로 지원하고 있다.

[용의 승천(쇼류도) 프로젝트]

또한, 중국에서의 비자 취득이 여행사에 관광을 신청한 다음 대리신청을 통해서 비자를 받는 한 가지 방법만 사용하고 있으므로, 여행사가 얼마만큼 일본으로의 관광을 기획하고 판매해 주는가가 매우 중요하다. 재방문율이 증가하면 다음으로는 다양한 체험을 하고 싶어지게 되므로 홈스테이 등도 좋아하게 된다.

최근의 중국인에 대한 비자 발급 요건 완화 상황(2015년1월부터 적용)_외무성HP인용

1) 상용 목적인 자와 문화인·지식인의 복수 비자 신청자에 대해서 요건을 일부 완화
2) 개별관광객의 오키나와(沖縄)·토호쿠(東北) 3개현에 있어서의 복수 비자 신청자에 대해서 과거 3년 이내에 일본을 방문한적이 있는 사람에 대해서는 경제력의 요건을 완화
3) 개별관광객(FIT)에 대해서는 상당한 액수의 고소득자에 한정해서 오키나와(沖縄)·토호쿠(東北) 3개현의 어느 한 곳에 1박을 한다는 조건에 구애받지 않는 복수 비자를 새롭게 도입

* 골든 루트는 일반적으로 도쿄(東京都), 아이치현(愛知県), 교토부(京都府), 오사카부(大阪府)를 잇는 관광 루트를 가리킨다.

iv) 홍콩시장

홍콩시장의 특징은 개별여행객(FIT)이 많고 80%이상을 재방문자가 점유하고 있다는 점이다. 최근에는 칸사이(関西)국제공항 이착륙 편수의 증가로 인해 특히 서일본에 방일 외국인 관광객이 증가하고 있다. 또한 다른 동아시아에 비해 국내 지방도시와의 취항 노선이 적기 때문에, JNTO에서는 지방으로 관광객을 유치하기 위해서 3년 전부터 렌터카, 관광열차를 활용한 프로모션을 전개하고 있고, 그 효과가 서서히 나타나고 있다.

[랩핑 버스를 이용한 프로모션]

홍콩 관광객들은 눈과 혀의 감각이 뛰어나서 일본음식과 지역만의 차별성 있는 경험에 대해 관심이 높다. 우나기섬(ウナギ島)으로 불리는 세토(瀬戸)내해의 오쿠노섬(大久野島)이 인기를 끌고 있는 점 등 일본을 방문하고 있는 외국인 관광객들의 니즈도 다양화되고 있고, SNS에 의한 리얼타임의 정보발전이 필수화 되고 있다고 할 수 있다. 또한, 이미지보다도 리얼한 것을 관람할 수 있도록 하는 것이 중요해서, 홍콩 텔레비전 방송국과 유명 탤런트가 일본 각지를 여행하는 프로그램을 방영하는 등 그 효과가 나타나고 있다.

3. 동남아시아의 상황과 프로모션의 대응

동남아시아 국가들은 모두 일본 친화적이며 일본음식이 인기 있는 국가이다. 게다가 이자카야(일본식 선술집)나 타코야키(일본식 풀빵) 퍼포먼스, 오코노미야키(일본식 찌짐)를 뒤집는 체험도 인기가 있다. 또한 일본의 사계절에 대해서도 관심이 높아서 겨울에는 스키를 타는 것 보다 눈에서 즐기는 것에 더 관심이 있고, 봄에 피는 벚꽃, 가을 단풍도 높은 인기를 모으고 있다. 쇼핑에서는 태국 관광객들에게는 [일본 과자류], 싱가폴 관광객들에게는 [여러가지 식료품, 음료, 술, 담배]등으로 국가별로 다른 특징을 보이고 있다.

동남아시아 국가에서는 많은 국민들이 SNS를 하고 있기 때문에 입소문을 통한 바이럴 마케팅의 효과가 크다. 일본의 거대 신문사 같은 강력한 매체가 없기 때문에 사사로운 발전을 통하는 것이 중요하고, 같은 동포들에 의한 발전은 신용도가 높아서 더 효과적이다. 그렇기 때문에 Wi-Fi를 정비하는 것이 효과를 극대화시킬 수 있다.

다른 국가도 비슷하겠지만, 이것 저것 가리지 않고 전부 다 있다는 식으로 어필하기 보다는 특징있는 킬러 컨텐츠*를 하나씩 정해서 비쥬얼적으로 어필하지 않으면 다른 지역과의 차별성을 어필하기 어렵다. 동남아시아에서는 일본에 대한 정보 또한 부족한 실정이다. 실제로 눈은 홋카이도(北海度)에서만 볼 수 있다고 생각하는 사람도 많기 때문에 다른 지역에서도 이런 점을 감안해서 어필하면 좋을 것이다. 벚꽃도 도쿄(東京)에서만 볼 수 있다고 생각하는 사람들이 많은 것이 사실이다.

동남아시아 시장을 공략하기 위해 필요한 프로모션의 하나로 '모델 코스'를 개발해 보는 것을 추천한다. 사진 이미지와 입소문을 통해 결정되는 경우가 많고, 일본다운 경관·풍경과 하이테크 체험을 혼용하는 것도 효과적일 것이다. 또 하나는 개별여행 시대에 돌입했으므로 킬러 콘텐츠에 대한 발전과 공항으로부터의 액세스 환경을 향상시키기 위한 도로 정비·도로 표식 등의 충분한 정비 대책을 세울 것을 추천한다.

4. 유럽·미국·호주의 상황과 프로모션 대응

3국에서 일본을 방문하는 관광객은 개별여행객이 많으므로 2차 교통이 발달한 지역이 인기가 있다. 지역의 2차교통에서는 차내방송이나 세심한 외국어 안내 시스템 등이 요구된다.

[니세코마을에서는 외국 이주민이 많다는 점을 이용해서 외국인 직원을 통한 각종 정보를 SNS를 통해 다국어로 발전하고 있다(니세코마을 관공서)

영어로 된 홈페이지가 있으면 좋겠지만, 갑작스럽게 효율적인 홈페이지를 구축한다는 것은 쉽지 않기 때문에, 우선은 외국인의 의견을 받아들여서 현재 사용하고 있는 사이트를 수정하거나, JET프로그램 등을 통해 일본에 와 있는 외국인에게 조언을 구하는 등 **외국인의 입장에서 어떤 부분을 수정하면 좋을 지, 외국인에게 있어서 멋있다고 느껴지는 풍경은 어떤 느낌인지 등을 이해하는 것이 중요하다.** 또한 미국, 유럽, 호주 3개국 사람을 지역에 정착시킬 수 있도록 하는 것도 매우 유용한 방법이다. 홋카이도의

* 킬러 컨텐츠 : Killer Contents란 뉴스정보, 음악, 영화, 만화, 애니케이션, 게임 등 미디어 시장의 판도를 재편할 만큼의 큰 영향력을 지닌 핵심적이고 매력적인 콘텐츠를 가리킨다. 일본의 플레이스테이션(PS)이라는 게임기가 폭발적인 판매고를 기록한 것은 화이널 환타지7이라는 킬러 콘텐츠 덕분이라는 평가가 있다.

니세코에는 그 방면으로 유명한 선구자가 있기 때문에 영향력있는 사람을 초청하는 것도 효과적이다. 3개국이 가지고 있는 차이점이라고 하면 미국과 독일은 비즈니스 여행객이 많은데 비해 호주는 관광객이 많다는 점이다. 스페인과 이태리 관광객도 급증하고 있는 추세이다. 그들의 인상에 남는 것은 지역인들과의 커뮤니케이션이지만 편리함만을 추구하는 것이 반드시 인상적이라고 할 수는 없기 때문에 **있는 그대로 교류하는 것이 중요**하다. 특히 3개국을 겨냥한 프로모션으로 필요한 것은 보다 많은 사람들에게 SNS를 통해 발전하도록 하는 것이 효과적이라는 것이다. 그들의 동향을 살피는 데에도 페이스북이나 트위터를 잘 활용하는 것이 열쇠라고 하겠다. 또한, 음식을 통한 어필도 중요한데 예를 들면 죽순(筍)사시미 등 일반적으로 접해보지 않았던 음식에 대해 놀라움을 가질 수도 있지만 평상시 만들어 먹던 음식을 먹을 수 있도록 함으로서 관광객에게 음식에 대한 안전한 인상을 갖도록 하는 것도 좋은 방법이다.

2015년 2월 태국에서 실시한 Thai International Travel Fair

외국 관광객에게 인기있는 지옥계곡 야생원숭이 공원의 [스노 몽키]

수많은 외국인 관광객으로 붐비는 [타테야마·눈 계곡]

5. 지역이 이제부터 해야 할 대응방안

일본의 관광지 그리고 자치단체가 전반적으로 알아 두어야 할 것은 우선 **외국인이 보았을 때 전혀 흥미가 없는 것을 홍보해서 결국 아무 홍보효과도 거두지 못한다는 점**이다. 많은 지역이 '이것도 있습니다', '저것도 있습니다'라고 어필하는 홍보방법을 아직까지도 사용하고 있기 때문에 해외시장(외국인 관광객 유치)에서는 그 지역의 장점을 알리기 어렵다는 것이다. 이런 구태의연한 홍보방법 보다는 **다른 지역과 차별화** 할 수 있는, **그 지역만의 독특한** 킬러 콘텐츠를 사진 등의 비주얼적인 방법으로 계속해서 홍보하는 편이 훨씬 효과적이다. 예를 들면, 타테야마 쿠로베(立山黒部)는 눈으로 이루어진 대협곡을 버스가 달리고 있는 사진, 후라노(富良野)라면 눈에 보이는 한 면 전체가 라벤다로 가득 찬 꽃밭 사진 한 장만 보여주는 것으로 충분히 임팩트가 있고, 외국인 관광객들에게 효과적으로 전달된다는 사실이다. 그렇게 킬러 콘텐츠를 중심으로 외국인 관광객이 모여들게 되면, 자연스럽게 그 주변에도 사람들이 모여들게 된다. 또한, **광역에서는 지역과 지역, 민간과의 연계부족을 지적**할 수 있다. 한 국가를 대상으로 하는 프로모션에서 어제는 A현 사람들이 와서 행사를 하고, 다음날에는 A현의 B시가 와서 프로모션을 하지만 결국에는 어느 한 곳도 인상에 남는 프로모션을 진행하지 못했다는 이야기를 종종 듣게 된다. **외국인 관광객들은 점(點)으로 움직이는 것이 아니라 상당히 광범위한 면(面)으로 움직이므로, 특정 지역에 한정되지 말고 지역과 지역이 연계해서 광역 차원에서 어필해야 효과적으로 전달**될 수 있다.

어떤 지역에서는 아직 외국인 관광객을 받아들이는데 소극적인 지역도 있지만, 생각해 보면 갈수록 일본의 인구는 점점 줄어들고 있다. 따라서 외국인 관광객이 찾아오는 것이 싫다고 외면만 하고 있어서는 안된다. 발상의 전환이 필요한 시점인 것이다.

다국어대응·외국인 관광 안내소

편리성 향상을 위해 리뉴얼한 [아사쿠사(浅草) 문화 관광 센터]

[실시 주체 : 도쿄 타이토구]

▶ 외국인 관광객의 편리성을 높이기 위한 각종 서비스 제공

세계 각국 관광객들의 발길을 끌고 있는 센소지(浅草寺)-카미나리몬(雷門)

대응 개요

[찾자, 보여주자, 지원하자]를 컨셉으로,
국내외로부터 방문하는 관광객의 편의성 향상

아사쿠사문화관광센터는 타이토구(台東区)의 관광 안내 거점으로서 [찾자, 보여주자, 지원하자]를 콘셉으로, 국내외에서 방문하는 관광객의 편리성을 높이고, 타이토구 내의 주유성(周遊性), 회귀성(回歸性) 향상을 목적으로 리뉴얼 했다.

아사쿠사문화관광센터에는 상시로 일본어·영어·중국어·한국어 4개국어로 관광안내가 가능하도록 하고, 관내에서는 무료로 공중무선LAN 환경을 제공, 다른 지역에서는 보기 어려운 공립시설에 환전소를 설치, 극장이나 스모 등의 관람티켓 판매 등 관광객에 대한 편리성을 최대한 제공한다는 기치를 세우고 서비스를 제공하고 있다. 또한, 수학여행 인솔자나 T·C(Tour Contuctor)가 이용할 수 있는 단체관광객 지원 공간 설치, 센소지의 나카미세 거리와 도쿄 스카이 트리를 한 눈에 볼 수 있는 전망 테라스 등도 설치하고,

세계 최대의 CGM(consumer generated media)사이트인 트립 어드바이저*에 [가보길 잘 했다! 무료 관광 스팟]에 관광안내소로서는 유일하게 상위권에 랭크하는 등 연간 100만명을 넘는 사람들이 이용하는 인기 스팟이 되었다.

* 트립 어드바이저(tripadvisor)는 2000년 2월에 설립된 회사로 여행자와 여행에 관한 각종 정보를 무료로 제공하고 있다. 여행정보 콘텐츠에 있어서 세계 최대 방문수를 기록하고 있다. 호텔, 항공권, 레스토랑, 관광명소에 대한 입소문과 사진투고까지 가능하여 트립 어드바이저를 활용한 각종 마케팅도 활발하게 이루어지고 있다.

[아사쿠사문화관광센터 외관, 왼쪽에 도쿄 스카이 트리가 보임]

지역의 특징

타이토구는 우에노(上野)·아사쿠사(浅草)같은 도쿄를 대표하는 국제적인 관광지를 보유하고 있고, 방문 관광객수는 연간 4,383만명(2012년, 426만명은 외국인 관광객)이 방문했다. 해당 센터는 센소지(浅草寺)·카미나리몬(雷門)의 맞은 편에 위치해 있는데 아사쿠사를 방문하는 외국인 관광객에게 인기 스팟으로 자리잡고 있다. 2012년 5월에는 스미다(隅田川)강을 사이에 둔 반대편 해안에 도쿄 스카이 트리를 개업함으로서 아사쿠사와 트리를 왕복하는 관광객이 증가하고 있다.

[외국인관광객을 안내하고 있는 관광 자원봉사 회원들]

대응체제

국제관광도시·타이토구 전체의 관광안내 중핵시설로서 국내외로부터 일본을 방문하는 관광객의 편리성과 주유성·회귀성을 향상시킴과 동시에, 건물 자체에도 매력을 겸비시킨 랜드마크로서 정비하는 것을 목표로 2010년 3월 [정비 기본계획]을 책정했다. 그리고 설계안에 대한 콤페티션을 실시해서 같은 해 12월에 쿠마켄고(隈研吾) 건축도시설계사무소를 설계자로 선정해서 2012년 개축공사에 착수했고, 동년 2012년 4월에 신 아사쿠사문화관광센터를 개관했다. 타이토구 문화산업관광부 관광과

가 운영을 소관하고 있고, 외국인에 대한 창구안내는 선의통역자원봉사 도쿄SGG클럽* 및 주식회사 콩그레가 위탁하고 있다.

* 선의통역자원봉사([illegible])도쿄SGG클럽(자원봉사정신에 입각해서 일본을 방문하는 외국인에게 언어상의 불편을 경감시키고 여행안내에 필요한 정보 제공, 일본에서 쾌적한 여행이 될 수 있도록 지원할 것을 목적으로 활동하고 있는 조직. 참고: https://tokyosgg.jp/index.html

· 지역 만들기의 노하우 ·

과제 아사쿠사는 [센소지(浅草寺)]라는 이미지가 지나치게 강력한 탓에 특히 외국인 관광객들에게 다른 관광 스팟 정보를 전달하기 어렵다.

▶ 아사쿠사문화관광센터에서는 2층에 바이럴마케팅 정보 보드를 설치하고 있다. 관광객의 생생한 목소리를 게시함으로서 다른 관광객에게도 센소지 이외의 다양한 관광 스팟 정보를 제공하고 있다. 또한 바이럴마케팅 정보를 통해 관광객에게 인기있었던 스팟에 대한 관광 루트 전단지를 만들어 관내에 배포하고 있다.

과제 음식점과 토산품점 등의 점포수가 너무 많아서 관광객들이 필요로 하는 점포정보를 얻기 어렵다.

▶ 관광객과의 커뮤니케이션 속에서 수집한 정보를 통해 해당 점포 등을 방문해서 관광객들에게 피드백 될 수 있도록 노력하고 있다.

과제 2020년 도쿄올림픽·패럴림픽을 맞이해서 도쿄로 집중하는 관광객을 분산시킬 수 있도록 하기 위해 지방과의 연계를 강화할 필요가 있다.

▶ 이웃 시도와 연락협의회를 만들고 정보교환을 하고 있다. 앞으로는 지방도시의 관광PR에 함께 협력하는 등 연계를 펼쳐나가려고 한다.

대응성과

2012년 4월에 리뉴얼 오픈하면서 관광객의 편의성을 높이는 쪽으로 기능을 충실하게 강화시켰다. JNTO(일본정부관광국)으로부터 외국인관광안내소의 최고 랭크인 카테고리3에 인정을 받는 등 기능면에서도 높은 평가를 받고 있다. 창구 담당 스탭에 따르면

"외국인이 요구하는 관광니즈 등의 정보를 수집해서 안내에 활용하는 등 항상 더 나은 서비스 향상을 위해 노력하고 있고 외국인 이용자로부터도 매우 좋은 평가를 받고 있다"고 한다.

타이토구의 방문관광객 수

타이토구의 총 숙박자 수

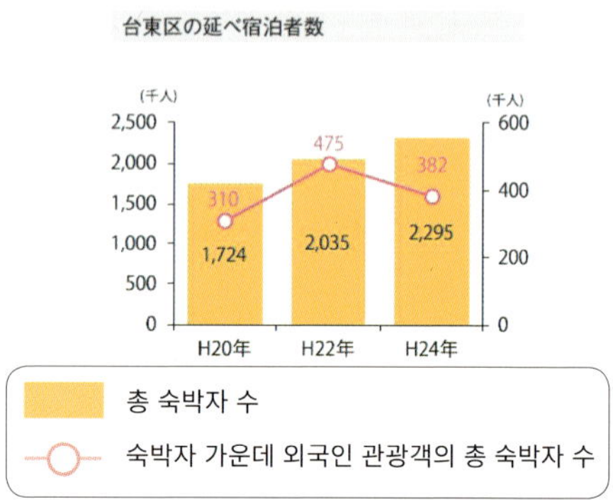

출전 : 타이토구 [관광통계·마케팅 조사]

문의 : 타이토구립 아사쿠사문화관광센터 (台東区立浅草文化観光センター)

TEL : 03-3842-5566

URL : http://www.city.taito.lg.jp/index/bunka_kanko/kankocenter/index.html

무슬림 관광객 대응

하쿠바고류(白馬五竜)의 무슬림 관광객 유치

[실시주체 : 하쿠바고류관광협회] 나가노현 하쿠바무라(長野県白馬村)

- 이슬람교 신앙을 가지고 있는 해외 관광객 유치
- 하쿠바고류(白馬五竜) 관광협회권역 관광프로그램 구축 및 지역 활성화
- 관광객 유치 사업을 중심으로 한 인재육성

민박체험(떡메치기)

민박체험(기모노체험)

말레이지아 상업시설에서 가진 홍보활동

대응 개요

대도시는 [거리]가 맞이하지만
하쿠바(白馬)는 [사람]이 맞이한다

무슬림에 관한 지식이 없어서 환대를 위한 학습모임과 무슬림 관계자를 초청해서 수 차례 세미나를 개최했다. 또한 말레이지아 현지인을 초빙해서 그들의 습관과 문화, 그리고 요리 등에 대한 강좌를 통해서 조금씩 지식을 쌓아 나갔다. 프로그램 내용은 가능한 이슬람 문화의 관광객을 어떻게 대하면 되는지를 기본으로 해서, 실제 일본인의 생활(리얼 재팬)을 이해할 수 있도록 구성했다. 환대 장면에서는 관광객의 스케쥴과 식사 내용에 대해서 사전에 미리미리 가능한 정보를 취합하고 관계자에게 어떻게 제공할 것인가에 대해 협회차원에서 대응하고 있다. 예를 들면, 일본식 식사가 계속 이어진 고객에 대해서는 출신국 요리를 제공하는 등 **고객 한 사람 한 사람이 행복해 할 수 있는 환대를 목**

표로 하고 있다. [할랄]을 충분하게 이해 하고 [할 수 있는 것]과 [할 수 없는 것]을 명확하게 구분하고 사전에 고객과 충분히 상의할 수 있도록 하고 있다. 또한 기도실 제공과 키브라컴퍼스(※) 및 예배 매트 대출 등도 병행하고 있다.

※키브라컴퍼스(qibla compass): 메카의 방향(키브라)을 표시하는 컴퍼스

지역의 특징

요즘 하쿠바마을(白馬村)에는 상당히 많은 인바운드(특히 호주를 중심으로 하는 유럽·미국·호주) 관광객이 찾아오고 있는데, 하쿠바관광협회 회원은 대부분 민박과 펜션업이 주체가 된 숙박시설을 보유하고 있고, 침대를 즐겨 찾는 구미(歐美)지역 관광객에게는 비호감일 수 있었기 때문에 패키지관광이 주를 이루고 있는 동남아시아로 관광객 유치사업을 검토하면서 무슬림을 타겟으로 결정하게 되었다. 그 계기는 2010년 [21세기 동아시아 청소년 교류계획]이라고 하는 정부의 청소년교류프로그램사업으로 일본을 방문한 인도네시아와 동티모르 연수 그룹을 받아들이면서 시작되었다.

[숙소 주인이 (서툰 영어로) 오늘의 메뉴를 설명하는 모습]

대응체제

2015년부터 [무슬림 프렌들리 프로젝트(Muslim Friendly Project)]사업의 일환으로 하쿠바고류 관광협회를 발족하고 프로젝트의 중심적 역할을 담당할 전문팀을 협회 멤버로 구성했다. 그리고 **현지시찰과 현지 여행사와의 비즈니스 미팅을 실시하는 등 수 차례의 현지방문**을 통해 실적을 만들어가기 시작했다.

무슬림에 대한 식사 등의 배려는 물론 필요하지만 이들을 받아들이는 것 자체는 그다지 어렵지 않겠다는 느낌이 들었다. 또한 **연수그룹에게 실시한 홈스테이 감각의 환대**가 호평을 얻었기 때문에, 아시아의 무슬림 관광객을 타겟으로하면 숙박시설의 특징을 잘 살릴 수 있겠다고 생각했다. 또한 동남아시아인들은 눈(雪)을 통한 놀이와 자연을 접하고 싶다는 니즈가 강했다.

눈체험과 블루베리 농장체험 등의 자연을 활용한 프로그램과 숙박시설에서 떡메치기

[하쿠바마을의 이슬람 연수회]

와 기모노체험 등의 일본문화를 체험하는 프로그램을 만들어서 숙소를 운영하는 **[사람]에 의한 환대**를 관광자원의 축으로 삼아서 타 지역과 차별화를 두었다. 또한, 칸사이(関西)·츄쿄(中京)·칸토(関東)로부터의 접근성이 좋다는 점과 호쿠리쿠(北陸)신칸선의 연장 노선에 따른 다양한 관광루트를 개발할 수 있게 되었고 타 지역과 공동으로 운영하는 공동투어 개발 가능성이 점차 증가하고 있다.

· 지역만들기의 노하우 ·

과제 소규모 숙박시설로 구성된 지역에서의 관광객 유치시책 상황

▶ 가족경영이라는 점이 오히려 관광객에게 더 가깝게 전달될 수 있는 일본인의 문화와 습관의 교류를 관광자원으로 만들어 나가고 있다.

과제 외국인 관광객이 좋아할 만한 호텔이 적고 펜션·민박을 가지고 승부

▶ 규모가 작은 시설이 많기 때문에 소규모 그룹이더라도 전체를 빌려주는 방식으로 대응하여 호텔과 차별화를 시도했다.

과제 투어 기획에 대한 입안과 해외로의 정보발전이 중요

▶ 협회로서는 처음으로 해외여행사 설명을 위한 관광팜플렛을 작성했다.

사토 분세이(佐藤文生)

하쿠바고류 관광협회 사무국장. (유)하쿠마 오퍼레이션 센터 대표. 1998년 JR카미시로(神城)역에 [하쿠바고류관광협회]사무소를 이전함과 동시에 협회운영을 맡아 본격적으로

홍보와 관광객 모집을 개시. 2010년부터 제1차 아베내각의 [21세기 동아시아 청소년 교류계획](2007년부터 교류계획 실시)에 참가해서 ASEAN 10개국 + 동티모르 청소년을 받아들이고 있다.

대응성과

지금까지 인도네시아·말레이지아·아프가니스탄·동티모르·미얀마·인도·베트남·아메리카 각국의 젊은 정치가와 학생단체의 홈스테이 등을 받아들이고 있다. 또한, 말레이지아에서 2015년 3월에 있을 MATTA페어(국내 최대 관광박람회)에 현지 여행사와의 비즈니스 미팅을 위한 공동 부스를 운영했다. 협회 회원의 관광의식 개선과 지역 활성화 가능성에 대한 효과를 인식하기 시작했다.

문의 : 하쿠바고류(白馬五竜)관광협회

長野県北安曇郡白馬村神城22548(神城駅構内)

TEL : 0261-75-3700

URL : http://muslim-friendly-japan.com

결제 환경 정비

상점가에 은행연합회 카드 등의 결제 서비스를 일괄 도입

[실시 주체 : 나가사키(長崎) 하마이치(浜市)상점가 진흥조합 연합회]

- 연합회의 일괄계약을 통해 초기비용과 운영 코스트를 대폭 삭감
- 거의 모든 신용카드에 대응
- 전자화폐*와 은행연합회 양쪽에 모두 대응 가능한 콤팩트 단말기
- 매상·입금관리 등을 효율적으로 관리하는 [매상 통계서비스]가 이용 가능

* 전자화폐(Electronic Money)는 정보통신기술을 활용해서 기업에서 제공되는 전자결제 서비스 시스템이다. 전자화폐에는 '선불식'과 '후불식'의 두 종류가 있다.

상점가에서 열리고 있는 환영 이벤트

대형선박의 기항 풍경

깃발 등을 이용한 상점가의 환영 무드

대응 개요 상점가에 은행연합회 신용카드 등의 결제서비스를 일괄 도입

2006년부터 중국인 관광객을 태운 대형 여객선이 나가사키(長崎)에 기항하고 있다. 하지만 관광객이 쇼핑하는 곳은 대부분 대형 쇼핑센터와 백화점으로 몰리기 때문에 여객선이 기항한 지역의 독자적인 거리의 풍경, 그 지역만의 독특한 맛을 느낄 수 있도록 하기 위해서는 이용하기 쉬운 결제시스템을 상점가에 도입해야 한다는 결론에 이르렀다.

2007년부터 프리페이드형 전자화폐[Edy]*, 포스트페이형 전자화폐[ID]** 및 중국인 관광객에 대응한 결제서비스[은련(銀聯)]에 대응하는 공용단말기를 순차적으로 도입했다. 2014년 시점에서의 도입 점포 수는 약350점포에 이른다.

* Edy란 간단한 터치만으로 편의점이나 슈퍼, 온라인 쇼핑을 할 수 있는 프리페이드형 전자화폐이다. Edy마크가 붙어 있는 단말기 등에 터치하는 것 만으로 간단하고 빠르게 쇼핑을 할 수 있다. 즉 지갑에서 동전을 찾는 수고와 시간을 절약할 수 있는 것이다. 편의점 등에서 간단하게 구입할 수 있고, 구입 한 후에 입금을 통해 카드에 돈을 충전하면 이후부터는 돈 대신 Edy카드로 모든 것을 결제할 수 있게 된다.

** iD란 포스트페이형 전자화폐로 일본의 도코모 기업이 발행하고 있다. JCB가 발행하는 QUICPay와 관서지역에서 주로 교통관련 전자화폐로 활발하게 사용되고 있는 PiTaPa가 있는데, 전국적으로 는 iD와 QUICPay가 전국적인 인지도를 가지고 있다.

지역의 특징

동아시아에 가까운 큐슈(九州)의 서쪽 끝 나가사키현(長崎県)의 남쪽에 위치해 있으며 동해, 고토나다(五島灘), 타치바나만(橘湾), 오무라만(大村湾)에 면해 있고, 천혜의 항구에 둘러 쌓여 있으면서 산맥이 시(市) 지역을 가로지르며 평지가 적어 가파르고 험준한 지형을 가지고 있다. 시가지는 나가사키항(長崎港)으로 연결되는 강변을 남북으로 잇고 있는 비교적 평탄한 상업·업무기능이 집적되어 있는 지역과, 평지가 적기 때문에 항구를 면해있는 산등성이를 오르는 듯이 형성된 경사면의 시가지에 의해 독특한 도시경관을 만들어내고 있다. 에도(江戸)시대에는 서양과 유일하게 연결된 무역·문화의 창구로서 근대 이후에는 해운강국 일본을 지탱하는 조선업을 중심으로 번영했고 국제사회 속에서 중요한 역할을 해왔다.

대응체제

2000년에 크레딧·데빗 카드 포괄 결제사업을 설립하고 2007년도부터 프리페이드형 전자화페인 [Edy], 포스트페이형 전자화페인 [ID] 및 중국인 관광객에 대응하기 위한 결제서비스 [은련(銀聯)]에 대응하는 공용단말기를 순차적으로 도입하고 있고 현재 도입점포는 약 350점포에 이르고 있다.

· 지역만들기의 노하우 ·

과제 카드결제를 점포별로 개별도입하기 위해서는 초기비용과 운영 코스트가 비싸다.

▶ 연합회가 일괄로 계약함으로서 큰 폭으로 삭감하고 있다.

과제 중국인 관광객을 태운 대형 여객선이 나가사키에 기항하지만 대형 쇼핑센터와 백화점에서의 쇼핑이 주로 이루어진다.

▶ 상점가에 대형버스를 위한 주차장을 확보하고, 인포메이션&웰컴 부스를 설치, 대형간판과 실링(휴게소) 설치, 일본풍의 환영이벤트, 중국의 위엔과 달러 환전소, 화폐지출 규제를 대응하기 위한 은련(銀聯)카드 결제시스템을 도입하고, 상점가가 가지고 있는 매력을 향상시키고 있다.

대응성과

● 중국인 관광객의 구매 활성화

2008년	· 대형버스 21대, 약800명의 중국인 관광객이 하만마치(浜ん町)상점가 등을 방문
2009년	· 합계 19회 대형 여객선 기항 · 대형버스 316대, 12,000명 이상의 중국인 관광객이 하만마치(浜ん町)상점가 등을 방문 · 중국인 관광객의 구매액이 1억엔을 넘음(은련(銀聯)카드 결제 이외도 포함된 액수)
2010년	· 코스타크루즈사는 물론 새롭게 로얄캐리비안사의 크루스선 기항이 시작되어 2개의 크루즈선사 합계 20회 기항. 여객선이 대형화됨에 따라 양사 합계 약 3만7천명의 승객수를 기록

나가사키시(長崎市) 관광 소비액

H22年 110,881百万円 → 1.09倍 → H25年 120,320百万円

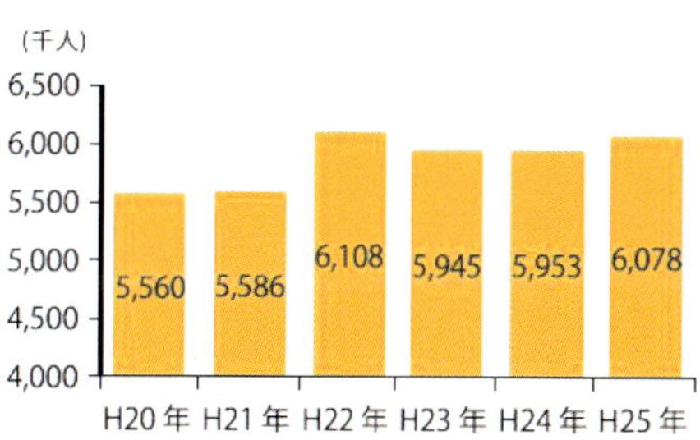

出典：長崎市観光統計

출전 : 나가사키시 관광통계

문의 : 나가사키시(長崎市)상업진흥과

長崎県長崎市桜町4−1

TEL : 095-829-1152

기타

관민 일체가 된 고야산(高野山)의 외국인 환대환경 정비

[실시주체 : 난카이(南海)전기철도㈜, 난카이(南海)린칸버스㈜, 일반사단법인 고야산(高野山)숙박협회, NPO법인 고야산(高野山)이문화교류 네트워크, 콘고부지(金剛峰寺), 코야마을(高野町)]

- 하드와 소프트 양면에서 외국인 관광객 환대를 위한 환경정비
- 관민 일체가 되어 연계와 협력관계 구축

단상가람금당(壇上伽藍金堂) 앞에서 기도를 올리고 있는 승려 행렬

다국어표기와 픽토그램을 병용한 사인 정비

가이드 투어에 참가하고 있는 외국인 관광객

대응 개요 **안내 표지 사인을 상세하게 만드는 등 외국인 관광객을 받아들이기 위한 환경정비와 안내 가이드 등의 외국인 관광객에 대한 서비스 환경 구축**

코야쵸(高野町)에서는 콘고부지(金剛峰寺) 등과 협력해서 외국인 관광객의 편리성을 향상시키기 위한 다국어(일본어 및 영어)표기와 픽토그램을 병용한 안내표식을 상세하게 정비해 왔다. 다국어표기에 대해서는 국토교통성의 지침을 기반으로 [의미가 잘 전달될 수 있도록]표기에 만전을 기하고, **픽토그램 또한 세계 공통 픽토그램을 도입**했다. 교통사업자(난카이 전철, 난카이 린칸 버스)에도 같은 대응을 함으로서 **안내 표지 사인 전**

체가 통일될 수 있도록 했다.

거리 환경 정비에 있어서는 전선 지중화를 통해 코야산의 중요한 곳은 **전선과 전봇대가 없는 드넓은 하늘을 되찾게** 되었다. 또한 2008년 12월에 **경관조례를 제정하고 사원(寺院)을 중심으로 코야산(高野山)다운 경관유지를 위해 건물 외관 개수를 위한 보조금 제도 등도 도입**했다. 난카이 전철, 숙박협회, 콘고부지, 코야쵸에서는 팸플릿과 홈페이지의 다국어화를 통해 편리성 향상을 위해 노력하는 한편 숙박협회와 숙박사원에 영어 회화가 가능한 인원 배치, NPO법인 코야산 이문화교류 네트워크에 의한 가이드 투어 실시 등 다양한 방법으로 외국인 관광객에 대한 대응을 함으로서 코야산에 대한 인기를 불러 일으키고 있다고 생각한다.

[숙소 주인이 (서툰 영어로) 오늘의 메뉴를 설명하는 모습]

지역의 특징

코야산은 코보대사(弘法大師) 쿠카이(空海)가 816년 신곤밀교(真言密教)의 총본산으로 개창(開創)한 곳으로 세계에 알려진 산악종교도시이다. 2016년은 코보대사 쿠카이가 코야산을 개창한지 1,200년을 맞이하는 절목이고, 4월 2일부터 5월21일의 50일간 코야산 개창 1,200년 기념 대법회가 집행된다.

또한, 코야산에는 117개의 사원이 있고 그 가운데 **52개의 사원이 숙소를 운영**하고 있다. **[절에 묵는다]는 독특한 생활문화 체험을 할 수 있는 것이 코야산의 커다란 매력으로** 받아들여지고 있다.

[하쿠바마을의 이슬람 연수회]

대응체제

골든 루트와 칸사이(関西)국제공항, 대도시권인 오사카(大阪)로부터 외국인 관광객을 유치하기 위해서 코야산과의 액세스를 담당하고 있는 난카이 전철과 난카이 린칸 버스와 코야산측의 숙박협회, 콘고부지, 코야쵸는 상시 연계·협력관계를 맺었다. 거기에 정부와 와카야마현(和歌山県) 등과도 연계해서 다양한 외국인 관광객 유치를 위한 사업을 벌였다. 그런 노력들의 보람이 결실을 맺어 코야산으로의 외국인 관광객은 매년 계속해서 가파르게 증가하고 있다. 앞으로 2020년의 도쿄올림픽·패럴림픽 개최를 맞이해서 외국인 관광객의 연간 숙박자수 10만 명을 목표로 적극적인 외국인 관광객 유치사업을 실행할 필요가 있다고 생각한다.

· 지역만들기의 노하우 ·

과제 아시아권 외국인 관광객을 숙박으로 연결시키기

▶ 오사카권(大阪圏)에서의 당일 관광객이 많은 아시아 관광객을 숙박사원에 숙박을 유치하기 위해 [절에서 머무는]코야산의 매력을 진실되게 전달하고 있다.

과제 코야산다운 토산품(특산품) 개발과 면세 카운터 설치

▶ 유럽중심인 외국인 관광객의 구매의욕을 촉발시키기 위한 코야산다운 토산품(특산품) 개발과 면세 카운터 설치를 통한 관광객의 편리성 향상을 위해 노력하고 있다.

과제 카드결제 시스템 추진

▶ 현금결제가 주류를 이루고 있는 코야산에 카드결제가 이루어질 수 있도록 카드결제 시스템을 추진하고 있다.

마츠야마 노리코(松山典子)

2008년에 결성된 NPO법인 코야산 이문화교류 네트워크 대표. 코야산의 역사문화를 세계에 바르게 정보발전을 함으로서 문화의 보호육성과 지역만들기에 기여할 것을 목적으로 하고 있다.

대응성과

코야산은 2004년 7월 7일 [키이산지(紀伊山地)의 영지(霊場)*와 참배길]이라는 명칭으로 세계문화유산에 등록되었다. 세계유산등록을 계기로 유럽으로부터의 외국인 관광객 방문이 매년 증대하고 있다. 2009년 2월에 프랑스 미슐랭사가 간행하는 [키도 벨 자퐁](그린 가이드 일본판)에서 별3개의 평가를 받게된 것과 어울러져서 2014년의 외국인 숙박자수는 54,511명에 이르고 있다. 이 수치는 전체 관광객 수의 약 20%에 해당하는 것으로 코야산에 머무는 관광객 5명 가운데 1명이 외국인이라는 것으로 외국인 관광객에 대한 대응이 코야산관광의 커다란 포인트가 되고 있음을 알 수 있다.

*霊場＝霊地 신불의 영험이 현저한 곳

코야산 방문 관광객수와 외국인 숙박자수

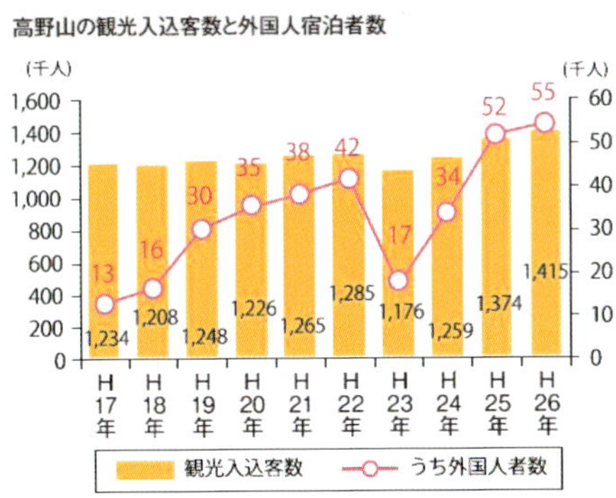

※방문 관광객수는 당일 방문객수와 숙박자수의 합계임

문의 : 코야쵸(高野町) 산업관광과

和歌山県伊都郡高野町高野山636

TEL : 0736-56-3000

URL : http://www.town.koya.wakayama.jp

칼럼

소비세 면세 제도 개혁

외국인 관광객수의 증가와 함께 방일 외국인의 국내 소비확대에 의한 일본의 경제 공헌과 지역경제 활성화가 기대되고 있다. 특히 아시아에서의 외국인 관광객을 중심으로 일본에서의 쇼핑에 대한 기대가 높아지고, 전 소비액의 약 33%를 쇼핑이 점유하고 있는 점 등 쇼핑에 대한 중요성이 극히 높아지고 있다. 아시아지역 외국인 관광객을 중심으로 [면세(Tax-Free)]라고 하는 요소가 구매 행동에 크게 영향을 미치는 실태에 착안해서 근본적인 [면세제도 개혁]을 실현하여 일본에서의 쇼핑 투어리즘의 비약적 발전, 세계 넘버 원 쇼핑대국 실현, 발전적인 인바운드 추진을 목표로 하고 있다.

면세 대상 품목의 확대에 따른 점포수 증가

1980년에 시작된 소비세 제도 발족 이래로 식료품·음료품·의약품·화장품 등 여행 중에 소비 가능성이 있는 품목은 면세 대상품에서 제외되어 있었지만 2014년도 세제 개정에서 외국인 관광객에게 선물로 인기있는 [화장품]과 [식음료품] 등을 포함해서 모든 품목이 면세 대상화되어 이와 병행해서 면세서류 서식 자유화의 대폭적인 간소화·편의성 향상을 실현시켰다.

그런 노력의 결과, 그 지역만의 명과(銘菓)와 토속주 등의 특산품이 새롭게 면세대상이 되어 전국 각지의 호텔과 여관의 특산물 코너, 물산센터, 지방공항의 매점 등으로 면세점이 늘어나고 2014년 10월 1일 현재 전국 면세점포수는 합계 9,361곳이 되었고 이는 지난 6개월 사이에 3,584개소가 증가한 것이다. 2015년 4월부터 지방의 면세점은 한 걸음 더 확대되어 면세수속의 일괄카운터 설치가 실현되었다.

또한, 면세점 브랜드화·인지도 향상을 위해 새롭게 [면세점 심볼 마크]를 창설했다. 이 면세점 심볼 마크 사용 신청과 맞춰 면세점의 점포 정보를 JNTO에 제공해서 홈페이지를 통해 정보를 발전하는 새로운 제도를 구축했다. 현재 전국 약9,900개소의 면세점에 있는 [생생정보]를 사용해서 정보발전에 노력하고 있다.

상점가에서 열리고 있는 환영 이벤트

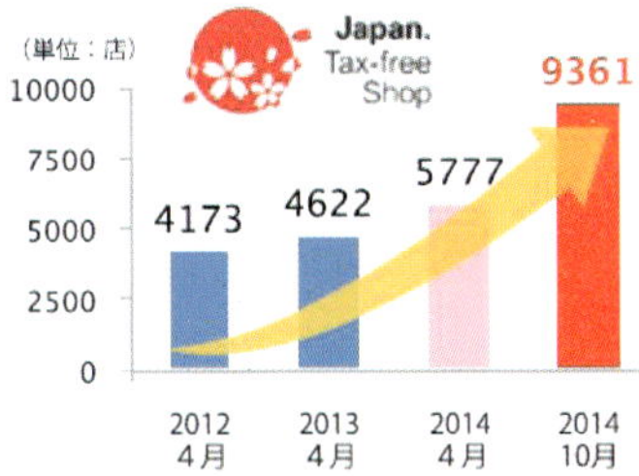

전국 면세점포수의 추이

지방 면세점 확대 사례

카가와(香川)물산관 [리츠린암(栗林庵)](香川県)

· 특별명승지 [리츠린공원] 부지 내에 있는 물산판매점을 면세 대응화.

· 새롭게 외국인 관광객용 카운터를 설치함과 동시에 면세카운터 설치와 레지스터 시스템 도입 등 매끄러운 대응이 이루어질 수 있도록 함.

· 카가와현의 대표 음식인 [우동]과 [올리브], 명과, 칠기, 옛날 방식으로 만든 [하리코 호랑이*], 희소당 등을 판매

쿠로시오(黒潮)시장(和歌山県)

· 와카야마 마리너 시티의 쿠로시오시장과 호텔 내 점포를 면세대응화.

· 안내간판·포스터 등을 제작하고 게시함과 동시에 연수 실시와 중국어 회화 가능자 스탭을 배치

· 와카야마현 특산품인 건어물, 간장, 매실주, 와카야마 라면 등을 판매

*하리코 호랑이(張子の虎) : 원래 중국에서 있었던 호왕숭배(虎王崇拜)가 일본에 전해져서 만들어지기 시작한 장난감으로 종이를 여러겹으로 붙여서 만든다. 카가와현의 대표적인 전통 공예품이다. 하리코(張子)는 대나무, 나무, 점토 등으로 만든 틀에 종이를 붙여서 만드는 조형기법.

칼럼

유니버설 투어리즘* 촉진

관광청에서는 유니버설 투어리즘 촉진을 위한 대응을 하고 있는데 특히 최근에는 지역에서의 환대체제 정비·강화를 위한 대응, 유니버설 투어리즘에 대응하는 관광지만들기를 진행하고 있다. 고령자·장애인에게 쾌적한 마을은 지역 주민들에게도 쾌적한 마을이 되는 것이므로 유니버설 투어리즘에 대응하는 관광지만들기는 지역의 매력을 향상시킨다는 의미에서 확실히 공헌하게 된다.

지금 요구되는 사회시스템으로서의 장애제거 대책

다양한 관광서비스(후쿠시마 베리어프리 투어 센터)

일본의 인구는 출생률 저하로 인해 2008년을 피크로 나날이 감소하고 있고, 65세 이상의 고령자는 2042년까지 계속 증가할 것으로 예상되고 있다. 이런 관점에서 보면 일본의 고령화율(=65세 이상 고령자가 전인구에 점유하는 비율)은 현재 약26%인데, 2025년에는 30%, 2040년에는 36%를 넘을것으로 예상되고, 고령자와 장애인의 사회활동을 전제로한 사회시스템 구축이 필요한 시점이다.

또한 2016년 4월에는 [장애를 이유로 하는 차별 해소 추진에 관한 법률]이 시행되어 장애를 이유로 차별받는 것을 금지시키고, 장애인의 합리적인 배려가 요구되고 있다. 나아가 2020년 도쿄올림픽·패럴림픽 개최를 향해서 하드웨어뿐만 아니라 소프트웨어 쪽으로의 베리어 후리에 대한 대응이 가일층 중요하게 되었다.

* 유니버설 투어리즘(Universal Tourism)이란 모든 사람이 즐길 수 있도록 만들어진(유니버설 디자인) 여행을 가리킨다. 노멀라이제이션 관점으로부터 고령자와 장애자가 주로 참가할 수 있는 여행을 일본은 베리어프리 투어리즘(barrier free), 서구에서는 액세시블 투어리즘(accessible tourism)으로 부르고 있다. 유니버설 투어리즘은 요즘은 연령과 장애 유무에 관계없이 누구나가 걱정없이 참가할 수 있도록 하는 것을 목표로 하고 있다.

시니어카* 대여

관광안내소에 대한 베리어프리
투어센터 병설

고령자·장애인을 위한 물품의 판매·렌탈

지역 전체가 '베리어'를 극복하는「베리어 프리센터」역할 필요

관광지에는 무수하게 많은 베리어(장벽, 장애물)가 있는데 그 가운데에는 신사(神社)와 절(寺)의 옥사리(玉砂利)** 같은 의미있는 공간이 장애인에게는 베리어가 되는 경우도 상당수 존재한다. 중요한 것은 베리어프리를 필요로 한다는 것뿐 아니라 관광객 본인이 어떤 것을 즐기고 싶어하는가의 문제로, 이를 위해 다양한 방법으로 베리어를 해결할 수 있는 방법을 강구할 필요가 있다. 이런 문제를 지역에 살고 있는 모두가 다 함께 대응하기 위해서는 행정, 관광사업자 등이 연계해서 지역의 베리어에 관한 정보를 조사하여 발전하고, 그것을 기초로 하나의 창구로 일원화하여 토론할 수 있는 기능을 가진 조직을 만들 필요가 있다. 대표적인 사례로 2002년에 미에현(三重県) 토바시(鳥羽市)에 개설된 [이세시마(伊勢志摩) 베리어프리 투어센터]를 들 수 있다. 이세시마 같은 지역을 질(質)과 양(量)적인 부분 모두 충실하게 정비할 필요가 있다.

이세시마 베리어프리 투어센터

시마(志摩)로드파티***의 베리어프리 파티런

*고령자를 위해 만들어진 삼륜 또는 사륜 방식의 1인용 전동차량을 가리킨다. 일본의 도로교통법에서는 차량으로 취급하지 않고 보행자로 취급하기 때문에 차도가 아닌 보행자도로를 통행한다.
**옥사리(玉砂利)는 일정한 공간에 청결감을 주기 위해서 까는 자갈을 말한다. 일본의 전통식 가옥에서 현관 앞이나 일본식 정원 느낌을 연출하기 위해서 많이 사용된다.
**시마로드파티(志摩ロードパーティー)는 미에현의 시마시에서 열리는 마라톤대회의 명칭이다. 마토야만(的矢湾)을 바라볼 수 있는 아름다운 코스지만 스타트라인에서 5km가까운 고개가 이어지는 등 일본에서는 굴지의 난코스로 알려져 있다. 여기는 이세시마(伊勢志摩)베리어프리 투어센터의 협력으로 장애인 전용코스가 만들어져 있다.

유니크한 국제회의 개최

이리아이(入会)로 세상을 바꾼다 – 사람 · 자연 · 생활 · 이어짐 –

[실시주체 : 국제코몬즈학회 키타후지(北富士)대회 조직위원회]

▶ 지역에 존재하는 자원을 살려서 대도시와는 또 다른 지방도시만의 매력있는 국제회의를 개최

연구자 뿐만 아니라 관련기획의 하나로 실시한 지역 고등학교에 의한 포스터 발표도 전시하여 이리아이(코몬즈)와 만날 수 있는 계기가 됨

일본의 마츠리(축제)를 테마로 웰컴 리셉션을 실시한 지역 부인회와 함께 본오도리(盆踊り) 춤을 추고 있는 참가자

이곳 저곳으로 나뉘어져 있는 대회장은 셔틀버스로 연결시킴

대응 개요 지역에 있는 자원을 최대한 활용한 국제회의 개최

자연 자원 등 많은 사람들이 이용하는 자원의 공동관리에 대해 연구발표하는 국제코몬즈학회는, 2013년6월3일-7일까지 5일간 세계 56개의 국가·지역으로부터 407명의 참가자를 맞아서 제14회 대회를 동아시아에서는 처음으로 후지호쿠로쿠(富士北麓)지역(北富士)에서 개최됐다.

대회참석자의 환대에 있어서는 연구자와 함께 정부 · 지방행정 · 지역단체가 연계해서 각각의 조직 · 단체가 가지고 있는 각자의 능력을 발휘해서 하나 하나 회의를 만들어 가면서 아키시노노미야(秋篠宮)전하까지 참석해 주셨고, 관계 각 성청(省庁) 그리고 JNTO도 운영에 참가하는 등 많은 관계자와 연계를 시도하면서 개최했다.

대규모 옥외 대회장에서 [일본의 마츠리(축제)]를 테마로 실시한 웰컴 리셉션을 비롯,

대회에 있어서의 식사는 지역주민과 협동으로, 지역의 식재를 사용한 메뉴를 만들어 제공하고, 대회 참가자에 대한 홍보와 더불어 지역 주민의 국제회의 개최 및 해당 분야에 대한 이해를 촉진하도록 하는데 크게 기여했다.

또한 대회참가자가 사용하는 콩그래스 백(congress bag)에 지역의 전통산업인 직물(織物)를 사용함으로서 지역의 특산품 PR을 함과 동시에 지역경제에 크게 공헌했다.

지역의 특징

숙소 주인이 서툰 영어로 오늘의 메뉴를 설명하는 모습

세계문화유산인 후지산의 북쪽면에 펼쳐진 후지호쿠로쿠(富士北麓, 북후지)지역은 남쪽으로는 영봉(靈峯)인 후지산을 올려다보면서 후지산의 5개호수가 자리한 광대한 들판과 풍부한 자연, 그리고 수도인 도쿄(東京)까지 약 100Km 거리에 위치해 있다는 유리한 교통환경, 사계절 절기마다 수많은 관광객으로 붐비는 국제적인 관광지이다. 또한 대회 개최의 계기가 된 이리아이(入会)와 후지산 신앙* 등 고대의 역사와 문화가 살아 숨쉬고 있는 지역이다.

대응체제

지역 전통산업인 직물을 사용한 콩그레스 백

2009년 미국의 경제학자 일리노아 오스트롬**이 코몬즈연구에 관한 논문으로 노벨경제학상을 수상했다. 이 논문가운데 후지산로쿠(북후지)의 이리아이(코몬즈)***가 소개된 것이 인연이 되어 북후지는 많은 코몬즈연구자의 주목을 받게 되었다. 또한 지역주민에게도 오랫동

*후지산 신앙(富士山信仰): 후지산은 들판 가운데에 우뚝 선 2774m의 수려함 뿐만 아니라 뿜어내는 분화 때문에 예부터 신이 살고 있는 산이라고 숭배되어 온 산악신앙의 하나이다. 후지산 그 자체를 신(神)으로 보는 등 다양한 형태로 후지산을 신앙과 숭배의 대상으로 하는 것을 가리킨다.

**Elinor Ostrom(1933.8.7-2012.6.12), 미국의 정치학자이며 경제학자. 인디애나대학 교수. 2009년 올리버 윌리엄슨과 함께 노벨경제학상 수상. 여성으로는 처음 노벨경제학상을 수상했다.

***코몬즈(commonds)=이리아이(入会), 코몬즈에는 다양한 형태가 있을 수 있는데 특정한 무리가 모여서 협동작업이라는 형태로 지역 특성에 맞추어 지속가능한 형태로 사회적 공동자본을 관리 또는 유지하기 위한 조직을 가리킨다. 일본은 메이지유신 이전에 각 지역마다 이리아이지(入会地)가 있었는데 부락의 공동체가 부락의 외곽지대에 있는 산림이나 들판에서의 벌목·버섯채취 등을 공동 활용하던 곳이고, 이곳을 이용하는 권리를 이리아이권(入会権)이라고 불렀으며 이 권리를 설정한 토지를 이리아이치(入会地)라고 불렀다. 지역에 따라서는 어업장이 될 수도 있다.

안 지켜온 이리아이(入会)를 다시 한 번 돌아볼 수 있는 계기가 되어 자신들의 지역에서 국제코몬즈학회를 개최하고자 하는 기운이 높아지고 있었다. 개최가 결정된 후 2007년 7월에 지역관계자와 일본 내 코몬즈연구자가 모여 조직위원회를 발족하여 2년간에 걸친 개최준비를 진행했다. 이리아이의 당사자가 주최가 되어 연구자와 함께 운영한 본 국제코몬즈학회는 개최까지의 전 과정 자체가 코몬즈연구의 대상이 되었다고 할 수 있다. 또한 대회가 종료 된 후 2013년10월에 조직위원회를 해산했다.

· 지역만들기의 노하우 ·

과제 대회장이 한 개여서 국제회의 운영을 전부 꾸려나갈 시설이 없다.

▶ 지역 내에 있는 다른 시설을 대회장으로 활용하면서 셔틀버스를 통해 대회장을 연결시켜서 해결. 이동 중에 후지산을 비롯한 지역의 경치를 볼 수 있어서 이동하는 즐거움이 오히려 장점이 되어 참가자의 만족도가 향상되는 결과가 되었다.

과제 국제회의 관광도시로 지정되긴 했지만 회의 개최실적이 저조

▶ 지역에 있는 자원을 활용함으로서 대도시와는 다른 지방도시만의 매력있는 국제회의를 개최할 수 있다는 실증적 사례를 제시할 수 있었다.

과제 지역에 있는 이리아이를 계승

▶ 대회가 열리기 전 및 대회 기간 중에 각 세대별로 관련 기획에 대한 설명을 통해 폭넓은 세대간 지역주민이 이리아이를 알 수 있는 계기가 되었다.

대응성과

후지호쿠로쿠(富士北麓)지역에서 5일간에 걸친 국제회의를 개최하면서 야마나시현(山梨県) 및 관계 시군의 직원, 지역상공회의소 청년부와 부인회, 관광협회 등과 협력체제를 구축. 각각의 조직 · 단체가 가지고 있는 능력을 발휘하여 회의장과 숙박시설 확보, 셔틀버스 운행, 지역의 로컬후드를 활용한 음식제공과 지역 특산물인 직물을 사용해서 만든 콩그래스 백 제작 등 지역에 있은 모든 자원을 활용한 대회를 운영할 수 있었다.

국제회의 참가자 수와 숙박자 수

개최기관	2013년6월3일-7일(총5일간)
참가자 수	407명(일본인 129명 · 외국인 278명)
참가국적 수	56개국
숙박자 수	약2,000명(외국인 약1,400명)

출전 : 국제코몬즈학회 북후지대회 조직위원회 자료

문의 : 후지요시다시(富士吉田市)외 2개마을의 은사(恩賜*) 보유재산 보호조합
야마나시현(山梨県) 후지요시다시(富士吉田市) 카미요시다(上吉田)
5605番地3

TEL : 0555-22-3355　URL : http://www.onshirin.jp/

* 은사(⊠⊠) : 천황이 하사했다는 의미

유니크한 국제회의 개최

상점가를 대회장으로 만들다
국제학회의 파티를 상점가에서 개최

[실시 주체 : 일본비뇨기과학회 · 후쿠오카시(福岡市) · 카와바타(川端)상점가]

▶ **지역의 일상 속에서 일본 문화체험과 전통예능을 접할 수 있는 상점가에서 국제학회 애프터 파티를 실시**

참가자에게 호평을 받은 박력있는 일본의 북춤 등 일본다운 환영연출

일본무용으로 일본다운 환영연출

상점가에 모인 사람들로부터의 환대

대응 개요 상점가를 국제학회의 파티장으로(SIU 나이트)

제32회 국제비뇨기과학회가 후쿠오카시에서 개최되었을 때 파티를 카와바타(川端)상점가에서 개최했다. 국제회의의 파티장을 상점가에서 개회한 적은 이번이 처음이었다. 일본 · 후쿠오카의 문화 등을 체험할 수 있도록 하기 위해서 쿠시다(櫛田)신사 · 하카타(博多)마을후루사토관 · 하카타 전통공예관 등의 주변에 있는 문화시설도 함께 활용해서 일본의 문화체험(엔니치(縁日)와 키모노체험)을 할 수 있도록 하고, 전체를 돌아볼 수 있도록 했다. 회장을 돌아다니는 가운데 일본다운 환영식을 연출(일본무용과 일본북춤)했다.

또한 자원봉사자를 통한 가이드를 배치하고 산책하는 느낌을 가질 수 있도록 환대동선을 고안했다. 또한 식사는 일반인들이 늘 먹고 있는 음식을 상점가에 있는 점포에서 준비 해 놓고 쿠폰과 먹고 싶은 음식을 교환할 수 있도록 했다. 파티는 2000명 이상이 참가한 가운데 90%이상이 '만족'했다는 결과를 얻어냈다.

인력거 등 일본다운 특별함을 연출

지역의 특징

후쿠오카시는 해외와 19개 직행편 노선을 갖고 있고 또한 공항, JR역, 중심번화가, MICE시설이 반경 2.5km 이내에 위치한 콤팩트 시티이면서 해외로부터의 액세스가 매우 양호한 곳이다. 또한 자연과 도시가 잘 조화된 곳으로 지역주민 또한 호스피텔러티 마인드가 충실해서 국내외 비즈니스맨과 잡지 등에서도 살기좋고 일하고 싶은 도시로 자주 선정되고 있다.

기모노 착용 등 일본문화 체험공간 연출

대응체제

상점가를 활용함에 있어 프로그램과 경비체제에 대해서는 사무국 이외에도 상점가와 관계기관과의 반복된 협의를 통해 상점가와 근린주민의 이해와 협력을 얻어낼 수 있도록 하고, 이를 통해 민관이 합심해서 환대체제를 만들어 나갈 수 있도록 했다.

· 지역만들기의 노하우 ·

과제 상점가가 국제회의의 연회장이 되었던 선례가 없다.

▶ 관계기관과의 협의를 통해 공공구역(도로)인 상점가를 파티를 위한 연회장으로 사용할 수 있게 했다.

과제 지역만의 전통예능을 소개할 기회가 없다.

▶ 산책하는 느낌을 가질 수 있도록 해서 전통문화 체험과 전통예능을 보여줄 수 있도록 했다.

과제 그 지역민들의 밥상에 늘 올라가는 음식을 상점가를 돌아다니면서 찾아 먹을 수 있도록 준비함과 동시에, 식사와 특산품을 취급하지 않는 점포에 대해서도 협의를 통해 진심어린 환대가 될 수 있도록 협조를 구함으로서 지역 주민의 삶을 느낄 수 있도록 노력했다.

대응성과

해외에서 오는 참가자를 위해 일반적으로는 맛보기 어려운 일본의 일상을 체험할 수 있는 기회를 제공함과 동시에 그 매력을 발전시킬 수 있도록 함으로서 후쿠오카에서 MICE를 개최한다는 의미를 한층 고양시킬 수 있는 계기가 되었다. 국제비뇨기과학회 개최를 통한 경제적 파급효과는 13억3천만엔으로 추정되었고 이것이 지역경제에 환원되는 선순환적 역할을 했다.

후쿠오카시에서 열린 국제컨벤션 개최건 수

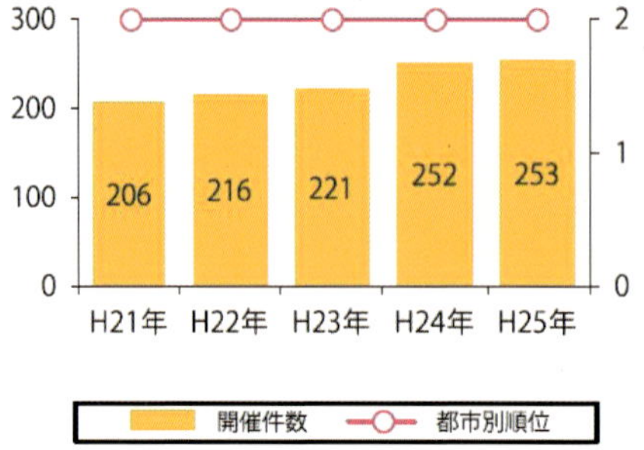

出典：日本政府観光局（JNTO）国際会議統計

출전 : 일본정부관광국(JNTO)국제회의통계

문의 : 후쿠오카시(福岡市) 경제관광문화국MICE추진과

福岡県福岡市中央区天神1丁目8−1

TEL : 092-711-4459

아시아 시장

[쇼류도(昇龍道)]지역자원의 매력향상 프로젝트

[실시주체 : 일반사단법인 지역문제연구소]

- [쇼류도]지역 내에 있는 다수의 시가지에 외국인관광객을 불러들여 소비확대와 지역활성화를 이끌어가는 모델사업
- 리플릿, 앙케이트, 상점가 산책투어 등을 통해서 외국인관광객의 행동실태와 기호, 과제를 파악해서 각각의 점포에게 할 수 있다는 마인드를 양성

타카야마(高山) 가이드투어를 신청하는 모습

쇼류도 로고 마크

대응 개요 [관광 X 상점가]라는 새로운 컨셉으로 관광프로모션에 따른 인바운드 관광객 집객과 협력하여 새로운 수요창출과 소비를 확대

지역의 [관광자원] [농립수산자원] [산업자원] 등 다양한 자원과 연계하여 업계와 각 성청(省庁)의 디비전 벽을 뛰어 넘어 협력 · 연계함으로서 상승효과를 발휘하는 분야로서 인바운드 관광을 기대할 수 있다. 츄부(中部)지역은 인바운드관광의 일명 [골든 루트] 중간에 위치하고, 다양하고 풍부한 지역자원을 보유하고 있으며, 글로벌기업이 상당수 포진하고 있어 비즈니스와 연수목적의 많은 외국인이 방문하고 있는 등 많은 장점이 있으면서 그러한 자원을 충분히 살리고 있지 못하다. 본 사업에서는 외국인 내방자가 많은 지역 등 잠재력이 높은 지역(2014년도는 나고야(名古屋), 타카야마(高山), 이세 · 토

바 · 시마(伊勢 · 鳥羽 · 志摩))를 모델지역으로 선정. 각 지역의 점포(물품판매, 음식 등)로부터 본 사업에 참여가능한 점포를 모집하고 3개지역 공동으로 점포와 관광스팟을 소개하는 리플렛을 작성 · 배포했다. 참여하고자 하는 점포는 자발적으로 점포 앞에 외국인을 위해 마련한 프로그램이나 상품가치를 더한 상점가 산책투어 일환으로 마을걷기, 관광 · 문화시설 견학 · 체험프로그램을 포진시킨 모델투어를 시범적으로 실시했다.

쇼류도 전단지(중국어 · 일본어 병기)

지역의 특징

츄부(中部)지역은 인바운드관광의 골든 루트 한가운데에 위치하고 있어서 다양하면서 풍부한 지역자원을 가지고 있고, 자동차산업을 비롯한 글로벌기업이 상당수 포진해 있으며, 비교적 비즈니스나 연수목적으로 찾아오는 단기 혹은 장기 외국인이 많다는 장점을 가지고 있다. 관광면에서는 세계유산에 등록되어 있는 시라카와고(白川郷)의 갓쇼즈쿠리(合掌造り) 부락*, 쿠마노코도(熊野古道)**와 후지산(富士山)을 비롯한 온천, 성(城), 신사와 절, 역사거리, 전통문화, 축제, 음식, 쇼핑, 산업관광, 전통공예 등 헤아릴 수 없을 만큼 풍부한 관광자원을 보유하고 있다.

대응체제

츄부(中部)지역에서는 민관이 일체가 되어 츄부(中部) · 호쿠리쿠(北陸)권 관광지역를 홍보(PR)하는 [쇼류도(昇竜道)프로젝트]를 진행시켜 각종 프로모션사업 등을 전개하고 있다. 이 쇼류도프로젝트와 연계해서는 지역을 방문하는 외국인관광객 증대 목적

*일본의 시라카와고(白川郷)에 있는 갓쇼즈쿠리(合掌造り)부락은 1995년12월9일에 유네스코 세계유산으로 등록되었다. '갓쇼즈쿠리'는 일본의 주택건축양식의 하나로 급경사 지붕이 특색이다. 현존하는 지붕은 약45도-60도. 카야부키(새이엉)로 지붕을 만든다.

**쿠마노코도(熊野古道)는 쿠마노산잔(熊野三山)을 관통하는 참배길을 가리킨다. 이 참배길에는 쿠마노혼구신사(熊野本宮大社), 쿠마노하야타마신사(熊野速玉大社), 쿠마노나치신사(熊野那智大社)이 위치하고 있으며 이 참배길은 2004년에 세계유산에 등록되었다.

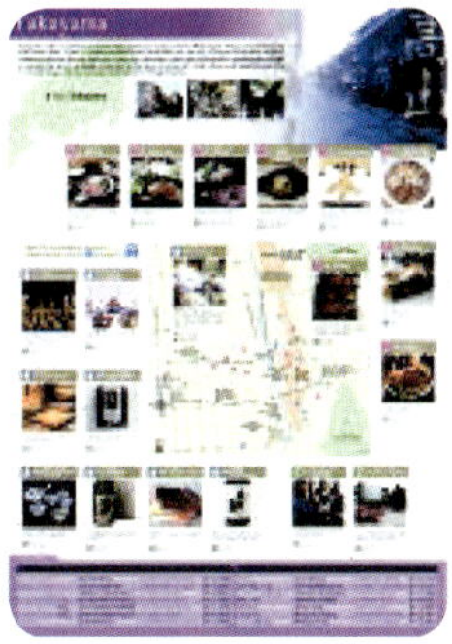
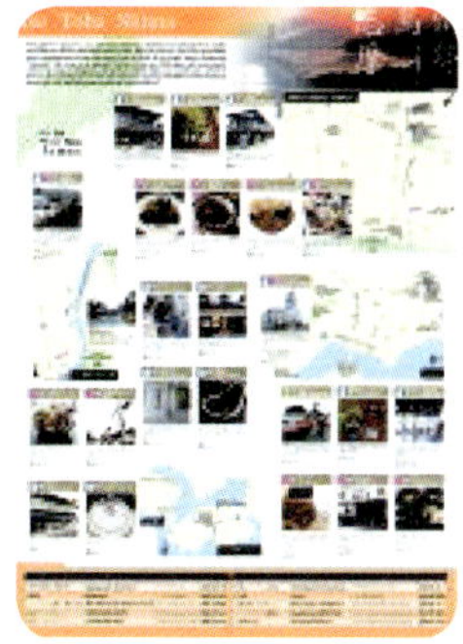

쇼류도 환대 가이드

의 큰 축인 [쇼핑] [음식]기능에 또 하나의 축인 [매력적인 상품 · 서비스]를 제공함과 동시에 외국인관광객 대응에 적극적인 생각을 가지고 있는 사업자들을 더 많이 확보하고 이들을 축으로 점포 · 시설 중심의 주유성(周遊性)을 증대시키면서 인바운드의 거점이라는 가치를 높이는 것이 필요하다. 이런 연유로 2014년부터 세 지역의 상점가 사업자, 관광사업자, 관련단체 및 지자체가 함께 움직이는 추진체제를 구축하여 사업을 실시하고 있다.

다양한 세미나 개최를 통한 정보공유

대응성과

2014년도 사업을 하면서 약2,000건의 외국인에 대한 개별 앙케이트와 청취를 통해 우리 지역에 대한 외국인관광객의 경향과 기호 등을 파악. 시작부터 함께 기획한 상점가 사업자 등은 본 사업을 계기로 인바운드 수요에 대해 새롭게 인식하게 되었고, 각 점포가 당장이라도 할 수 있는 외국인관광객 유치를 위한 대응전략 책자를 작성하여 사업자에게 피드백했다. 또한 아이치(愛知) · 기후(岐阜) · 미에(三重)와 같은 광역에서의 지역간 연계 가능성에 대해서도 결론을 도출하는 중이다.

· 지역만들기의 노하우 ·

과제 외국인 관광객 환대에 대한 개개인의 환대마인드(호스피텔러티 마인드)향상

▶ 다국어로 대응할 수 있는 안내, 무료 Wi-Fi등의 하드웨어 정비에 보조를 맞추면서 각 점포에서는 외국인관광객을 맞이하는 마음가짐과 커뮤니케이션 능력, 소형점포의 면세점화 그리고 지금이라도 당장 실천할 수 있는 것부터 시작해서 지역 전체가 환대마인드 향상을 위해 노력하고 있다.

과제 칸토(関東)・칸사이(関西)지역에는 없는 츄부(中部)지역만의 오리지널 매력을 효과적으로 발전

▶ [골든 루트]의 한가운데에 있으며 나고야(名古屋)를 거점으로 약2시간정도면 사방으로 다양한 곳을 갈 수 있다는 장점을 최대한 살려서 관광과 쇼핑・식도락을 조합한 토착형 오리지널 상품화를 지역간이 연계해서 실행하고 있다.

문의 : 츄부(中部)경제산업국 산업유통・서비스산업과

愛知県名古屋市中区三の丸2−5−2 TEL : 092-711-4459

TEL : 052-951-0598 URL : http://www.chubu.meti.go.jp

기타

자매 · 우호도시간 교류활동을 통한 인바운드 관광객 유치

[실시주체 : 히로시마(広島)지역 인바운드 추진실행위원회]

▶ 자매 · 우호도시간 연계를 계기로 민관일체 관광교류

플라워 페스티발이 열리는 대구광역시 부스 전시

대구 · 경북 국제관광전람회
히로시마지역 부스 전시

플라워 페스티발에서의
대구광역시 파훠먼스

치맥 페스티발이 열리는
히로시마시의 파훠먼스

대응 개요 자매 · 우호도시간 연계를 계기로 착실한 관광교류

현재 히로시마시는 해외 6개도시와 자매 · 우호도시 제휴를 맺고 있다. 그 가운데 대구광역시(한국)는 1994년의 히로시마 아시아경기대회를 계기로 시민사회에서 아시아 각국과의 교류의식을 싹틔우고자 1996년에 자매도시가 되었다.

방송국과 세무사단체, 사립대학 등 민간단체가 서로 자매결연을 맺고 있을 뿐 아니라 히로시마시와 대구광역시의 중고생이 격년으로 상호도시를 방문하는 [청소년교류사업]등 문화 · 스포츠 · 청소년교류 등 각종 행정분야에서 활발하게 교류를 전개하고 있고, 관광분야에서는 2004년부터 대구광역시관광협회와 긴밀한 연계를 통해서 대구광역시에서 개최되는 [대구경북국제관광박람회]에 매년 참가하고 있고 대구시민을 중심으로한 내방객을 대상으로 히로시마의 매력을 적극적으로 홍보함과 동시에 현지 여행사를 방문하고 지속적으로 히로시마지역에 대한 프로모션을 진행하고 자매・우호도시 교류를 기반으로 한 인바운드 관광객유치에 노력하고 있다.

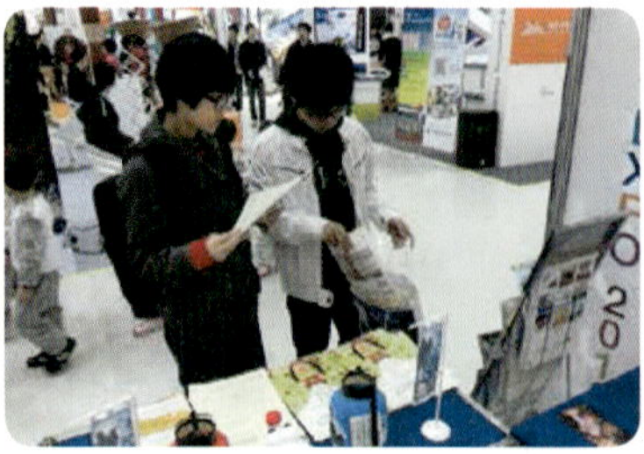

지역의 특징

국제평화문화도시인 히로시마시는 세계적으로도 지명도가 매우 높고 츄고쿠(中国), 시코쿠(四国)지방 가운데에서 외국인관광객의 방문이 매우 많은 곳이다. 해외 자매・우호도시는 호놀롤루시(미국), 보르고그라드시(러시아), 하노버시(독일), 충칭시(重慶市,중국), 대구광역시(한국), 몬트리올시(캐나다) 등 6개도시에 이르고 있다. 또한 히로시마시장이 회장직을 수행하고 있는 [평화지도자회의]에는 160개의 국가와 지역으로부터 6,500개소를 넘는 도시가 가맹하여 핵무기 폐지를 향한 다양한 활동을 하고 있다.

대응체제

히로시마시(広島市) 및 쿠레시(呉市), 히로시마 및 쿠레상공회의소, 관광관련단체 등이 연계해서 히로시마지역의 광광홍보를 적극적으로 실천하는 등 자매・우호도시를 포함한 아시아지역을 중심으로 한 외국인관광객 확대를 위해 노력하고 있다.

대구경북국제관광전람회 히로시마지역부스 전시

대구경북국제관광전람회 히로시마지역부스 내방자

・지역만들기의 노하우・

과제 국제평화문화도시로서 세계 각지로부터 적극적으로 외국인관광객을 유치하고 싶다

▶ 자매・우호도시 제휴를 계기로 네트워크를 활용하고 있다.

과제 관광을 통한 인적교류로 끝내지 않고 경제교류로 발전시켜보고 싶다

▶ 관광지소개와 덧붙여서 우리 시(市)의 브랜드를 소개하려고 노력하고 있다.

과제 지속적인 교류를 하고 싶다

▶ 관광면에서 민관에 의한 프로모션조직(히로시마지역 인바운드 추진실행위원회)를 발족했다.

대응성과

대구광역시(한국)와는 양국간의 교류단체와 재일한국인단체를 비롯해서 대학, 방송국, 변호사회 등 현재 20개를 넘는 단체가 각각 활발하게 지속적인 교류를 진행하고 있다. 또한 양쪽 시(市)에서 열리는 축제(마츠리)인 히로시마시의 플라워 페스티발과 대구에서 열리는 치맥페스티발, 컬러플 대구페스티발에 교대로 상호 대표단 및 예술단이 참가하고, 두 도시의 전통예능과 댄스 등을 공연하면서 친선과 상호이해의 폭을 넓히고 있다. 또한 두 도시간의 중고생이 격년으로 상호 도시를 방문하는 [청소년교류사업], 히로시마시에서 개최된 [츄시코쿠(中四国)비즈니스페어]에 대구광역시 기업이 참가하고, 대구광역시에서 개최된 [대학생 캠프]에 히로시마시 대학생이 참가, 스포츠분야에서의 교류 등 폭넓은 분야에서의 교류가 활성화될 수 있었다. 관광분야에서는 인바운드 관광객 유치를 위해 본 실행위원회를 통한 대구광역시관광협회와의 교류를 기본으로 네트워크가 착실하게 정착할 수 있게 되었다. 또한 매년 4월에 대구광역시에서 개최되는 [대구경북 국제관광박람회]에 참가함과 동시에 현지여행사를 대상으로 하는 프로모션활동을 통해 관광지로서의 히로시마라는 인식이 서서히 증대되어 히로시마 여행상품의 조성이 이루어질 수 있게 되었다. 한편, 대구광역시는 히로시마 플라워 페시티발에 의료관광을 소개하는 부스를 개설하고 있다. 나아가 대구광역시와의 관광교류는 본 실행위원회를 중심으로 노력하고 있다.

문의 : 히로시마시 경제관광국 관광정책부 관광프로모션담당

広島市中区国泰寺町1−6−34

TEL : 082-504-2767

URL : http://www.city.hiroshima.lg.jp/www/contants/1110540657150/index.html

2

선진적인 추진 체제와 대처 방안

앞으로 관광을 통한 지역만들기를 추진하기 위해서는 마케팅기능, 나아가 지역의 폭넓은 관계자와 연계해서 사업을 추진하기 위한 매니지먼트기능은 필수적이며 이를 위해서 관광추진조직의 필요성이 증대되고 있다. 관광입국을 추진하기 위한 힌트를 일본내의 선진적 추진체제와 대응체제를 통해 찾아본다.

[풍부한 자연과 아름다운 전원풍경을 100년 후의 우리 자손에게 지금보다 더 아름답게 남겨주자] 그러기 위해서는 관광에 관련된 사람들이 스스로 삼림과 농업에 대한 이해를 더 깊게 이해할 필요가 있음을 느끼면서 시작한 [농업X환경회의]
후라노(富良野) · 비에이(美瑛)관광권

2 선진적인 추진 체제와 대처 방안

2-1 선진적인 추진 체제

2-2 선진적인 대응

칼럼

지금 요구되는 관광추진체제는?

DMO기능을 담당할 수 있는 관광추진조직의 필요성

관광추진조직의 변천과 현상

일본에서는 일반적으로 관광추진조직이라고 하면 관광협회를 떠올리지만 국제적으로 관광추진조직을 살펴보면 1980년대 이후 여가(餘暇)에서의 여행에 더해서 업무와 MICE 그리고 개인용무 등의 다양한 방문수요(방문객=Visitor)을 대상으로 현지에서의 접객대응기능(Convention and Visitors Bureau:CVB)를 갖게 된다. 그 후 2000년대 이후에는 세계적인 시장환경과 관광행동의 변화에 대응하기 위해서 지역을 넘어 마케팅(브랜딩)능력을 발휘하고, 지역내에서는 관광산업에 더해서 지역 커뮤니티, 환경, 문화 등을 조정하는 DMO(Destination Management· Marketing Organization)기능도 요구되는 시대가 되었다.

한편, 일본의 상황을 돌아보면 실질적으로 수많은 조직이 국제회의 등의 MICE를 대상으로 한 기능을 부여하면서 CVB*로서의 기능을 가지지 못한 지역이 많은 것도 사실이다. 나아가 DMO기능이 되면 중장기적인 시간축을 가지고 마케팅을 할 수 있으므로 안정성과 지역의 폭넓은 관계자와 연계해서 사업을 추진하는 매니지먼트기능이 필요하기 때문에 이런 DMO기능을 가진 조직으로 전환해 나가기에는 더 많은 시간이 걸릴 것으로 생각한다.

또한 일본의 관광을 통한 지역만들기는 관광분야뿐만 아니라 예를 들면 [지역만들기]와의 관계성이 매우 강한 것이 특징으로 이런 과제에 대해서도 대응하는 것이 필요하게 된나. 이런 배경을 참고로 일본의 관광지역에서 오늘날 과제에도 대응하는 관광추진조직의 필요성이 거론되고 있다.

*CVB(Convention & Visitors Bureau)는 컨벤션 개최 목적지 및 관광 방문지로서의 도시에 대한 마케팅을 전담하는 조직. 특정지역을 대표하여 그 지역을 방문하는 순수 관광객 혹은 비즈니스 관광객을 위해 서비스를 제공하는 비영리 조직. 1896년 미국 디트로이트에서 최초로 설립되었지만 지금은 DMO(Destination marketing Organization)으로 총칭하고 있다.

관광으로 지역만들기 매니저 연수

신슈(信州) · 관광을 통한 지역만들기 매니지먼트 숙(나가노현(長野県))

지역의 교육위원회 등과 연계한 포럼[유키구니(雪國)미래회의] 개최 (유키구니(雪國)관광권)

외국인 모니터 역할자와 좌담회(니시아와(にし阿波)-츠루기산(剣山) · 요시노가와(吉野川)관광권)

지역의 다양한 관계자를 포함시킨 각종 워크숍을 매월 개최(하마나코(浜名湖)관광권)

관광을 통한 지역만들기의 중심이 되는 [관광을 통한 지역만들기 플랫폼]

관광청에서는 이와 같은 관광추진조직의 변천을 참고로 관광을 통한 지역만들기의 중심이 되는 새로운 조직체에 있어서 [관광을 통한 지역만들기 플랫폼]이라는 개념을 제시하고 있다. 관광을 통한 지역만들기 플랫폼이란, 지역과 방문객을 이어주고 쌍방의 만족도를 높일 수 있는 대응을 지속적으로 매니지먼트하는 조직체라고 정의할 수 있다. 관광을 통한 지역만들기 플랫폼에서 요구되는 기능은 여러가지 있느나, 특히 다음의 7가지 기능이 중요하다. 또한 이런 기능을 실천하기 위해서는 적절하고 충분한 인재확보와 육성이 반드시 필요하다.

1. 관광을 통한 지역만들기 실시 기본방침 작성
2. 마케팅실시
3. 지역의 특성을 살린 체재형 콘텐츠 만들기
4. 지역의 밖에 있는 고객에 대한 체재형 프로그램 제안
5. 판매촉진활동 실시
6. 방문자 및 시장에 대한 원스톱창구 만들기
7. 제공되는 각 기능에 관련된 매니지먼트

이번 장에서는, 관광을 통한 지역만들기 플랫폼의 선진사례에도 한 관광권의 대응을 비롯해서 광역연계와 지역인재 육성 등의 전국적인 선진사례를 소개한다.

[왼쪽] 관광권추진협의회 주최의 [관광권 심포지움](2014년 10월30일 개최)
[오른쪽] 전국 관광권이 도쿄에 모여서 격월로 개최되고 있는 관광권 추진협의회의 스터디 모습

TOPICS 관광권제도에 대해

지역 독자의 [브랜드]확립을 통해 일본의 얼굴이 될 수 있는 관광지역을 창출

관광권제도는 자연・역사・문화 등에 있어 밀접한 관계가 있는 관광지를 일체화한 구역(관광권)에 있어서 구역내 관계자가 연계해서 지역의 폭 넓은 관광자원을 활용해서 관광객이 숙박+주유(周遊)할 수 있는 매력을 찾아내 관광을 통한 지역만들기를 촉진시키기 위한 시책이다. 전국에서 13개지역*이 관광권으로서 인정을 받아서 국내외로부터 인정받는 국제경쟁력이 높은 매력있는 관광을 통한 지역만들기를 촉진시키기 위해 [관광을 통한 지역브랜드 확립지원사업]을 기반으로 지역 독자의 [브랜드]확립을 통해 일본의 얼굴이 될 수 있는 관광지역 창출을 위해 노력하고 있다.

*신 기본방침을 기반으로 인정된 지역

관광권 정비 실시계획 인정지역

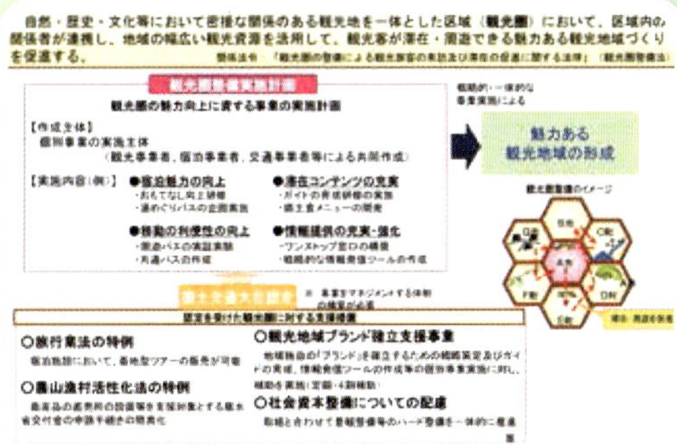

관광권 정비에 대해

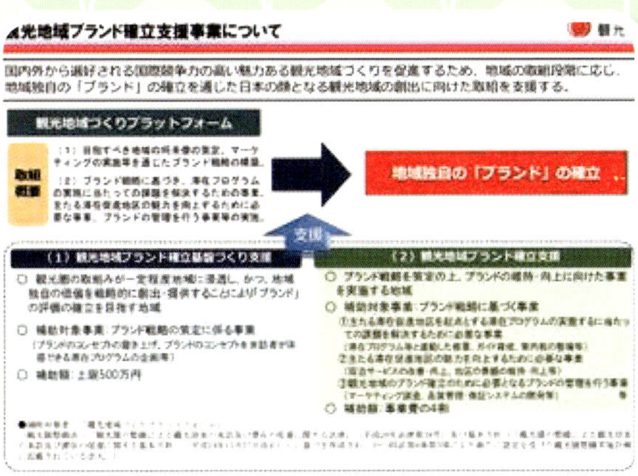

관광을 통한 지역브랜드 확립지원사업

From the Management 전문가의 변

야츠가타케(八ヶ岳)관광권의 관광을 통한 지역만들기 방안

일반사단법인 야츠가타케 투어리즘 매니지먼트(대표이사 코바야시 쇼지(小林昭治), 2010년에 관광권 인정 후에 설립)는 같은 관광권의 관광을 통한 지역만들기의 플랫폼을 담당하고 있다. 2013년도에는 신 기본방침을 기반으로 관광권 정비 실시계획에도 반영되어 현재 민관일체가 되어 브랜드있는 관광지역만들기를 위해 노력하고 있다. 지역만들기를 견인하고 있는 코바야시씨에게 관광을 통한 지역만들기를 위해 필요한 중요한 포인트를 들어봤다.

우선, 세 가지의 '벽'을 깨는 것이 중요

관광권은 광역권을 연계하는 것이 중요한데 컴팩트한 야츠가타케 관광권에서도 지역 간의 벽, 행정과 민간의 벽, 기존 단체라고 하는 세 가지의 벽을 깨는 것이 필요했다. 특히 기존의 관광협회와는 어느 쪽이 상위기관이라는 개념을 두지 않고, 각 단체가 가지고 있는 역할을 열심히 하는 것이 중요했다. 또한 우리 같은 플랫폼이라면 [어떤 지역의 사업]에서는 구별을 하지 않고 야츠가타케 전체의 사업이라고 보고 행정과 민간 사업자 등을 연계하는 사업을 진행시킬 수 있겠다. 나아가 행정과 민간 사업자, 관광협회 등을 코디네이트, 서포트하면서 함께 대응하는 사업을 창출함에 따라 세 가지의 "벽"을 넘어설 수 있었고, 관계자간의 연계가 원활하게 작동할 수 있었다.

이벤트의 최대 목적은 지역주민의 의식변화

야츠가타케 관광권 전략회의 모습

야츠가타케 관광권이 창출해 낸 지역 연계사업 가운데, 관계자의 의식함양과 합의 형식을 만들어 낸 가장 상징적인 사업이 2011년도부터 시작한 [야츠가타케 하늘 박람회]이다. 겨울의 농한기 대책으로 지금까지 각 사업자가 제각기 해 왔던 이벤트와 홍보활동을 지역이 연계해서 같은 시기에 개최하도록 함으로서 일괄적인 소개가 가능하게 되어 방문객들에 대한 호소력도 한층 높아졌다. 이와 같은 광역 연계사업의 목적은 외부에 대한 홍보도 목적이 있지만 지역주민에 대한 의식변화를 촉발하는 목적 또한 크다고 하겠다. 그 지역에 살고 있는 주민이라 하더라도 지역의 모든 것을 알 수는 없기 때문에 이런 노력을 통해서 지역의 매력에 대해 새롭게 이해할 수 있도록 하는 것이다. 또한 다음세대를 이어줄 초·중학생에게 지역의 매력을 알 수 있도록 소책자를 만들어서 행정과 교장모임의 협력을 얻어서 권역내에 있는 모든 학교에 배포하고 있다.

중심 축을 지역의 합의형성에 두기

야츠가타케 관광권에서는 지역의 합의형성을 가장 중요하게 생각하고 있다. 현재 우리 마을을 방문하는 관광객은 하나의 시설만 돌아보는 것이 아니라 야츠가타케 전체의 관광자원을 체감하기 위해서 방문하고 있기 때문에, 지속적으로 사업을 영위해 나가기 위해서는 광역적으로 대응할 필요성이 강하게 요구되고 있기 때문이다. 앞으로도 주민 전체의 합의형성과 의식변화를 위한 워크숍을 자주 개최해서 지역발전 일환으로 야츠가타케를 홍보하려고 생각하고 있다.

코바야시 쇼지(小林昭治)

야마나시현(山梨県)출신. 일반사단법인 야츠가타케 투어리즘 매니지먼트 대표이사. "진정한 야츠가타케만의 오리지널"을 창출, 지역민이 매력을 느끼고 그 매력을 발전할 수 있도록 하는 것이 중요. 앞으로도 관광업계의 진흥 발전을 위해 진력하겠다.

지역의 초·중학생에게 배포하고 있는 소책자
[야츠가타케는 어떤 곳일까?]

[야츠가타케 하늘 박람회]

관광권의 대응

국내외에서 인기있는 국제경쟁력 있는 차세대의 브랜드 있는 관광지역만들기를 진행시키고 있는 관광권의 대응

[실시주체 : 각 관광권의 관광을 통한 지역만들기 플랫폼]

- ▶ 다른 지역과 차별화된 자기 지역만의 브랜드있는 관광지역만들기의 대응체제
- ▶ 관광을 통한 지역만들기 매니저로 구성된 관광을 통한 지역만들기 플랫폼 설치
- ▶ 다양한 지역의 관계자와 연계한 지역일체의 대응체제

대응 개요

다양한 지역의 관계자가 연계해서 지역이 일체가 되어 대응

국내외로부터 인기있는 "차세대"의 브랜드있는 관광지역만들기

관광권(觀光圈)이란 자연・역사・문화 등에 있어서 밀접한 관계가 있는 관광지를 일체화한 구역을 가리키는 말로, 구역내에 있는 다양한 관계자가 연계해서 관광객이 숙박・주유(周遊)할 수 있도록 매력있는 [체류형 교류관광]으로 관광을 통한 지역만들기에 진력하고 있다. 전국에서 13개 지역이 관광권으로 인정받았다.

관광권에서는 현재 한층 높은 목표를 설정하고 국내외로부터 인기있고 국제경쟁력이 높은 차세대의 브랜드있는 관광지역만들기로 정책의 고도화를 진행시키고 있다. 다른 지역과 차별화할 수 있고 우리 지역에서만 맛볼 수 있는 독자적인 가치(지역다움)를 빛어내서 그것을 브랜드 컨셉으로 명확화시키고자 하는 것이다. 이 브랜드 컨셉의 세계관을 체감할 수 있도록 체류프로그램 콘텐츠를 제공, 경관형성과 자연환경의 보존, 지역만

의 먹거리 제공, 숙박시설에 대한 매력향상, 품질보증제도 도입과 원스톱창구 정비, 인바운드 관광객에 대한 환대 환경정비 등 관련된 모든 부분에 대한 노력과 대응을 전개하고 있다. 그리고 이 브랜드에 대한 매니지먼트 · 관리를 담당할 조직으로 관광을 통한 지역만들기 매니저로 구성된 구성된 관광을 통한 지역만들기 플랫폼을 DMO로서 명확하게 정립시키고, 지역의 폭 넓은 관계자가 참가하여 전략적이면서 일체화된 관광을 통한 지역만들기를 시행하고 있다.

대응체제

브랜드있는 관광지역만들기 전체를 매니지먼트 · 관리하는 DMO조직으로 [관광을 통한 지역만들기 매니저]로 구성하는 [관광을 통한 지역만들기 플랫폼]을 설치하고, 이 플랫폼을 중심으로 지자체간의 벽과 산업체간의 벽, 민관 사이에 있는 벽을 넘어서 다양한 관계자와 연대하면서 지역 전체가 일체가 된 대응을 목표로 활동하고 있다.

관광권 추진협의회에서 열린 각종 스터디

관광권끼리 활발한 교류(타 관광권에 대한 시찰 모습)

TOPICS

전국의 관광권끼리 연계하는 장치로 새롭게 [관광권 추진협의회]를 설치!

다양한 세미나 개최를 통한 정보공유

전국의 관광권이 각 지역이 가지고 있는 공통의 과제를 개선하기 위해서 정보공유・검토와 함께 앞으로 있을 인바운드 획득을 위해 광역적인 연계 대응을 촉진할 것을 목적으로 2014년 6월에 자율적으로 발족한 조직이다.

두 달에 한 번씩 관광권멤버가 도쿄에 모여서 각 지역의 과제를 논의・해결하기 위해 외부강사를 초청해서 스터디를 하거나 정보공유를 위해 노력하고 있다. 2014년 10월 30일에는 관광권의 대응을 통해 알게된 과제와 앞으로의 전망 등에 대해 토론하고, 지방창생(地方創生)을 위해 해야 할 자세에 대해 생각해 보는 [관광권 심포지움]을 개최하는 등 적극적으로 활동하고 있다.

[관광권 심포지움] 개최 상황

・지역만들기의 노하우・

과제 관광으로 지역을 활력있게 만들기 위한 관광을 통한 지역만들기란?

▶ [살아보니 좋고, 찾아오니 좋고]를 실현하고자 활동하는 것이야 말로 관광을 통한 지역만들기이며 지역을 응원하는 응원단을 늘려가기 위해서라도 지역민들과 방문객과의 교류를 촉진시키는 [체재교류형관광]으로의 전환이 필수적이다.

과제 지역간 경쟁이 격화되는 속에서 국내외로부터 인기있는 브랜드있는 관광지역 만들기를 위해서

▶ 다른 지역과 차별화할 수 있고, 자기 지역에서만 가능한 독자적인 가치(그 지역의 고유성)을 찾아내고, 브랜드・콘셉트로 명료화한다. 이를 통해 방문하는 관광객이 그 [브랜드・컨셉]의 세계관을 직접 체감할 수 있는 매력만들기와 환대환경(호스피텔러티 마인드) 정비가 필요해 진다. 체류콘텐츠・프로그램은 그와 같은 툴의 하나로서 매우 중요하고 거기에서 지역과의 교류가 입소문과 리피터(재방문자, 단골)로 이어지고 지역의 브랜드 확립으로 이어진다.

과제 지역과 지역・산업과 산업・민과 관의 높은 담을 넘어서 연계를 구축하기 위해서

▶ 관광권에서는 이 세 가지의 벽을 뛰어 넘어 다양한 관계자를 포함시키기 위해서 지역마다 다양한 고민을 하면서 과감하게 도전하고 있다. 실질적인 연계를 위해서는 다양한 관계자와의 연대를 촉진시킬 수 있는 장치가 필요하다.

문의 : 관광권 추진협의회

사무국 : 야츠가타케관광권· 일반사단법인 야츠가타케 투어리즘 매니지먼트

山梨県北杜市高根町清里3545−4559

TEL : 0551-48-3457

URL : http://yatsugatake-ga.com/kankouken/

관광권의 주요 대응사례

브랜드가치 검토

다른 지역과 차별화할 수 있는 내 지역만의 [독자적인 가치]를 찾아내서 [브랜드 · 콘셉] 을 기치로 도전하는 "브랜드 있는 관광을 통한 지역만들기"

니시아와(にし阿波)-켄잔(剣山) · 요시노가와(吉野川)관광권의 [브랜드 · 컨셉]

브랜드있는 관광지역이 되기 위해서는 내 지역만의 매력이 중요하다. 어떤 관광권이라도 그 지역만의 [자신만의 가치]를 찾아내서 [브랜드 · 컨셉]이라는 기치를 내 걸어서 지역주민이 일체가 된 브랜드있는 관광지 만들기에 매진하고 있다. 예를 들면 니시아와(にし阿波)-켄잔(剣山) · 요시노가와(吉野川)관광권에서는 급경사지역에 마치 매달려있는 듯이 점재하고 있는 고지대부락의 삶을 [자신만의 가치]로서 발견해 내고, 브랜드 · 컨셉 [천년의 숨바꼭질](유구한 역사 속에서 숨겨져 온 산골마을의 비밀스럽고 풍요로운 삶의 매력) 세계를 만들어내려고 노력하고 있다.

원스톱창구 정비

방문자 · 시장(市場)에 대한 원스톱창구 정비

다른 지역과 차별화할 수 있는 내 지역만의 [독자적인 가치]를 찾아내서 [브랜드 · 콘셉] 을 기치로 도전하는 "브랜드 있는 관광을 통한 지역만들기"

관광권에서는 지역에서 머물기 위한 권역내의 각종 정보(체류프로그램 · 콘텐츠, 숙박, 음식, 이동 등)을 일원화해서 제공하고, 방문자의 니즈에 대응하는 안내와 상담 등을 하기 때문에 관광안내소를 중심으로 원스톱창구 정비를 진행하고 있다.

권역내에 있는 모든 정보를 제공·예약가능한 관광안내소(후라노(富良野)·비에이(美瑛)관광권)

권역내에 있는 관광안내소의 명칭도 [바다의 교토]로 통일(바다의 쿄토관광원) [바다의 쿄토]인정 관광권 안내소

우리 지역에서만 맛볼 수 있는 음식 제공

브랜드있는 관광지역만들기 전체를 매니지먼트·관리하는 DMO조직으로 [관광을 통한 지역만들기 매니저]로 구성하는 [관광을 통한 지역만들기 플랫폼]을 설치하고, 이 플랫폼을 중심으로 자자체간의 벽과 산업체간의 벽, 민관 사이에 있는 벽을 넘어서 다양한 관계자와 연대하면서 지역 전체가 일체가 된 대응을 목표로 활동하고 있다.

유키구니(雪国)관광권 [니가타의 아침밥상 프로젝트]와 [유키구니(雪国)A급 미식가]

雪国

A

級グルメ

체류 콘텐츠·프로그램 제공

[브랜드·컨셉]을 방문객에게 체감할 수 있도록 하고 체재교류형관광을 촉진하기 위한 체류콘텐츠·프로그램 조성 및 제공

방문객에게 브랜드 이미지를 홍보하여 구매력을 높이기 위한 도구로서 관광권에서는 체류콘텐츠·프로그램 조성 및 제공을 강화하고 있다. 단순하게 관광 스팟을 돌아보는 종래의 관광상품이 아니라, 지역과의 끈끈한 유대감을 느낄 수 있도록 하여 팬이 될 수 있도록 하기 위해 지역민과의 교류를 중요시하고 있다. 이와 같은 교류체험이 국내는 물론 해외로부터의 관광객을 매료(魅了)시키는 중요한 툴이 되고 있다.

외국인 관광객에게 인기를 끌고 있는 지역주민이 가이드역할을 하는 고지대부락 순회(니시아와(にし阿波)-켄잔(剣山)·요시노가와(吉野川)관광권)

[타임 트래블] [해풍(海風)의 나라 사세보(佐世保)·오지카(小値賀)관광권]

[천년의 로망 시공박람회](토요노쿠니(豊の国)*천년 로망 관광권)

*토요노쿠니(豊の国)는 큐슈(九州)의 북동부에 위치한 현 후쿠오카현(福岡県) 동부 및 오이타현(大分県) 전역에 해당하는 지역을 가리킨다.

외국인 환대 환경 정비

FIT 인바운드 강화를 위한 관광권 다양한 국가에서 오는 외국인 환대 환경 정비를 촉진

인바운드 관광객에 대한 대응은 관광권의 공통과제이며 FIT 관광객을 위한 환대 환경정비를 최근에 더욱 강화하고 있다. 구체적으로는 Wi-Fi정비, 외국어로 되어 있는 사인정비, 외국인 대응 가능한 가이드 육성, SNS·WEB 등의 외국어안내·정보발전, 각종프로모션 등의 노력을 각 관광권에서 추진하고, 후라노(富良野)·비에이(美瑛)관광권에서는 꽃밭으로 침입하는 것을 방지하기 위한 매너계몽에 매진하고 있다.

2015년부터는 관광권 추진협의회라는 협의체를 만들어 관광권끼리 연계해서 광역 인바운드를 위한 여행상품 개발에 매진할 수 있도록 하고 있다.

SNS를 사용한 외국인을 활용한 정보발전(니세코 관광권)

외국어에 의한 가이드 안내(아소(阿蘇)구쥬 관광권)

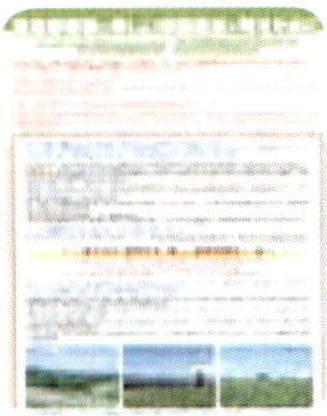

관광지에서의 매너에 대한 계도(후라노(富良野)·비에이(美瑛)관광권)

해외를 향한 컨셉책자 제작(니시아와(にし阿波)-켄잔(剣山)·요시노가와(吉野川)관광권)

2차교통 정비

창의적 고려를 통한 2차교통 정비를 향한 노력

2차교통은 관광권 공통의 과제이며 각지에서는 이를 위한 다양한 시도를 진행하고 있다. 야츠가타케(八ヶ岳)관광권에서는 송영버스의 일원화를 꾀하고 있고 민간사업자의 부담금으로 숙박시설과 각 관광시설을 순회하는 버스를 운행하고 있다. 하마나코(浜名湖)관광권에서는 이동자체를 하나의 어트랙션으로 받아들이고 선박운행과 사이클링 등의 정비를 추진하고 있다.

야츠가타케(八ヶ岳)관광권의 민간주도에 의한 [야츠가타케 고원 리조트 버스]

하마나코(浜名湖)관광권 선박운행 정비 노력 [하마나코 SA선박운행 정비 실증실험)

품질 보증 제도 도입

일본 최초! 숙박시설 등의 관광 품질 보증 제도

인바운드 관광객 증가화 함께 숙박시설과 액티비티 등 관광서비스 품질의 정보제공과 향상이 요구되고 있다. 유키구니(雪国)관광권 등에서는 일본에서 최초로 관광 품질 보증 제도(SAKURA QUALITY)를 도입해서 사업자의 품질 유지 및 향상을 꾀하면서 제3자에 의한 품질 평가 및 정보 개시에 매진하고 있다.

관광을 통한 지역만들기 매니저와 관광을 통한 지역만들기 플랫폼

브랜드 있는 관광 지역만들기 전체를 매니지먼트하는 DMO로서의 기능을 갖는 [관광을 통한 지역만들기 플랫폼]과 이를 견인하는 [관광을 통한 지역만들기 매니저]

관광권에서는 지속가능하며 횡단적인 관광을 통한 지역만들기를 매니지먼트 하는 등 DMO기능을 갖는 조직으로서 [관광을 통한 지역만들기 매니저]를 구성원으로 하는 법인화된 [관광을 통한 지역만들기 플랫폼](PF)을 설립하고 있다. 예를 들면, 사세보(佐世保)・오지카(小値賀)관광권에서는 행정 안에서 횡단적인 연계 강화를 위해 [사세보 시청내 프로젝트 회의], 지역 내의 각종 단체와 법인, 주민 등과의 연계강화를 위한 ["해풍(海風)의 나라" 네트워크 협의회]를 설립하고 지역 내의 연계촉진을 꾀하고 있다.

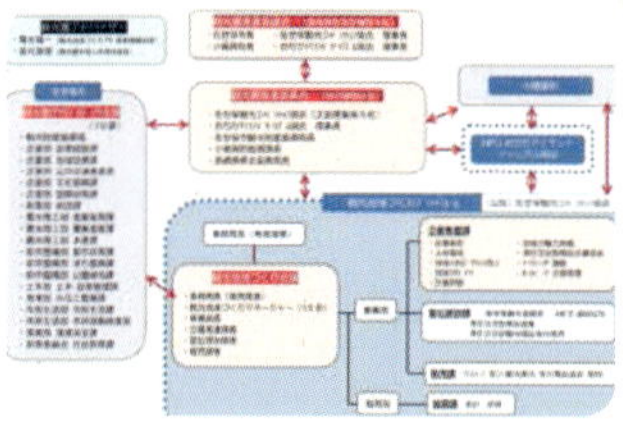

하마나코(浜名湖)관광권 선박운행 정비 노력 [하마나코 SA선박운행 정비 실증실험)

광역 연계

민박을 포함한 체험형 수학여행 유치활동

[실시주체 : 히로시마(広島)만 베이 지역 · 해생도시권(海生都市圈)*연구협의회]

- 히로시마(広島) · 야마구치(山口) 두 현의 홈스테이 실시에 따른 취급 지침에 근거, 민박체험을 포함한 수학여행 유치를 전개
- 광역차원에서의 지자체 연계에 의한 대도시 여행사를 통한 일괄 유치활동 및 복수의 지역과 연계한 수학여행 유입
- 지자체의 수장 혹은 이에 준하는 직위를 가진 사람이 접객처의 책임자가 되도록 함에 따른 안도감 제공

체험프로그램 : 카이덴마(櫂伝馬)선 · 오사키카미지마(大崎上島) 마을

체험프로그램 : 래프팅 · 아키오타(安芸太田)마을

아쉬움 속의 작별

대응 개요 히로시마(広島)만 전역을 감동 체험 수학여행

히로시마 만(灣) 지역은 수학여행지로서 많은 학생들이 방문하고 있다. 히로시마의 평화 학습과 더불어, 세토내해(瀬戸内海) 특유의 풍부한 자연을 활용한 다채로운 체험 프로그램을 준비하고, 협의회 멤버인 야마구치현(山口県) 스오오시마(周防大島)마을 · 히로시마현(広島県) 오사키카미지마(大崎上島)마을 · 아키오타(安芸太田)마을 · 키타히로시마(北広島)마을 등 두 현에 걸친 5개 지역을 중심으로 [체험형 수학여행] 유치 확대에

적극적으로 매진하고 있다. 2007년도에 한 개 학교(35명)를 받아들인 것을 계기로 매년 증가일로를 보이고 있고, 2014년도에는 40개교(7,177명)을 받아들였다. 2015년도에는 45개교(8,369명)의 예약이 들어와 당분간은 1만명의 유입을 목표로 잡고 있다.

*해생도시권(海生都市圈)은 히로시마(広島)의 바다, 바다에서 바라본 도시만들기, 바다와 함께 발전하는 히로시마 도시만들기를 제안하는 구상이다. (참고 http://www.hiroshimacci.or.jp/hiroshimacci/teigen/kaiseitoshiken kousou)

가업체험 : 밀감 수확 · 스오오시마(周防大島) 마을

지역의 특징

히로시마 만(灣)은 히로시마현의 남서부에 위치하는 만(gulf)으로 세계유산 원폭 돔이 있는 히로시마시 외에 세계유산 이츠쿠시마(厳島)신사인 하츠카이치(廿日市)시가 있다. 전후(戰後)부터 히로시마시는 평화교육을 목적으로 한 수학여행지로서 인기가 높다. 또한 히로시마 만(gulf) 주변의 크고 작은 섬과 산간부는 풍부한 자연으로 밀감을 비롯한 감귤류(柑橘類) 재배와 쌀농사, 연안어업 등 농림수산물이 풍족한 한편 과소화(過疎化)* · 고령화가 진행되어 교류인구 확대 등 활성화가 급선무가 되었다.

*과소화(過疎化)는 인구가 급격하고 대폭적인 감소로 인해 지역사회의 기능이 떨어지고 주민이 일정한 생활수준을 유지하기 곤란한 상태를 말한다.

민박가정과 함께 만드는 저녁

대응체제

히로시마 만(gulf)베이 지역 · 해생도시권 연구협의회는 히로시마현 및 야마구치현에 소재하는 7개 시와 6개 마을의 행정, 상공회의소, 상공회(이상, 회원) 그리고 협의회의 취지에 찬동하는 찬조회원으로 구성되어 있고, 주로 체험형 수학여행 유치를 시행하고 있다. 협의회에서는 체험형 수학여행 유치 추진실을 히로시마 상공회의소에 설치하고, 상근 코디네이터에 의한 코디네이터 기능을 갖고 수학여행 유치 지자체(1시4정)과 긴밀한 연계를 가지면서, 프로모션 활동(세일즈, 애프터 훠로, 예약접수 등)과 여행 에이전트와 환대

지역의 연락 및 조정 외에도 받아들이는 지역의 정비 · 지원, 인스트럭터 · 민박가정 등 담당자의 육성 등 제반 활동을 하면서 학교측과 여행 에이전트가 원스톱으로 상담할 수 있는 시스템을 실현하고 있다.

· 지역만들기의 노하우 ·

과제 수학여행지로서의 체류시간이 짧고 숙박으로 이어지지 않는 경향이 있다

▶ 민박을 포함한 체험형 수학여행을 시행함으로서 체류시간이 늘어나고 받아들이는 지역 뿐만 아니라 주변지역의 숙박시설에 숙박할 기회도 증가하고 있다.

과제 체험형 수학여행을 충실하게 하고 평가받기 위해서는 어떻게 해야 하나?

▶ 도시와는 다른 농업과 어업에 종사하는 사람들의 생활체험을 통해 사람과 사람과의 교류를 꾀함과 동시에 풍부한 자연을 활용해서 다채로운 체험 프로그램을 준비하고 있다.

과제 고령화가 진행중인 상황에서 많은 학생이 소속되어 있는 학교로부터의 수요를 어떻게 받아들이면 좋은가?

▶ 받아들이는 지자체가 솔선해서 민박을 받아들이는 가정을 늘리고, 숙박 가능한 인원을 확대하면서 타 지역과의 긴밀한 연계를 통해 복수의 지자체에서 분산해서 받아들임으로서 수백명 단위의 수요를 소화할 수 있게 되었다.

과제 고령화가 진행중인 상황에서 많은 학생이 소속되어 있는 학교로부터의 수요를 어떻게 받아들이면 좋은가?

▶ 받아들이는 지자체가 솔선해서 민박을 받아들이는 가정을 늘리고, 숙박 가능한 인원을 확대하면서 타 지역과의 긴밀한 연계를 취하면서 복수의 지자체에서 분산해서 받아들임으로서 수백명 단위의 수요를 소화할 수 있게 되었다.

나카무라 세리오(中村成朗)

종합 식품 도매업 나카무라 카쿠(中村角)(주)회장(히로시마 상공회의소 상근의원)

히로시마 만(gulf)베이 지역・해생도시권 연구협의회가 발족된 2000년부터 운영위원장을 맡고 있고, 일관되게 체험형 수학여행 유치를 위해 지도적인 역할을 수행하고 있다.

대응성과

히로시마 만(gulf) 지역은 수학여행지로서 많은 학생들이 방문하고 있지만, 원폭 돔을 비롯한 평화학습과 이츠쿠시마(厳島)신사 관광만으로는 단시간 방문으로 끝나게 되고 숙박으로 이어지지 않는 경우가 많다. 이 때문에 히로시마 만(gulf) 지역에서의 체류기간을 늘리기 위해 히로시마 만(gulf) 베이 지역・해생도시권 연구협의회를 중심으로 [체험형 수학여행] 유치 확대에 적극적으로 매진해서 세토내해(瀬戸内海) 특유의 풍부한 자연을 활용해서 장기 체류에 대응하는 다채로운 체험 프로그램을 준비해서 큰 성과를 얻고 있다. 이런 대응을 통해 숙박을 전후한 히로시마시를 비롯한 도시부의 민박증가로 이어지고 있다. 또한 크고 작은 섬들을 비롯해서 과소화・고령화가 진행되는 지역에서는 수학여행 학생을 받아들이는 지역 주민 전체가 함께 참여하는 형태로 발전해서 지금은 지역 활성화의 비장의 무기로 받아들여지고 있다.

体験型修学旅行の受入れ校数と受入れ人数

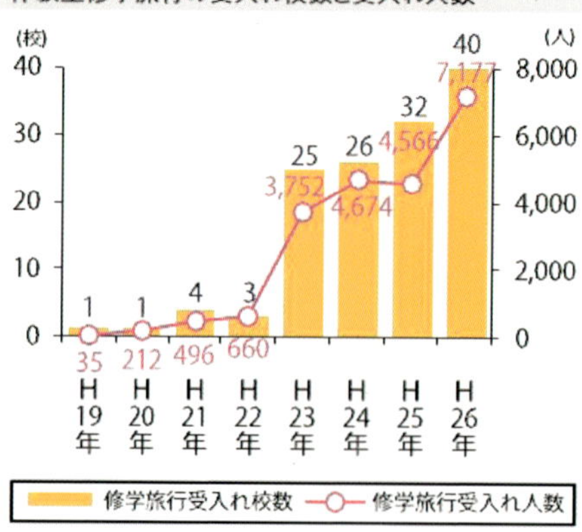

문의 : 히로시마(広島) 상공회의소
산업・지역 진흥부 지역진흥팀
広島県広島市中区基町5—44
TEL : 082-222-6641
URL : http://www.hiroshima-bayarea.net

휴가 취득 촉진

전통문화 계승과 자녀와의 유대만들기

[실시주체 : 히토요시(人吉)시]

- 축제일을 휴일로 만들어서 시 전체가 참여할 수 있는 이벤트를 실시함으로서 지역 활성화
- 축제가 활성화되어 지역민의 참가가 증가함으로서 전통문화를 계승

아오이아소(青井阿蘇)신사와 신코(神幸)행렬

[가족시간 만들기]프로젝트를 알리는 리플렛

대응 개요 학교 휴일화를 통한 전통문화 계승과 자녀와의 유대만들기

국보인 아오이아소(青井阿蘇)신사에서는 헤이안(平安)시대부터 이어지는 대제(大祭)인 [오쿤치축제]가 행해진다. 그 신코(神幸)행렬에서는 시내 각 마을에 있는 어린이용 미코시(神輿)도 다수 참가한다. 축제기간을 휴일로 함으로서 축제에 참가하게 할 수는 없느냐고 하는 보호자로부터의 요청도 있고 축제일과 체육진흥일을 포함한 3연휴를 사업실시 기간으로 해서 오쿤치축제(おくんち祭)・체육진흥일 기간을 중심으로 한 연휴에 맞추어서 시 전체의 이벤트를 실시해서 지역 활성화를 꾀하고 있다.

사업을 실시함에 있어서는 학교 및 보호자의 이해를 얻기 위해 교육위원회를 통해 초중등학교 교장협의회, 시의 PTA연락회의에서 설명회를 개최하고, 보호자에게 전단지를 배포하는 등 알림과 이해를 요청했다. 또한 학교 휴일에 맞추어서 보호자는 유급휴가를 받을 수 있도록 기업에 대해서도 상공회의소를 통해서 프로젝트 의뢰 문서 등을 배포하는 등 기업의 협조를 요청했다.

지역의 특징

쿠마모토현(熊本県) 남부, 히토요시(人吉) 분지 서남단에 위치하고 남으로는 카고시마(鹿児島県), 미야자키현(宮崎県) 두 현에 접해 있으며 쿠마모토시(熊本市), 미야자키시(宮崎市), 카고시마시(鹿児島市)의 3개 도시를 약 한시간에 액세스할 수 있다. 시의 중앙부는 일본의3대 급류(急流) 가운데 하나인 쿠마가와(球磨川)를 활용한 유람선(쿠마가와 하류기행)과 래프팅과 같은 액티비티가 준비되어 있다. 쿠마가와 강변을 중심으로 점재하고 있는 이즈겐(泉源)은 50개소를 넘는다. 또한 국보인 아오이아소(青井阿蘇)신사를 비롯한 수많은 문화재가 남아있고, 신사・불각, 옛날 거리 등이 잠재해 있다는 특징이 있다.

대응체제

매년 개최되고 있는 유서 깊은 아오이아소(青井阿蘇)신사[오쿤치축제] 전체를 활성화하기 위해서, 어떤 방법으로 참가자를 증대시킬 것인지가 고민이었다. 그래서 2012년도부터 관광청의 [가족과의 시간만들기 프로젝트]를 활용해서 히토요시시(人吉市)자치진흥과를 중심으로 히토요시시 초・중학교 교장모임, 시의 PTA연락협의회, 히토요시시 상공회의소 등과 연계해서 사업소와 지역주민이 축제기간을 휴일로 하도록 하는 다양한 방법을 시도했다. 2013년, 2014년도는 후생노동성의 사업도 활용해서 지역 전체를 대상으로 노력하고 있다.

· 지역만들기의 노하우 ·

과제 지역의 전통행사 참가자가 줄고 있다.

▶ 학교・기업을 휴일로 하는 방법을 통해 참가자가 증가하고 있다.

과제 기업에서는 축제일을 휴일로 하는데 대한 이해를 얻어내기가 쉽지 않다.

▶ 도시와는 다른 농업과 어업에 종사하는 사람들의 생활체험을 통해 사람과 사람과의 교류를 꾀함과 동시에 풍부한 자연을 활용해서 다채로운 체험 프로그램을 준비하고 있다.

대응성과

이제까지 오쿤찌축제에 참가하지 못했던 마을의 어린이미코시 행사가 축제에 참가할 수 있게 되어 이를 통해 PTA활동의 일환으로 학교 전체가 어린이미코시에 참가하는 중학교가 늘어나는 등 축제가 이제까지보다 훨씬 활성화되었고 지역활성화로 이어졌다. [가족과의 시간만들기 프로젝트]가 시작되어 3년이 경과된 지금은 사업소측의 이해 폭이 넓어지면서 축제일을 휴일로 하는 취지에 찬동하는 사업소가 점차 늘어나게 되어 연차취득을 득한 보호자의 비율이 늘어난 것도 지역활성화로 이어지고 있다.

人吉市の観光入込客数と延べ宿泊者数

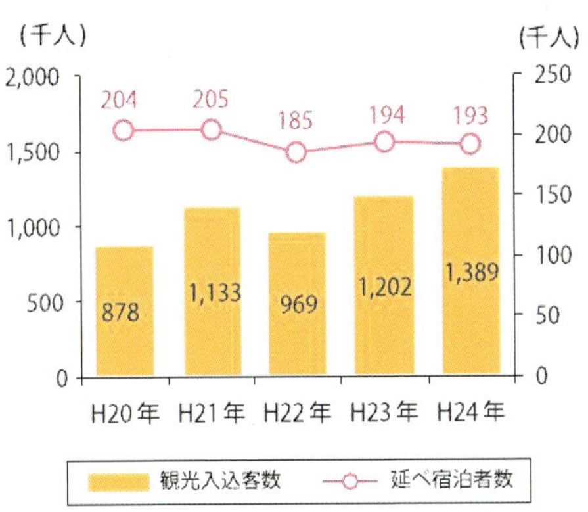

出典：熊本県観光統計表

문의 : 히토요시시(人吉市) 남녀공동
참여추진실
熊本県人吉市麓町16番地
TEL : 0966-22-2111
URL : http://www.city.hitoyoshi.lg.jp

인재 육성

중핵인재를 육성하는 [신슈(信州) · 관광을 통한 지역만들기 매니지먼트 학사]

[실시주체 : 나가노현(長野県), (일반사단법인)신쥬(信州) · 나가노현 관광협회]

- 경제단체로부터 추천받은 수강자가 2년간 지속해서 배움을 나눔으로서 인재 네트워크를 구축
- 수강자가 자신의 지역을 대상으로 학습함으로서 실무능력 향상
- 수강을 마친 수료자는 다음에 강사가 되어 인재가 인재를 육성해 나가는 시스템

매니지먼트 학사의 강의 풍경

비전발표회의 전체사진

대응프로젝트 발표 풍경

대응 개요 **시정촌(市町村), 관광협회, 상공회의소 등으로부터 추천을 받은 유망인재(30-50세)를 대상으로 실천적 학사를 개강**

관광을 통한 지역만들기를 견인하고 있는 지역의 중핵이 되어 줄 인재(경제단체나 지자체로부터 추천된 자 가운데 20명 정도를 선발)에 대해 집중적이면서 효과적(1기수 2년)인 육성 프로그램 전개 및 사전학습과 현지 시찰, 합숙 등의 자주적 활동을 실시하고, 중핵인재로의 육성을 지원한다.

1년차 [기초편]에서는, 학사장과 강사에 의한 중핵인재가 되기 위해 필요한 지식과 능력에 대한 강의와 필드웍(매회마다 다른 개최지역을 수강생이 시찰하고, 전체를 조망한 시점에서부터 관광지 상황 · 과제를 파악하고 이에 대해 발표한다)실시, 특정 케이스를 통

한 세미나 실시(현지조사, 프로그램 입안, 컨셉 설정, 액션 플랜 작성 등) 하고, 최종 강의에서 수강생 개인이 자신의 지역에 대한 관광지역[비전]을 발표한다.
2년차[실천편]에서는 [기초편]의 마지막 강의에서 수강생이 발표한 자신의 지역에 대한 관광지역 비전을 지역 현장에서 활동해 나가는 실천력을 습득할 수 있도록 하기 위해, 보조금을 활용하여 그 비전에 기초한 사업을 실시하고, 사업의 진척상황을 매회 발표하도록 한다. 최종 [대응 프로젝트 발표회]에서 도지사 등을 초청해서 사업성과 발표를 실시한다.

지역의 특징

나가노현(長野県)은 일본 메인랜드의 중간에 위치하고, 이와테현(岩手県), 후쿠시마현(福島県) 다음으로 광대한 면적을 갖고 있다. 나가노현의 주변은 웅대한 산들로 둘러 쌓여 있어 자연이 살아있고 경관이 빼어날 뿐 아니라 지역마다 독자적인 문화가 뿌리깊게 전승되고 있는 특징이 있다. 이런 멋진 자산이 널려있음에도 불구하고 관광객은 장기적인 관점에서 감소경향이 보인다.

대응체제

우리 학사는 나가노현 내의 [관광을 통한 지역만들기]를 견인하는 인재를 육성하기 위해 릿쿄대학(立教大学)관광학부 겸임강사인 시미즈 신이치(清水慎一)씨를 학사장으로 모시고 2012년부터 개강했다.

수강자는 1기 2년간의 수학기간 중에 집중적이며 효과적인 강좌를 개설해서 이론・세미나・실천을 통해 서로를 연마하고 기술과 능력을 갈고 닦고 있다. 2014년부터는 제2기생의 수강이 시작되어 1기생에 의한 강의도 개설하여 인재가 인재를 육성하는 환경을 갖출 수 있도록 정비하고 있다.

· 지역만들기의 노하우 ·

과제 당일치기 젠코지(善光寺) 참배객이 압도적으로 많아 체류시간이 짧아지고 관광객의 소비액이 늘지 않는다(나가노시(長野市)

▶ 젠코지 참배객을 타겟으로 지역의 성원을 기반으로 체류시간을 늘리도록 하기 위해 형식에 얽매이지 않고 '마을 돌아보기 투어'등의 프로그램을 확충하고 있다.

과제 관광자원으로 활용할 수 있는 북알프스 지역의 [밭]을 활용(북알프스 지역)

▶ 협력 숙박시설에서 체험프로그램 신청을 할 수 있어서 [산 우엉]등을 대상으로 한 유니크한 수확체험[Hatake(밭) Tourism]을 실시하고 있다.

과제 기존에 있던 집객시설의 한계 및 농촌지역과 관광지역의 의식차이에 따른 지역 일체감 결여(코마가네시(駒ヶ根市))

▶ 고품질의 우엉임에도 불구하고 잘 알려지지 않은 [나카자와(中沢) 야채]에 대한 적극적인 활용 및 정보발전과 함께 [나카자와 야채]와 연계한 투어 등을 기획, 제안하고 있다.

대응성과

(1) 젠코지(善光寺)거리에 대한 재방문과 체류시간 연장을 위한 대응

젠코지거리 탐험대[우라미치, 요리미치, 돗치미치!]를 시범적으로 실시(전8회)하고 관광객이 젠코지거리의 매력, 즐거움 찾기, 재방문과 체류시간 연장으로 이어지게 하기 위한 가능성을 엿볼 수 있었다. 2014년도에는 지역의 관광단체가 사업을 이어받아 보다 확대해서 실시하는 중이다. (http://monzen-tankentai.com)

⑵ [Hatake(밭)]에 대한 관광자원화로의 시도

[Hatake Tourism]이라고 명명한 3종류의 모니터 투어를 실시해서 호평을 받아 [Hatake]를 관광자원으로 활용할 수 있다는 가능성을 엿볼 수 있었다. 2014년도에도 실시했다.

⑶ JICA와의 교류

[나카자와 야채]와의 연계 투어에서 JICA* 해외 연수생과 연결이 되었고, 코마가네(駒ヶ根)시민과 해외 연수생의 교류를 통해서 지역민들의 환대의식 조성, 해외로부터의 관광객 유치 가능성을 엿볼 수 있었다. 2014년도에도 총 6차례 JICA와 교류를 성황리에 개최했다.

*JICA(Japan International Cooperation Agency) 독립행정법인 국제협력기구는 2003년에 외무성 산하의 정부개발원조(ODA) 실시기관의 하나로 설립되었다. 주로 개발도상지역 등에 대한 경제, 사회 발전에 기여하는 국제협력 촉진을 목적으로 활동하고 있다.

문의 : 나가노현(長野県) 관광부 관광유치과

長野県長野市南長野幅下692−2

TEL : 026-235-7253

URL : http://www.pref.nagano.lg.jp/index.html

칼럼

관광 진흥에 활용되는 ICT 서비스

[오키나와(沖縄)의 리토(離島) 가이드 프로젝트 오쿠나와] Facebook 화면

오늘 날 정보통신기술 : ICT(Information and Communication Technology)의 발전과 더불어 우리 생활 속에도 인터넷을 통한 정보발전, 블로그, 트위터 등의 소셜 네트워킹 서비스 : SNS(Social Networking Service), 스마트폰과 태블릿 단말기로 사용하는 애플리케이션 등 ICT 기술이 일상생활 속에 깊이 자리잡았고 관광이라는 행위를 할 때도 다양한 장면에서 일본 각지의 ICT를 활용한 관광진흥을 시도하려는 움직임이 일어나고 있다.

[오키나와(沖縄)의 리토(離島) 가이드 프로젝트 오쿠나와]

소규모 단체가 전국규모의 PR을 하는데 있어 기존에는 기술과 코스트 양쪽 모두 어려웠던 것이 사실이지만 오늘날에는 SNS를 활용함으로서 효율적으로 PR을 하는 것이 가능해졌다.

[오키나와(沖縄)의 리토(離島) 가이드 프로젝트 오쿠나와]는 [알려지지 않은 지역의 매력]을 효과적으로 발전하는 수단으로 SNS를 활용하고 있는 사례 가운데 하나이다. 오키나와의 유인도(有人島) 가운데 사람과 물품의 왕래가 가장 적은 5개 섬의 Facebook이 개설되어 있는데 개설 2개월만에 20,000명의 방문을 달성했다. 또한 **정보 발전과 내용 갱신에 있어서도 5개 섬의 주민들이 직접 참여함으로서 행정에 대한 부하를 줄이고, 현장감 넘치는 충실한 콘텐츠 확보 등 두 마리 토끼를 잡도록 했다.** 프로젝트의 일환으로 정기적으로 섬주민 대상의 Facebook 사용법을 배우는 스터디와 관리를 위한 스터디를 개최하고 있다.

야마나시(山梨)Free Wi-Fi 프로젝트

야마나시현에서는 매년 증가하는 외국인 관광객이 무료로 인터넷에 접속할 수 있는 Wi-Fi 스팟을 정비하고 있다. 상점가 등 좁은 지역에서 무료 Wi-Fi 스팟을 정비하는 사례는 있지만, 현 전체를 대상으로 광범위하게 정비하는 사례는 매우 드물다고 할 수 있다.

2014년 9월말까지의 Wi-Fi 액세스 포인트 수는 1,729개소를 달성했고, 2015년 12월까지 2,000개소에 대한 설치를 목표로 하고 있다. Wi-Fi 설치장소는 다국어사이트인 [후지(富士)의 나라 야마나시 관광 네트]에 게재되어 있고, 통일된 심벌마크와 포스터로 알리고 있다. 2013부터 Wi-Fi 서비스[광(光) 스테이션](NTT동일본) 지역에서 열람할 수 있는 지역 포털 사이트[Tourist Information]을 제공하고 있고, 후지산(富士山) 세계유산 구성자산 가이드북, 손가락 회화집, 공공 교통 안내, 해저드 맵, 긴급・재해 때의 행동 지원 정보 등 관광객의 니즈가 높은 정보를 다국어도 일괄발전하고 있다. 경관에 대한 미관상의 기준이 엄격한 세계유산 구내 시설에 Wi-Fi를 설치하여 다국어 전자 팸플릿을 다운로드할 수 있도록 함으로서 시설에 대한 공간의 유효한 활용과 종이매체 제작에 대한 코스트를 억제하는데도 유용하다.

칼럼

휴가 취득 촉진

-휴가에 대한 국민의식 변혁을 위한 대응과 추진-

가족과의 시간만들기 프로젝트

관광청에서는 학교 제행사에 대한 대체휴일 설정을 고려함으로서 연휴 창출에 의한 관광진흥과 축제 등의 이벤트에 맞춘 [고향휴일] 설정에 따른 지역 진흥을 유도하는 [가족과의 시간만들기 프로젝트]를 시도하고 있고, 이런 취지에 찬동하는 지자체에 대해 인증을 실시하고 있다. 인증을 받은 지자체 가운데 하나인 노보리베츠시(登別市)에서는, 2013년도부터 부모와 자녀간의 커뮤니케이션 기회를 늘려주는 것을 목적으로 해서 시(市) 전체 초・중학교가 달력에 없는 독자적인 3연휴 이상의 휴일을 설정하고, 이 기간은 노보리베츠 곰 목장, 시민 풀장 등 민간 혹은 공공시설 입장료를 할인하거나 무료로 개방하여 휴일을 가족과 함께 즐길 수 있도록 시도하고 있다. 그 결과 2014년도 말 전체 초・중학교 보호자에 대한 앙케이트에 따르면 49.6%가 [가족과의 시간만들기 프로젝트]에 대한 이해를 나타냈고 32.1%가 휴가를 활용하고 있다.

[포지티브 오프] 운동

관광청, 내각부(内閣府), 경제산업성, 후생노동성이 공동으로 휴가를 취득해서 외출 또는 여행 등을 즐길 수 있도록 적극적으로 촉진하고 있고, **휴가(오프)를 전향적(포지티브)으로 생각해서 즐기자고 하는 [포지티브 오프]운동**을 추진하고 있다.

이런 운동은 유급휴가의 적극적인 활용에 대해 기업 등에서도 찬동해주고, 찬동기업・단체 수가 증가함에 따라 휴가를 적극적으로 취득하고, 유의미하게 보낼 수 있는 사회적 분위기를 조성해서, 일본인의 [라이프 스타일・이노베이션]으로 이어질 것을 목표로 하고 있다.

찬동기업・단체의 대응에 대해서는 다른 기업 등에서 참고할 수 있도록 [포지티브 오프 운동] 공식 홈페이지를 통해 소개하고 있다.

운동에 대한 찬동움직임은 늘어나고 있고 2015년 3월 말 450단체가 찬동을 표시하고 있다.

※상세한 사항은 [포지티브 오프] 홈페이지(www.mlit.go.jp/kankocho/positive-off)를 참고해 주십시오.

3

다양한 분야에서 지역만들기와 연계

일본은 자연과 경관, 역사, 전통, 문화, 산업 등 풍부한 관광자원이 존재하고, 국내 여행자는 물론 방일 외국인 관광객에게도 매력적인 관광메뉴 제공이 가능하다. 관광객의 다양한 니즈에 대응하기 위해서는 이들 자원을 활용해서 지역밀착형의 관광을 통한 지역만들기를 진행시켜 나가는 것이 중요하다.

다양한 분야와 연계한 각지에서의 지역만들기 모습

3 다양한 분야에서 지역 만들기와의 연계

관광을 통한 지역만들기

도쿄올림픽·패럴림픽을 염두에 둔 정부와 관민일체가 된 대응방안 추진

관광객 니즈의 다양화와 리얼감 지향

최근 일본 각지에서 지역의 활력이 떨어지고 있다는 불안이 커지고 있는데 그 요인의 하나가 지역이 각자 가지고 있는 역사, 문화, 전통에 기반한 지역의 특징, 개성, 마을의 매력이 떨어져서 획일화 되어버렸다는 지적을 받고 있다. 관광지역에 대해서도 예전과 같은 단체관광과 통과형 관광을 중심으로 하는 관광형태를 기초로 한 시스템으로 이루어져 있는 지역이 많아서, 개인 · 그룹여행과 체험형 · 목적달성형의 관광을 지향하는 관광객, 여행지에서 하는 활동의 다양성 · 개성화로의 변화에 대한 대응이 따라가지 못하고 있어 관광객의 니즈에 충분하게 대응하지 못하고 있는 것이 사실이다. 그러나, 관광이 개인중심(FIT)으로 변함과 동시에 관광객의 니즈 또한 십인십색(十人十色)이 아니라 일인십색(一人十色)이라고 불릴만큼 다양화 · 성숙화되고, 관광객은 보다 리얼감을 요구하고 있는 실정이다. 그렇기 때문에 일률적인 규격의 비개성적인 관광상품으로는 다양한 관광객의 니즈를 맞추기가 어렵고 [다품종 · 소로트(lot)]라고 할 수 있는 **세심한 지역맞춤형(着地型) 관광상품을 조성하고 제공하는 것이 중요**한 시점이다. 또한 지역에 깊이 뿌리내린 [자연], [역사 · 전통], [산업], [생활문화] 나아가 [지역 주민들과의 교류]등 이제까지는 관광상품 혹은 관광의 대상이라고 생각하지 못했던 지역자원을 새로운 관광 · 여행의 목적으로 담아내고 있는 것이 최근의 변화된 조류이다.

지역이 혼연일체가 되어 애니메 · 투어리즘을 추진(히로시마현(広島県) 타케하라시(竹原市))

전통공예 체험

옛 정서가 물씬 풍기는 양조장거리(사이타마현(埼玉県) 카와고에시(川越市))

공단 견학(야마구치현(山口県) 우베시(宇部市))

석탄 채굴현장 견학(야마구치현(山口県) 미네시(美祢市))

대표적인 뉴 투어리즘

이런 상황을 고려해서 정부와 관광청에서는 지역의 특성을 잘 살리면서 다양화되고 있는 관광객의 니즈를 잘 반영한 관광을 제공하는 뉴 투어리즘에 대한 대응을 지원하고 있다. 뉴 투어리즘 내용은 매우 다양하지만 그 가운데 대표적인 뉴 투어리즘을 몇 가지 소개한다.

○ 그린 투어리즘

농산 어촌지역에서 자연, 문화, 주민과의 교류를 즐길 수 있는 체류형 여가활동. 농촌의 작업체험과 농산물 가공체험, 농가에서의 민박을 이용한 숙박 등.

○ 에코 투어리즘

자연 관광자원에 대해 지식이 있는 사람으로 안내 또는 조언을 받으면서, 자연보호에 대한 배려, 체험과 관련된 지식과 이해를 넓혀가는 활동과 웨일 워칭(whale watching) 등 야생 생물을 관찰하는 투어, 식림(植林)과 청소 등 환경보전을 위해 실제로 공헌하는 자원봉사 투어 등.

○ 헬스 투어리즘

자연이 풍부한 지역을 방문하고 거기에 있는 자연과 온천, 건강에 좋은 요리를 맛보고, 심신을 치유하여 건강을 회복 · 증진 · 보전하는 것 등 의료에 가까운 활동부터 레저에 가까운 것까지 다양.

○ 문화관광

일본의 역사, 전통과 같은 문화적 요소에 대한 지적욕구를 채워주는 것을 목적으로 하는 관광.

○ 스포츠 관광

스포츠를 [보고] [체험하기]위한 여행에 덧붙여서 스포츠를 [서포트]하는 사람들과의 교류, 관광객이 여행지에서 다양한 스포츠를 체험할 수 있는 환경 정비를 포함.

○ 산업관광

역사적 · 문화적 가치가 있는 공장 등과 그 유구(遺構, 옛날 건축의 잔존물), 기계기구, 최첨단 기술을 갖춘 공장 등을 대상으로 하는 관광으로 배움과 체험을 동반하는 관광.

특집

다양한 분야와의 연계는 필수불가결한 시대

대표적인 뉴 투어리즘

이번 장에서는 지역의 잠재력있는 지역 고유의 개성 넘치는 자연과 역사, 문화, 산업 등을 관광자원으로서 최대한 활용함으로서 국내외 관광객을 불러들여 산업과 고용창출 및 확대를 꾀하는 개성・매력있는 관광을 통한 지역만들기를 진행하고 있는 전국 방방곡곡의 사례를 소개하고 있다.

에코 투어리즘(카고시마현(鹿児島県) 아마미시(奄美市))

삼림(森林) 세라피[剱・반짝임의 숲] (토야마현(富山県) 카미이치(上市町)마을)

지역자원을 활용한 관광지의 매력 창조 사업 개요

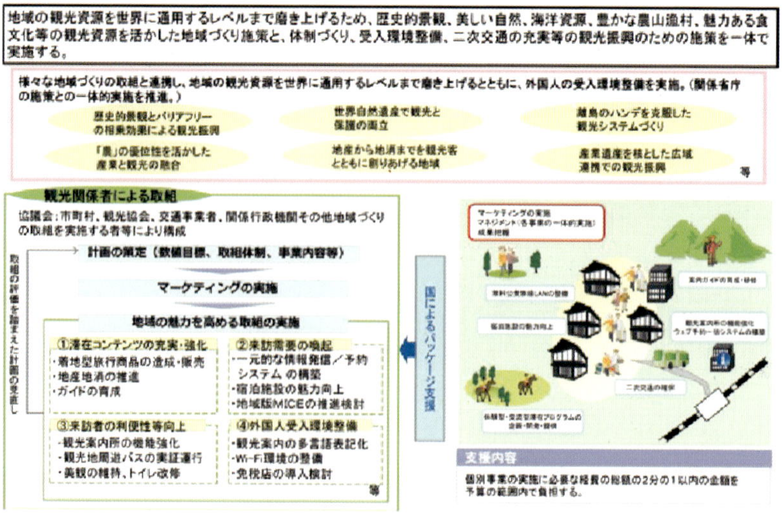

Specialist Message 전문가의 변

그린 투어리즘을 통한 농업과 관광의 연계

와카야마(和歌山)대학 관광학부장 후지타 타케히로(藤田武弘)교수

도시와 농촌의 관계를 대립으로부터 교류로

2차대전 후 많은 농촌으로부터 도시로 청년 중심의 노동력이 이동하고, 도시와 농촌은 오랫동안 대립적인 관계를 만들어 냈다. 그러나 최근의 그린 투어리즘과 도농간 교류의 움직임은 농촌지역에 거주하는 주민에게는 당연한 것이 오히려 그 지역이 가지고 있는 가치에 대해 깨닫게 함으로서 고향에 대한 애착과 자부심을 되찾게 되는 계기가 되었다. 그 배경의 하나로 식자재에 대한 소비자의 높은 불신감이 자리잡고 있고, 농산물 직판소와 눈에 보이는 유통이 점점 증가하고 있다. 또한 청년들의 전원(田園) 회귀 지향이 단카이세대(団塊世代*) 이상으로 증가하고 있는 것도 특징이다.

그린 투어리즘을 통한 지역경제 순환

농촌 또한 착지형(着地型) 관광과 자신들만이 가지고 있는 자원에 관심을 두어 브러시업(brush up)을 통해 지역에서의 경제순환이 발생할 수 있다는 것에 눈뜨기 시작했다. 이런 그린 투어리즘은 틀림없이 지역 순환형이며 6차산업화의 관점에서 보아도 우수한 대응이라고 할 수 있다. 여기 2개의 그린 투어리즘의 좋은 사례를 소개한다.

농가를 활용한 민박의 경제효과

나가노현(長野県) 이이다시(飯田市)의 미나미신슈(南信州)관광공사에서는 시내에 있는 약470건의 농가에서 민박에 대한 대응이 가능하도록 하여 각 농가에서는 평균적으로 연간 30만엔 정도의 수익을 거두고 있다. 농가의 모티베이션도 높아지고 도회지의 어린이들을 받아들여서 농촌에서의 삶의 장점을 새롭게 인식하도록 하는 효과(미러효과)도 속출하고 있다. 숙식 혹은 숙박과 목욕 분리와 지역의 여관 등으로 숙박자 유도 등 지역 안에서 자금이 순환하는 시스템을 염두에 두어 지역 전체에 그린 투어리즘을 통한 경제효과가 널리 번지고 있다.

*団塊世代 1948년을 전후에서 태어난 사람이 많아서 연령별 인구 구성상 두드러지게 팽대한 세대. 베이비 붐 세대.

계속적인 학습활동에 의한 [깨우침]의 재생산

특별히 강조하고 싶은 대응은 농가를 민박으로 활용하는데 선진적인 위치에 있는 오이타현(大分県) 우사시(宇佐市) 아지무(安心院)마을이다. 그린 투어리즘 연구회를 발족하여 1박2일의 강의와 체험학습을 연간 6회 실시하고 있는데 여기에는 민박농가의 어머니들이 17년간 계속 참가하고 있다. 학습테마는 '도농간 교류의 의의'에서부터 '서양의 유급휴가제도'까지 다양하게 이루어지고 있다. 농촌 민박 사업을 오랫동안 실시한 곳에서 나타나기 쉬운 '환대 피로'가 발생하지 않는 것은, 이와 같이 농촌민박의 참된 목적에 대해 계속적인 학습을 통해 항상 확인하고 있기 때문일 것이다.

[하코젠(箱膳)을 활용한 식생활 예법도 농가 민박의 매력포인트
(나가노현(長野県) 이이다시(飯田市) 치요(千代)지구 · 농촌기숙사 [곤베무라])

후지타 타케히로(藤田武弘)교수
와카야마대학관광학부장
전공은 농업경제학(도농간 교류론 · 지역농업론). 편저서에는 [도시와 농촌]일본경제평론사2011. [식과 농의 경제학]미네르바2004 등

유니크한 국제회의 개최

지역과 연계한 그린 투어리즘 대응

[실시 주체 : 농업법인주식회사 아키즈노(秋津野*)]

- ▶ 도시와 시골을 잇는 교차점
- ▶ 농업이 축(軸)이 되는 지역만들기
- ▶ 아키즈노형(秋津野型)그린 투어리즘

아키즈노(秋津野) 가든

폐교를 부활시켜 시민들의 농원으로 활용

*아키즈노 가든(秋津野ガルデン)은 전체 주주의 1·2이상이 농업자이며 임원의 2·3 이상이 농업인으로 이루어져 있는 도농간의 교류시설로 운영되고 있다. 농촌의 지역자원을 활용하여 그린 투어리즘으로 도시와 농촌의 교류를 통해 이윤추구가 아닌 소셜 비즈니스로 추진함으로서 지역과제 해결을 꾀하면서 지속 가능한 지역 활성화를 이끌고 있다. 와카야마현(和歌山県) 타나베시(田辺市)에 위치하고 있다.

대응 개요 농촌을 만나고 싶다, 농촌을 경험하고 싶다, 농촌을 체험하고 싶다, 아키즈노 가든은 도시와 농촌을 잇는 교차점

아키즈노 가든은 카미아키즈(上秋津) 초등학교의 폐교를 활용하여 도시와 농촌의 교류를 활성화하여 즐길 수 있도록 하기 위한 그린 투어리즘의 거점시설이다. 폐교된 교사(校舍)는 시설 노후화로 철거할 예정이었지만, 지역만들기 학사인 [아키즈노(秋津野)]를 주체로 한 검토위원회가 발족해서 수 차례 회의를 걸쳐서 폐교사를 그린 투어리즘

의 거점시설로 만드는 사업계획을 책정했다. 행정의 보조금 이외는 지역주민이 출자해서 운영회사인 [농업법인주식회사 아키즈노(秋津野)]를 설립하였고, '아키즈노 가든'은 2008년11월에 탄생했다. 아키즈노 가든에는 지역에서 생산되는 야채를 사용해서 지역에 사는 어머니들이 요리를 제공하는 '농가 레스토랑' [미칸 바타케(みかん畑)]외에 숙박시설, 과자만들기 체험공방[바렌시아 바타케(バレンシア畑)], 농작업 체험, 밀감나무 오너제도, 시민농원 등 농업을 활용한 다양한 매력을 제공하고 있다.

또한 타나베시(田辺市)는 쿠마노(熊野) 고도(古道)의 입구이며 [개미들의 쿠마노(熊野) 참배*]라고 불리는 쿠마노로 가는 여행은, 교토(京都)에서 오사카(大阪), 와카야마(和歌山)를 거쳐서 타나베(田辺), 그리고 이곳부터 나카베미치(中辺路)로 아키즈노 가든을 거점으로 해서 쿠마노 고도의 산책도 즐길 수 있다. '가든'은 독일어로 '정원'이란 뜻으로 이곳 아키즈 가든은 단순한 관광과 지역 진흥만을 위한 것이 아니라 지역주민도 함께 모이는 지역의 정원이라는 역할도 함께 하고 있다.

*「蟻の熊野詣」또는「蟻の熊野参り」라 고도 하는데, 쿠마노가도(熊野街道)에 이어져 있는 혼구(本宮), 신구(新宮), 나치(那智)의 쿠마노(熊野) 3산(山)을 참배하는 것이다.이 곳을 참배하고자 하는 행렬이 개미의 행렬처럼 많았다는 것을 빗대어 나온 말이다.

지역의 특징

타나베시(田辺市)는 와카야마현(和歌山県)의 거의 중앙에 위치하고 있으며 킨키(近畿)지방에서도 가장 넓은 면적을 보유하고 있다. 아키즈 가든이 있는 카미아키즈(上秋津)지구는 11개의 부락이 모여있는 오래된 마을이었지만 최근에는 교통의 편리성이 향상되고 시가지가 확대된 영향 등에 의해 인구가 증가하고 있다. 농업의 형태는 대부분이 과수(果樹) 생산으로 주로 산의 경사면에는 온슈(温州) 밀감을 비롯해서 다양한 품종의 밀감류가 재배되고 있고 옛날부터 밀감의 산지로서 시장에서도 높은 평가를 받고 있다. 전국적으로 밀감농원의 전환이 진행되고 있는 가운데 우량 신품종을 도입하면서 지금도 밀감 재배를 적극적으로 전개하고 있는 과수농업이 활발한 지구이다.

대응체제

카미아키즈(上秋津)지역은 아키즈노 가든이 건설되기 전부터 지역 내의 단체들로 조직된 [아키즈노 학사]에 의해 지역만들기에 돌입했고 주민들의 출자로 농산물 직매소[테키라(てきら)]를 설립하는 등 오랜 기간동안의 노력과 실적을 가지고 있다. '농업법인주식회사 아키즈노'는 전체 주주의 반 이상, 임원의 3분의 2 이상이 농업인으로 출자자는 489명, 자본금 5,180만엔으로 설립됐다. 그린 투어리즘 이외에도 지역만들기 인재육성과 신규 농업인 육성에도 힘쓰고 있다.

· 지역만들기의 노하우 ·

과제 도시주민과 농촌과의 교류의 장이 필요

▶ 숙박 체류시설, 농가 레스토랑, 과자 체험공방을 포함한 그린 투어리즘 시설을 설립했다.

과제 농가의 고령화에 따른 폐원(廃園)과 방치된 농원 증가(농촌의 경관을 해치는 원인)

▶ 농지(폐원, 방치된 농원)를 주식회사에서 임대하여 시민농원과 야채밭으로 부활시켰다. 목적은 새롭게 농촌으로 정착하는 귀촌자나 여성까지도 시야에 넣고 있다. 농업 고용의 장을 늘리는 데에도 기여하고 있다.

과제 농산물의 가격 저하

▶ 시민농원, 부활시킨 야채밭에서 갓 따온 야채를 농가 레스토랑에서 사용(지산지소(地産地消)), 지역의 특산물인 밀감으로만 만든 스윗 잼 등의 가공품 개발 판매로 농산물에 부가적인 가치를 더해서 브랜드화하고 있다.

타마이 츠네타카(玉井常貴)씨

와카야마현 타나베시 태생. 타나베시 카미아키즈 공민관장을 역임하고 현재 농업법인주식회사 [키테라(きてら)]사장. 농업법인주식회사 [아키즈노(秋津野)]사장. 일반법인 [후루사토와 미라이에노 쵸센(ふるさとと未来への挑戦)]부대표이사

대응성과

[아키즈노 농가민박 모임]을 설립함으로서 교육여행과 워킹홀리데이로 오는 사람이 증가하고 있다. 지역 농산물 발굴과 판매(농산물 직매소)[키테라] 판매액 연간 약1억5,200만엔). 아키즈노 가든(농가 레스토랑 포함)에서의 지산지소 추이(연간 약6,300만엔). 농산물 직매소[키테라], [아키즈노 가든]을 합쳐서 약70명을 고용(파트타임 포함). 연간 약 2,300명 숙박. 교류 인구는 약12만명([키테라]포함).

와카야마대학의 관광학부에서 계산한 바에 따르면 [아키즈노 가든]의 경제적 파급효과는 다른 관광 소비부분을 합쳐 연간 약9억7,000만엔(2011년도)에 도달했다. 타나베 시내(주변지역)에의 파급효과가 특히 커서 [이익 추구가 목적은 아니지만 지역 활성화를 목표로 한 것]이 좋은 결과로 이어지고 있다.

이제까지의 성과(2014년)

지역 특산물 발굴과 판매

연간 약 1억5,200만엔

아키즈노 가든(농가 레스토랑 포함)에서의 지산지소(地産地消)추진

연간 약6,300만엔

기업유치에만 의지하지 않는 고용처 확보

㈜키테라(きてら)
㈜아키즈노(秋津野) 약70명(파트타임 포함)

도시와 농촌의 교류

㈜키테라(きてら)
㈜아키즈노(秋津野) 연간 약12만명

아키즈노 가든에서의 숙박

연간 약2,300명

문의 : 아키즈노(秋津野) 가든

和歌山県田辺市上秋津4558−8

TEL : 0739-35-1199

URL : http://agarten.jp

관광농원

6차산업 네트워크를 통한 지역만들기

[실시 주체 : 세라고원(世羅高原) 6차산업 네트워크]

▶ **농업 종사자가 생산뿐만 아니라 농산품에 부가가치를 더해**

▶ **직접 소비자에게 제공하는 토탈산업을 목표로 하는 대응체제**

농가민박 모습

관광농원의 과수원

대응 개요 **농업의 재건을 목표로 다양한 단체와의 네트워크화를 통한 다방면으로 사업전개**

농업의 6차산업화를 목표로 생산자들이 모여 1999년에 세라고원(世羅高原)6차산업 네트워크가 설립되었다. 2006년에는 거점 시설인 [유메(夢)고원 시장]이 탄생, 생산자에 의한 대면판매, 향토요리 제공, 농업 체험 등을 시행하고 있다. **네트워크에는 자신의 상품을 팔기만 하고자 하는 사람은 참가할 수 없고**, 회원으로서 [지역 전체를 좀 더 건강하게 하고 싶다]고 하는 의지를 공유하면서 [플라워 왕국 세라고원 유메축제]와 [슬로 후드 페스티벌]등의 이벤트를 개최하는 이벤트부, 지역에 전해지는 요리를 찾아내는 향토요리부, 농가민박의 환대여부를 책임지는 체험교류부 등 6개의 부회(部會) 가운데 한 부회에 소속해서 회원 각자가 주체적으로 활동을 하게 된다.

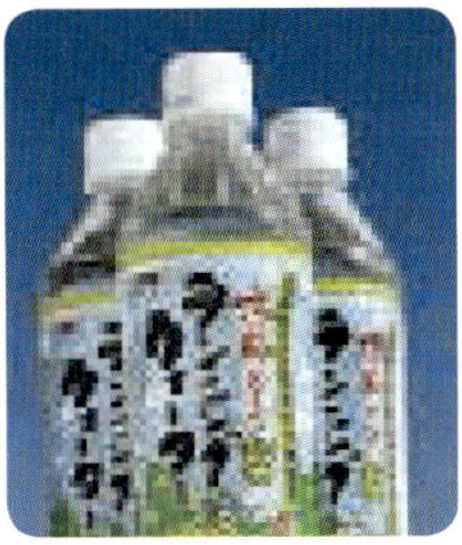

특산품인 [배]를 사용해서 생산한 음료수

지역의 특징

히로시마현(広島県) 세라군(世羅郡) 세라마을(世羅町)은 히로시마현의 중동부(中東部)에 위치하고, 쌀, 배, 토마토 등 농산물 생산지로 유명하다. 농산물 판매소, 관광농원이 많고 6차산업화가 발달된 마을이다. 2015년 3월 츄고쿠(中国) 횡단 자동차도가 전면 개통되어 관광을 비롯한 지역 산업은 그 파급효과에 기대를 모으고 있다.

특산품인 [배]를 사용해서 생산한 음료수

대응체제

1998년에 중산간지역(中山間地域)이라는 과제를 안고 있는 세라군의 세 마을이 광역 차원에서 연계해서 보조를 맞추는 것을 목적으로 [세라고원 6차산업 추진협의회]를 설립한다. 다음 해에는 소득향상 및 취업기회 증대를 촉진하기 위해 6차산업화를 목적으로 하는 생산자 네트워크로서 [세라고원 6차산업 네트워크]를 결성하게 된다. 2006년에는 생산자에 의한 대면판매 촉진, 특산 가공품 등의 판매를 더욱 촉진시키기 위한 거점시설인 [유메(夢)고원 시장]을 개설하고, 꽃 관광농원 · 산지 직판 시장 · 가공 그룹 · 농협 · 세라고등학교 등을 비롯한 73개 단체가 회원이 되어 각종 사업을 전개하고 있다.

· 지역만들기의 노하우 ·

과제 다양한 단체 등과의 연계 강화

▶ 정보발전을 위한 툴로서 전용 홈페이지 개설, 팸플릿 작성, 페이스 북 활용, 유메(夢)고원 시장 안에 정보발전 센터를 개설하고, 널리 정보를 발전하고 있다. 또한 **이사(理事)진의 약 반수를 여성이 맡고 있어 여성들의 활약도 본 네트워크의 큰 특징**이다.

과제 그린 투어리즘 추진

▶ [세라(世羅)에 거주하는 사람과 풍토를 느끼고 기쁜 마음으로 머물 수 있게]를 컨셉으로 운영하고 있는 농가민박과 지역자원을 활용한 체험형 프로그램의 조합을 통해 사계절을 관통하는 그린 투어리즘을 전개하고 있다. 또한 [세라(世羅)마르셰*(marche) 실행위원회]와의 연계를 통한 음식 제공 등을 전개하여 투어리즘의 질을 높여가고 있다. 농가민박 이외에도 부모와 함께 참여하는 가족체험교실도 실시하면서 추진을 꾀하고 있다.

*마르셰(marche)는 프랑스어로 시장(市場), 견본시(見本市)의 의미로 쓰인다.

과제 새로운 상품개발에 따른 지역의 매력 및 특산품에 대한 부가가치 향상

▶ 세라(世羅)마을의 특산물인 배(梨)를 이용한 [世羅っとした梨ランニングウォーター]를 역전마라톤으로 유명한 세라고등학교와 공동으로 개발해서 연간 10만개 이상의 판매고를 올리는 인기상품이 되었다.

대응성과

네트워크에 의한 대응성과는 세라(世羅)고원의 이미지를 강화, 지역 특산품 개발, 청년계층의 취농, 방문객의 증가로 나타났다. 또한 2009년 11월에는 세라(世羅) 정장에게 [일본 : 크고 아름다운 풍족한 농촌공원 플랜]을 제안하고, 그 플랜에 따른 사업을 전개해 왔지만, 2015년 1월에는 일반사단법인 미래기금의 조성금을 받게 되어 보다 발전된 그린 투어리즘 전개를 향한 농가민박의 확충・체험메뉴의 충실, 특산품의 브랜드화 및 회원과 전국민을 대상으로 하는 정보발전에 힘을 기울이고 있다.

이런 활동에 의해 전국으로부터 많은 견학이 이어지고 있다. 또한 많은 곳으로부터 상을 받았는데 특히 2007년의 그린 투어리즘 대상(매일신문사 주최)의 부상(副賞)으로 [6차 산업 활동 기록집]까지 출판했다. 2014년도에는 [오라이! 닛폰] 대상을 수상했다.

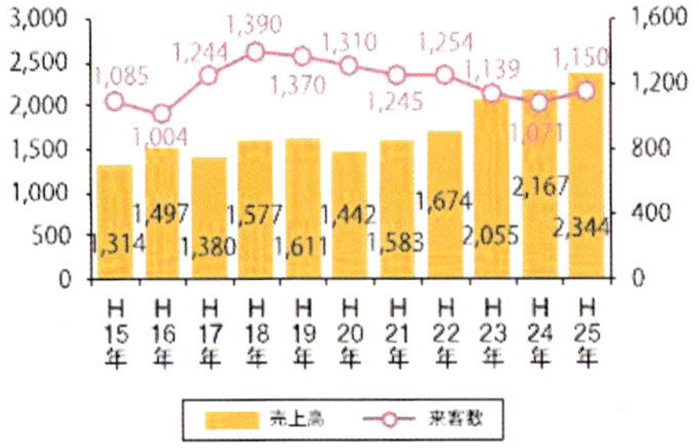

出典:6次産業の取組実績(H26年世羅町産業振興課調べ)

문의 : 세라(世羅)고원 6차산업 네트워크

広島県世羅郡世羅町大字黒渕518−1

TEL : 0847-25-4304

URL : http://www.serakougen.net

관광농원

폐교지 · 기존 시설을 활용한 6차산업화와 농촌관광

[실시주체 : 주식회사 아이아이 팜]

▶ 숙박시설을 활용한 농산물 수확체험 등의 체험형 팜
▶ 자사가 생산한 농산물 등을 활용한 가공품 제조 · 판매

나키진(今帰仁)의 촌립(村立) 와키카와(湧川)초 · 중학교 교사를 리뉴얼해서 만든 농촌 관광 시설

대응 개요 폐교를 활용한 농촌 관광 시설

폐교가 된 나키진(今帰仁)의 와키카와(湧川)초 · 중학교 부지를 이용해서 공모를 통해 선택했다. 2011년 6차산업화 · 지산지소법(地産地消法)*에 근거한 종합화 사업 계획(사업명 : 오키나와현(沖縄県) 생산 밀 · 쌀가루 · 콩 등을 사용한 가공품 판매와 농업체험 등을 실시하는 종합적인 교육 팜 사업)의 인증을 받아 6차산업화 추진 사업을 활용해서 빵, 두부 등 가공 시설과 레스토랑 등을 정비했다. 농업 · 가공 체험 학습 등에 대한 대응을 통해 관광객을 유치함으로서 가공소, 직판소, 레스토랑 등에서 지역민 고용을 창출

(33명)하는 등 농촌 활성화에 진력하고 있다. 마을을 방문하는 수학여행 학생에 대한 민박 수요가 높아짐에 따라 나키진 관광협회, 민박 환대 농가와 연계・분담해서 수학여행을 오는 학교의 환대작업을 개시했다. 또한 홍콩과 대만 등의 해외 관광객 농업 체험 등을 받아들여 오키나와 관광의 새로운 프로그램으로 정착하는 것을 목표로 하고 있다. 나아가 2014년부터 나키진 마을 보건센터와 나키진관광협회와의 공동사업으로 건강 장수 체험 투어를 실시하고, 건강 장수를 테마로 한 헬스 투어리즘의 새로운 프로그램 개발에도 노력하고 있다.

*지역자원을 활용한 농림어업자 등에 의한 신사업 창출 및 지역 농림수산물의 이용촉진에 관한 법률(6차산업화법)이 2010년 12월 3일에 공포되었다. 이 법률에는, (1)농림어업자에 의한 가공・판매로의 진출 등 [6차산업화]에 관한 시책, (2)지역 농림수산물 이용을 촉진하는 [지산지소(地産地消)등]에 관한 시책을 종합적으로 추진함으로서 농림어업의 진흥 등을 꾀할 것을 목적으로하고 있다.

지역의 특징

풍요로운 자연에 둘러 쌓여 예부터 농업과 어업이 활발하게 이루어져 온 나키진 마을은 14세기 초에 나키진 성(城)을 축조한 호쿠잔왕(北山王)이 오키나와 본도 북부(얌발지역)일대를 다스리고 류큐(琉球:오키나와의 옛 이름)의 3산(南山, 中山, 北山)시대를 형성했다. [농업이 빚어내는 풍요의 마을, 나키진]을 목표로 삼아 농업을 기축으로 하면서 상공(商工)관광에도 힘을 모아 많은 방문객들에게 [나키진에 오길 참 잘했다, 다시 한 번 놀러 오고 싶다]는 말을 들을 수 있는 마을만들기를 실시하고 있다.

대응체제

오가닉 야채를 메인으로 하는 레스토랑, 다이콘 하나(무우꽃)를 전개하는 ㈜아메니티의 농업 생산 부문으로서 ㈜아이아이 팜을 2009년에 설립했다. 당초 오가닉 야채를 농가로부터 원활하게 구매할 수가 없어서 농업 생산 부문을 만들어서 농업을 시작한 것이 계기가 되었는데 이후 농지가 확보됨에 따라 분사해서 독립했다. 같은 시기에 폐교를 재활용하는 공모가 있었는데 여기에 채택됨에 따라 ㈜아이아이 팜이 운영 주체가 되어 종합적인 교육 팜이 되도록 진력함과 동시에, 농산물의 가공, 직매, 지역식자재 제공 등을 행하기 위한 시설을 정비해서 농업에 의한 6차산업화에 진력하고 있다. 또한 나키진관광협회와 연계해서 민박 수요 획득을 위해 노력함과 동시에 오키나와(沖縄)와 해외 여행사와의 연계를 통해 관광객 모집 강화를 꾀하고 있다. 외국 관광객을 위해서는 레스토랑에 [외국어 사이트]를 설치하고 농업체험 등 희망자에 대해 영어로 설명할 수 있는 인스트럭터 양성에도 힘을 쏟고 있다.

· 지역만들기의 노하우 ·

과제 저출산 고령화 사회 도래

▶ 농업의 6차산업화를 통해서 젊은층의 정주 인구를 늘려가고 있다.

과제 농촌으로 새로운 관광객을 유치

▶ 나키진 마을 보건센터와 관광협회와의 연계를 통해 건강장수를 테마로 한 헬스 투어리즘의 새로운 체험 프로그램을 개발하고 있다.

건강장수 체험투어 모양

대응성과

오키나와현(沖縄県)에 있는 농촌의 폐교를 활용한 6차산업화의 선진사례로서 이제까지 수많은 현내 농업단체의 단체견학을 받아들이는 한편, 현내 지역사회단체의 레크리에이션 장소로도 널리 활용하고 있다. 농업체험, 자가(自家)제빵, 두부・된장만들기 체험, 농업 레스토랑, 직매소, 숙박시설 등을 집약한 [아이아이 핸드메이드 팜]은 나키진 마을의 종합적인 교육 팜으로서 관광객과 수학여행 유치에 성공해서 2015년에는 6만명의 방문객을 실현했다. ㈜아이아이 팜의 매상액도 8,800만엔을 달성했고 주민 고용 또한 33명까지 확대하여 나키진 마을의 귀중한 고용창출의 장으로서도 활약하고 있다.

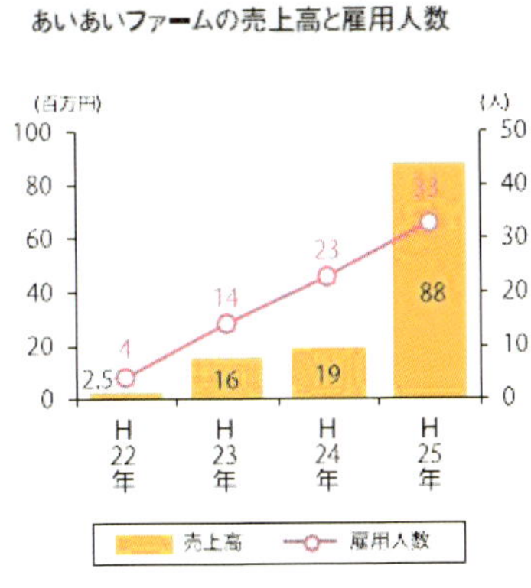

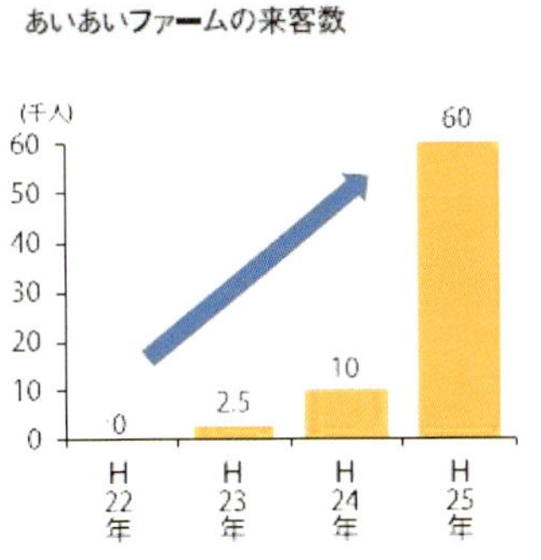

出典：あいあいファーム

문의 : 농업생산법인 주식회사 아이아이 팜
沖縄県国頭郡今帰仁村字湧川369
TEL : 0980-51-5111
URL : http://happy-aiaifarm.com

해양관광 · 수산업

해협(海峡)을 살린 광역관광 추진

[실시주체 : 칸몬(関門)해협 관광추진 협의회]

▶ 행정이라는 프레임을 뛰어 넘어 두 시(市)간의 특징을 살린 관광 연계로 체재시간을 늘리도록 하는 대책

혼슈(本州)와 큐슈(九州)를 잇는 [칸몬교(関門橋)]

대응 개요 행정이라는 프레임을 뛰어 넘은 관광 연계 추진 사업

JR서일본에 의한 대형 캠페인 실시와 더불어 관광지로서의 [칸몬해협]이 정착했다. 협의회는 관광지 [칸몬해협]의 인지도를 높이고 가일층 방문객 유치를 높이기 위해 칸몬해협의 역사, 카라토(唐戸)와 모지코(門司港)레트로에 있는 수많은 관광시설 및 복어로 대표되는 미식가라고 하는 세일즈 포인트를 전면에 내세운 방문객 유치 촉진사업과 보행자용 해저터널과 해상교통의 편리성을 살린 주유(周遊) 촉진사업 등을 전개하고 있다. 특히 2012년의 대하드라마 [타이라 키요모리(平清盛)] 방영과 [간류섬(巌流島) 결투*

*요시카와 에이지(吉川英治)의 장편소설인 미야모토 무사시(宮本武蔵)에서 주인공인 미야모토 무사시와 사사키 고지로(佐々木小次郎)가 마지막으로 결투를 했다고 쓰여진 섬.

400주년]을 호기로 삼아 전국적인 PR과 이제까지 해 오던 계속사업을 지속적으로 전개하고 있다.

지역의 특징

혼슈(本州: 4개의 큰 섬 가운데 가장 큰 섬. 도쿄, 오사카 등의 대도시가 집중되어 있음)의 가장 서쪽에 위치하고 있는 시모노세키시(下関市)는 예부터 육지와 해양 교통의 요충지로서 번영함과 동시에 수산업이 번영했던 시절에는 포경(고래잡이)업이 중심이었지만 지금은 복어 전문거리로서 전국적으로 유명하다.

큐슈(九州)의 가장 북쪽에 있는 북큐슈시 모지(門司)구는 무역 중계기지로서의 역할을 가지고 있는 항만도시로서 번영 발전한 복고풍 분위기의 거리로 정평이 나 있다.외국 관광객을 위해서는 레스토랑에 [외국어 사이트]를 설치하고 농업체험 등 희망자에 대해 영어로 설명할 수 있는 인스트럭터 양성에도 힘을 쏟고 있다.

대응체제

1987년 칸몬(関門)지구를 총체적으로 PR하기 위해 시모노세키(下関)시 및 북큐슈(北九州)시의 관광담당과가 중심이 되어 [칸몬 광역관광 추진연락회]를 설립하고, 민간과 타이업을 통해 [칸몬 주유(周遊) 프리패스] 발행 등의 방안을 전개했다. 구체적인 사업확대를 위해 예산을 증액하고 안정된 예산을 확보할 수 있도록 하기 위해 야마구치현(山口県)도 참가하여 1997년에 [칸몬 해협 관광추진협의회]를 설립하고 공동의 재산이기도 한 칸몬해협을 중심으로 지역의 관광진흥을 추진하고 있다.

· 지역만들기의 노하우 ·

과제 같은 관광구역임에도 현(県)이 서로 다른 인접한 시정촌(市町村)간의 연계는 가능한가?

▶ 공동의 재산인 [칸몬해협]을 키워드로 해서 현(県)이라고 하는 경계에 걸쳐있는 양쪽 도시가 가맹하는 협의체를 조직하고 양쪽의 특성을 살린 통합적인 PR을 실시하고 있다.

과제 사업예산의 확보와 확대

▶ 야마구치현(山口県)에 있어서도 광역적인 연계와 교류를 더욱 촉진시킬 필요가 있기 때문에 야마구치현에 속해있는 3개의 지자체가 공동으로 협의회를 설립해서 사업예산 확대를 실현시키고 있다.

과제 관광객의 재방문과 체재시간을 늘릴 수 있는 방법은?

▶ 어항(漁港)으로서의 시모노세키(下関), 상업항구로서의 모지(門司)항이라는 특성을 살려서 수산시장과 복고풍의 항구도시 풍경 등을 PR함과 동시에, 다채로운 관광뉴스를 만들어 내고 있다.

홍콩AGT에 대한 세일즈 풍경

대응성과

야마구치현 시모노세키시와 후쿠오카현(福岡県) 북큐슈시(北九州市)의 연계가 깊어지면서 다른 사업으로의 파급효과도 생겼다. 또한 관광지역로서의 [칸몬해협]에 대한 인지도가 높아지면서 관광자원의 상호 보완에 따른 매력 상승 및 체재시간이 증가함에 따른 경제효과가 커졌다. 나아가 광역 연계를 함으로서 각종 교부금 등을 활용할 수 있는 길도 열렸다.

巌流島の観光入込客数

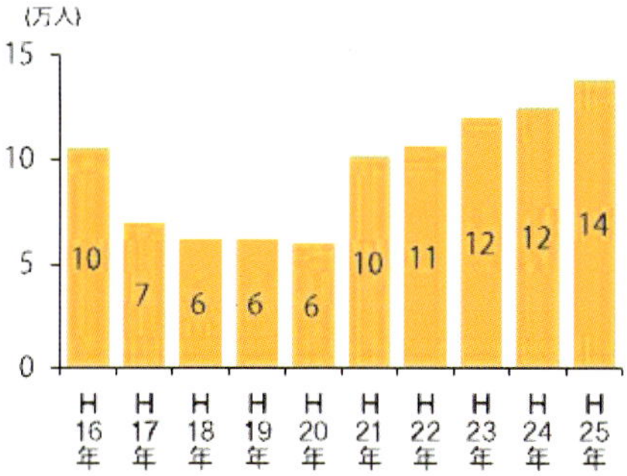

出典：下関市観光政策課

문의 : 칸몬해협 관광추진 협의회

사무국 : 下関市観光政策課

山口県下関市田中町5—6

TEL : 083-231-1350　URL : http://www.kanmon.gr.jp

6차산업화를 통한 지역특산품 개발

지역자원인 [보슈 비와(房州びわ)*]를 메인으로 한 지역활성화

[실시 주체 : 미치노 에키(道の駅)**와 미우라 비파 클럽]

- 출하 규격 이외의 비파(びわ:枇杷)를 사용한 오리지널 상품 개발
- 지역의 작은 자원들을 묶어서 판매하는 [지역 일괄 수발주 시스템]을 통한 방문객 유치 교류모델 구축

아키즈노(秋津野) 가든

투어 메뉴 팸플릿

보슈(房州) 비와

*보슈(房州)지역은 아와노쿠니(安房国)라고 불리던 일본 토카이도(東海道)지역을 일컫는 말이다.
**미치노 에키(道の駅)는 각 지자체와 도로관리자가 연계해서 설치하고 국토교통성에 의해 등록된 주차장 · 휴게시설 · 지역진흥 시설이 일체가 된 도로시설을 가리킨다. 도로이용자를 위한 '휴식기능', 도로이용자와 지역 주민을 위한 '정보발전 기능', 미치노 에키를 축으로 하는 지역 마을이 연계하는 '지역 연계기능'이라는 3가지 기능을 겸비한다.

대응 개요

출하규격 이외의 비파를 사용한 오리지널 상품개발과 지역의 작은 자원을 묶어서 판매하는 [일괄 수발주 시스템]

비와 클럽에서는 특산품인 [보슈(房州) 비와] 출하 규격 이외의 비와를 사용한 가공사업과 상품개발, 체험형 관광농업과 [에코뮤제*](분산 배치시설의 통합운영 이론) 방법에 따른 지역 전체의 자원을 활용한 새로운 관광객 유치 교수 사업 창출로 진력하고 있다. 이제까지는 대부분 폐기 처분되고 있었던 규격에 못미치는 [보슈(房州) 비와]를 지역의

농가로부터 매입해서 '비와 소프트 크림', 비와 잼', '비와 젤리', '비와 카레'등의 50개가 넘는 아이템을 오리지널 상품으로 개발해서 '비와 클럽' 브랜드로 육성했다.
또한, 관광회사와 지역의 농상공 관계자와 연계한 새로운 관광객 유치 교류 모델 [일괄수발주 시스템]을 개발했다. 식도락과 맛찾기, 꽃 따기 체험 등을 일괄해서 수주를 받는 지역 정착형 관광객 유치 교류 시스템을 구축했다. 이를 통해 1년 내내 당일치기 단체버스투어 등의 관광객 유치에 성공했고 이는 비약적으로 지역경제에 파급효과 확대로 이어졌다. 이 시스템은 단체에서부터 개인 · 소인수로 변화해 가는 관광행태에도 대응 가능하기 때문에 착지형 영업을 목표로 한 JR동일본 치바(千葉)지사 등과 연계할 수 있는 계기로 이어졌다. 그 결과 [비와따기 체험]을 축으로 하는 착지형 · 개인형 관광상품 개발에 의해 비약적으로 보슈(房州)비와의 인지도를 높일 수 있는 계기가 되었다.

*[에코 뮤제]의 '에코'는 ecology(생태 혹은 환경)이란 뜻으로 [자연, 사회, 문화 등 지역 환경 전반]을 가리킨다. '뮤제'는 museum(박물관과 미술관)을 뜻한다.

비와클럽이 운영하는 공장모습

지역의 특징

보소반도(房総半島)의 남단부에 위치하고 있으며 도쿄만(東京湾)과 태평양에 면해 있는 남보소(南房総)시는 온난한 기후를 활용한 야채, 과일, 화훼(화초) 등의 대 산지(産地)이다. 지역 내에는 이렇다하게 관광객을 유치할 만한 관광시설도 없고, 해수욕객의 감소, 지역 관광자원의 쇠퇴로 이어지던 중, 아쿠아라인* 개통에 따른 새로운 관광거점이 요구되어 지역산업 · 문화진흥 거점, 정보발전 기지로 활용하고자 [미치노 에키(道の駅)]정비를 시작했다.

비와 관련 상품의 브랜드화

대응체제

1990년부터 토미우라정(富浦町) 관내에(현 南房総市) 사업화 검토 프로젝트 팀을 결성하고 1993년 4월에 비와클럽의 운영 모체가 되는 [(주)토미우라]를 토미우라정(富浦町)이 자본금 전액을 출자해서 발족했다. 1993년 11월에는 [미치노 에키(道の駅) 토미우라 비와클럽]이 오픈했고 시설 전반

*도쿄만(東京湾)아쿠아라인은 카나가와현(神奈川県) 카와사키시(川崎市)에서 도쿄만(東京湾)을 횡단해서 치바현(千葉県) 키사라즈시(木更津市)로 이어지는 고속도로이다.

에 대한 관리, 문화사업과 지역진흥, 정보화 등 공공성과 지역 파급효과가 높은 부분은 비와클럽에 설치한 [토미우라정 관내의 비와클럽과]가 운영하고, 매점과 커피숍 등의 영업과 관광객 유치 등의 영리사업은 [(주)토미우라]가 담당했다. 현재는 미나미보소(南房総)시내의 제3섹터 2개사와 2012년 10월 1일에 합병해서 [(주)치바 미나미보소(南房総)]로 사명을 변경하여 비와클럽을 운영하고 있다.

· 지역만들기의 노하우 ·

과제 도쿄로부터 관광객을 유치할 수 있는 관광자원이란 어떤 것인가?

▶ 토미우라(富浦) 주민들의 자랑거리이면서 토미우라를 가장 특징지을 수 있는 생산물인 [비와]에 착안했다.

과제 주변에 소규모 관광사업자만 있을 뿐인데 어떻게 관광진흥을 할 수 있을지 모르겠다.

▶ 웹 사이트를 개설해서 관광정보를 발전하고, 착지형·개인형 관광상품을 개발해서 대응하고 있다.

대응성과

토미우라(富浦)정은 여름 민박의 발상지이면서 1970년 80년대에는 7-8월에 걸쳐 해수욕객이 방문하는 정도였다. 지역과의 연계에 의해 작은 자원들을 묶어서 활용하는 방법으로 연중 내내 관광객을 유치하는데 성공해서 연간 약 58만명을 유치했다. 미나미보소(南房総)시에는 약 3.3억엔의 지역 경제 파급효과가 발생했으며 90명을 고용했다. 관광객 모집을 위한 교류사업, 상품 개발사업 등 비와클럽과 지역의 비와(枇杷) 농가와 상공회, 민간기업 등의 연계체인 [보소(房総)비와], [비와클럽]의 브랜드를 확립하고, 관광객 모집과 지역경제로의 파급효과 확대에 기여하고 있다.

地域経済波及効果

（南房総市）

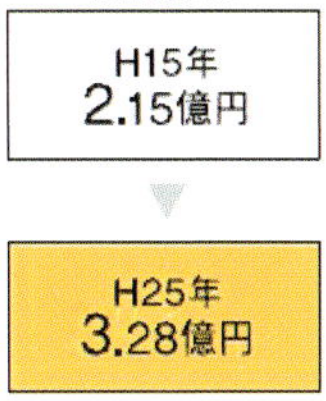

観光バス誘致人数と台数

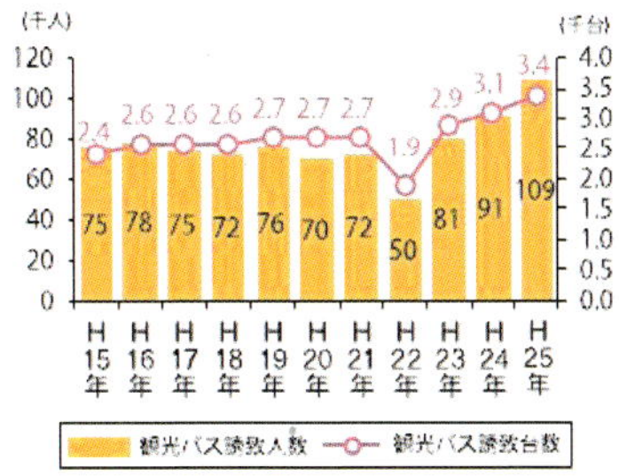

※統計は、営業実績を積算した自社データによる

문의 : 미치노에키(道の駅)와 미우라 비와클럽(주식회사 치바(千葉) 미나미보소(南房総))

千葉県南房総市富浦町青木123－1

TEL : 0470-33-4611

URL : http://www.biwakurabu.jp

6차산업화를 통한 지역특산품 개발

유자 · 숲 · 삼림철도 유산을 활용한 지역활성화

[실시주체 : 우마지촌(馬路村) · 우마지촌 농업협동조합]

- ▶ **유자 가공에 따른 6차산업화 실현**
- ▶ **지역자원인 숲에 대한 다양한 활용을 실현**
- ▶ **삼림철도 유산을 활용한 관광산업 진흥**

우마지(馬路) 삼림철도

유자주스[곳쿤 우마지촌]

삼나무 갈벌재를 사용해서 만든 백[모나카]

대응 개요 마을 전체가 산업 진흥에 진력

고치현(高知県) 우마지(馬路村)마을에는 마을 전체 96%를 점유하고 있는 삼림, 산간에서 자라는 유자, 마을의 휴식장소인 온천이 있다. 우마지 마을에서는 삼림을 활용하기 때문에 제3섹터 [에코 어스 우마지촌(馬路村)]을 발족해서, [숲을 키우고, 숲을 가공하고, 숲을 판매, 정보발전하자]는 컨셉으로 영원한 숲가꾸기를 하고 있고, 간벌재(間伐材)를 이용한 목재가방 [모나카]와 목제 가드레일 등의 제품개발에 적극적으로 진력하고 있다. 또한 유자 가공상품을 판매하기 위한 다이렉트 메일 팸플릿에는 마을의 어린이와 어르신들을 모델로 기용하고 마을의 지명이나 산, 강을 전면에 내세워 [우마지(馬路)

마을을 통째로 팔아치운다]는 슬로건으로 소비자에게 어필하고 있다.

각각의 대응에는 우마지마을 팬까지 갖게되어 유자제품을 구매하고자 하는 고객수가 40만명을 넘어 매상이 연간 30억엔에 도달했다. 이와 같은 대응은 [가고 싶은 마을], [응원하고 싶은 마을]로 변모하여 관광산업과 숲 관련 산업의 진흥으로 이어지고 있다.

지역의 특징

고치현(高知県)의 동부에 위치하고 인구 1,000명이 안되는 마을에서 편의점, 신호등조차 없는 마을이지만, 유자 가공산업, 목재 가공품 산업, 온천시설 등이 있고 일과시간의 인구가 1.2배가 되는 직장이 있는 마을이다.

특히 유자 가공품으로는 [곳쿤 우지마을]이라는 **상품명으로 마을 이름을 사용하는 등 [상품을 파는 것이 아니라 마을을 판다]는 컨셉으로 전국적으로 홍보**하고 있다. 그 결과 전국에 우마지 마을의 이름이 알려지게 되었고 숲에 관한 산업, 시찰 등을 받아들임으로서 관광산업 활성화로 이어지고 있다.

대응체제

관공서 · 농업 협동조합 · 삼림조합 · 관광협회 등에서 조직하는 산업 진흥 좌담회를 4분기에 1번을 정례회로 실시하고 있다. 지역 산업 진흥을 위한 협의를 하고 좌담회에서의 보조사업 요청과 산업 진흥 시책에 대한 제언 등은 지역 활성화의 기반이 되고 있다.

야나세(魚梁瀬) 역

폰 식초간장(유즈마을)

[유자로 시작하는 축제] 모습

우마지 온천

대응성과

고치현(高知県) 우마지(馬路)마을에서는 "가보고 싶은 마을"을 목표로 지역의 자원인 [유자]를 활용한 이벤트인 [유자로 시작하는 축제]를 개최하고 있다. 이를 통해 요즘에는 인구 1,000명인 마을에 연간 37,000명의 관광객이 방문하게 되었다. 또한 유자를 사용한 6차산업화에도 진력하고 있어서, 유자의 새로운 상품으로 화장품 사업에도 착수해서 더 많은 고용 창출을 꾀하고 있다. 가공상품의 하나인 유자 드링크는 소비자로부터의 높은 성원에 힘입어 캔주스 사업화에도 착수하는 등 소비자의 니즈에 맞출 수 있도록 하는 대응에도 힘을 쏟고 있다. 지역의 산업진흥 활성화와 더불어 유자 가공품 산업과 목재 가공품 산업 등의 지역 토착 산업을 짊어지는 사업회사 · 단체 등의 고용창출에도 크게 기여하고 있다. 나아가 이런 대응으로 견학과 관광에 의한 교류인구 증가로 이어지고 있다.

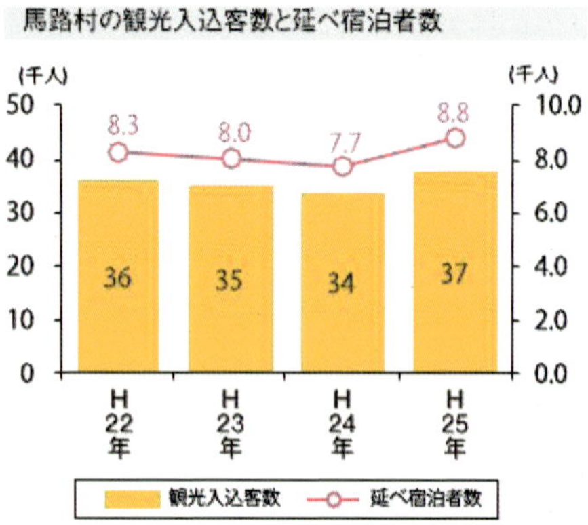

出典:馬路村役場調べ

문의 : 우마지마을

TEL : 0887-44-2336

URL : http://www.umajimura.jp

직매소 · 농가 레스토랑

미치노 에키(道の駅) [가와바(川場)전원플라자]를 축으로 하는 농업플라자 관광

[실시 주체 : 주식회사 전원플라자 가와바(川場)]

▶ 지역 통합형 협동사업

미치노 에키 카와바(川場)전원플라자 카와바 맥주 레스토랑

승차체험도 가능한 호텔SL

평야의 풍경 · 카와바 유바라타로지구(川場湯原太郎地区)

대응 개요 전국에서 탑 클래스의 미치노에키(道の駅)

카와바(川場)마을에서는 1955년 이후 계속된 인구감소와 농업소득 향상을 위해 1975년 카와바 마을에 대한 행정지침으로 [농업플라자 관광]이라는 기치를 내걸고 지역만들기를 개시해서, 관광시설, 도로교통망 등을 정비하고 관광객 유치 대책사업을 진행해 왔다. 1981년에는 토쿄도(東京都) 세타가야구(世田谷区)와 [구민 건강마을 상호 협력협정](통칭 ; 자매협정)을 체결하고 나서부터 급속도로 관광 · 교류인구가 증가하기 시작했다. 교류 10년이 경과하고 새로운 10년에 대한 교류사업 계획을 검토하던 중에 세타가야 구민(区民)과 카와바 주민(村民)이 직접 얼굴을 맞댈 수 있는 마을의 타운사이트 구상이 계획되었다. 1992년에는 [물건, 돈, 사람, 정보]에 대한 문화교류를 목표로 하는

㈜전원플라자 카와바(川場)가 시작되었고 시설을 충실하게 정비하는 한편 여기에서 밖에 구입할 수 없다는 장인정신이 깃든 상품으로 진화시키면서 품질좋은 상품을 계속해서 제공할 수 있도록 했고, 지금은 연간 내방객이 100만명을 넘는 시설로 변모했다. 1996년에 미치노에키(道の駅)에 등록했고 2011년에는 [닛케이 플러스1]에서 동일본(東日本) 1위를 차지, [칸토(関東) 미치노에키 어워드 No1(2014년)]수상, [전국모델 미치노에키(2015년)]에 선정되는 등 전국 탑클래스의 미치노에키(道の駅)가 되었다.

미치노에키 카와바(川場)전원플라자는 총 부지면적 5만평방미터 안에 향토건축을 모티브로 한 전문점을 여유있게 배치시켜 하루동안 보고, 먹고, 여유있게 즐길 수 있는 시설로 인기가 높다. 텔레비전, 여행잡지 등에 대대적으로 게재됨으로서 이곳을 목적으로 많은 관광객들이 타지에서 재방문하고 있다. 전국 탑클래스의 미치노에키(道の駅)가 됨으로서 카와바(川場)마을의 이미지업과 관광교류 인구 증가를 통해 농업소득 향상에도 크게 공헌하고 있다.

지역의 특징

카와바(川場)마을은 칸에츠(関越)자동차도로 누마다(沼田)IC에서 약 10분거리에 있다. 일본의 명산(名山)100에 꼽히는 호타카산(武尊山)의 남면으로 펼쳐지는 농산촌 지역이다. 호타카산에서 솟아나는 7줄기의 청류와 6곳의 온천이 예부터 대지를 윤택하게 해주고 마을에 풍요로움을 베풀어주는 자연에 혜택을 넘치게 받고 있는 마을이다. 전원의 이상향을 캣치프레이즈로 내 걸고 일본의 있는 그대로의 풍경을 계승해서 지켜내고 있다.

카와바(川場)산 코시히카리[유키(雪)호타카]의 전원풍경

초여름의 아카쿠라(赤倉)계곡

카와바(川場)마을 전경

대응체제

미치노에키(道の駅) 카와바(川場)전원플라자는 ㈜전원플라자 카와바(川場)와 (주)세타가야(世田谷)카와바(川場)후루사토공사 및 카와바(川場)리조트㈜, ㈜미트공방(工房)카와바의 지역산업을 함께 집적한 출점체제를 취하고 있다. 또한 팜즈마켓(농산물 판매시설)은 농가와 일체가 된 출하 판매 체제를 취하고 있다.

· 지역만들기의 노하우 ·

과제 저출산 · 고령화에 따른 인구감소

▶ 창의적인 노력에 의해 개성이 풍부한 신규 지역산업을 창출하여 고용을 늘릴 수 있는 장을 확보하고 매력있는 지역만들기를 통해 지역으로부터의 유출인구를 억제하고 있다. 또한 도시와의 교류사업을 기반으로 도시로부터의 정주인구 증가를 촉진시키고 있다.

과제 지역 간의 교류에 의한 교류인구 증가

▶ 세타가야구(世田谷区)의 64개 구립(区立)초등학교 5학년을 대상으로 봄부터 가을에 걸쳐서 2박3일 일정으로 이동교실을 실시하고 있다. 이동교실 프로그램의 충실성 및 이동교실을 하지 않는 학교의 방학기간에 일반구민, 주민에 대한 프로그램 재조정과 신규프로그램 개발을 실시하고 있다.

과제 6차산업화의 추진과 안정적인 운영

▶ 국내 최대급 쌀 콘테스트인 [쌀 · 밥맛 분석 감정 콩쿠르 국제대회]에서 2007년부터 8년 연속으로 금상을 수상한 카와바(川場)산 코시히카리 [유키(雪)호타카]의 후속 브랜드상품 발굴 및 6차산업화를 향한 유통 · 네트워크 구축을 촉진시키고 있다.

대응성과

미치노에키 카와바(川場)전원플라자에서는 이곳에서만 구입 수 있다는 장인정신이 담긴 상품을 더욱 진화시키면서 계속 제공해 나가고 있다. 카와바(川場)산 코시히카리인 [유키(雪)호타카]는 밥맛 감정 콩쿠르 국제대회에서 8년 연속 금상을 획득했다. 지역맥주는 재팬 아시아 비어컵에서 빌스너 금상, 봐이첸 은상을 획득했다. 미트공방의 햄은 국제 식육제품 품질 콘테스트에서 금상을 수상했고 지역맥주인 [미즈바쇼(水芭蕉)]는 전국 신주(新酒)품평회에서 15회 연속 금상을 수상하는 등 장인정신이 가득한 상품을 생산하고 있다. 또한 지역의 농산물을 판매하고 있는 팜즈 마켓은 미치노에키(道の駅)의 총 매상액 10억엔의 약 50%를 점유하고 있다. 농가 출하 등록자 수는 420세대, 카와바(川場)마을 농가 수의 93%을 점유할 정도로 지역 모두가 일체가 된 미치노에키(道の駅)가 되어 있다. 사원 수는 정사원 33명, 파트타임 44명으로 합계 77명이 일하고 있다. I턴 혹은 U턴한 사람에 대한 고용의 장이 확보되어 주민유출을 억제하는 효과도 얻고 있다. 지역 맥주는 세계 최대 맥주 소비국인 아메리카(2000점포)로 수출하고 있고 앞으로 동남아시아, 유럽으로의 수출도 계획하고 있어 매출향상을 기대하고 있다.

田園プラザ川場の観光入込客数と観光消費額

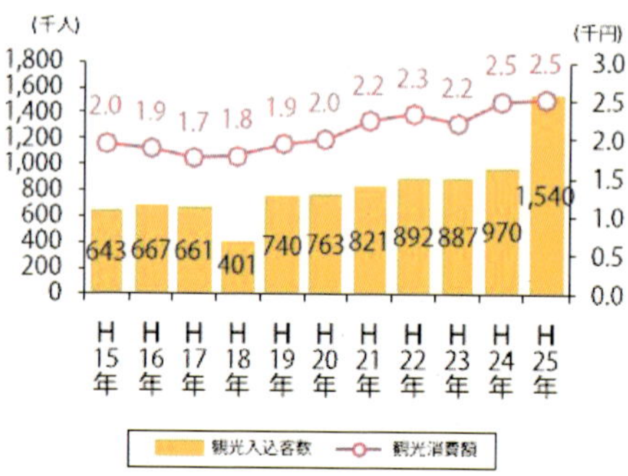

문의 : 카와바(川場)마을 마을만들기 진흥과

群馬県利根郡川場村大字谷地2390番地2

TEL : 0287-52-2111

URL : http://www.vill.kawaba.gunma.jp

지역만의 독특한 먹거리

포도밭을 축으로 한 관광을 통한 지역만들기

[실시 주체 : 주식회사 니가타(新潟) 와인빌리지]

- ▶ 주변 와이너리와 지역 농업인 그리고 관광을 통해 타 산업과의 연계 구축
- ▶ 새로운 고객 니즈를 파악하고 매력적인 시설과 공간 제공

관광객을 받아들이기 위한 다양한 스페이스가 준비되어 있다

상품화 된 와인

케이브 돗치 와이너리의 포도밭

대응 개요 지역에서 생산한 포도를 활용한 와인을 중심으로 한 지역의 농축산물 판매 확대 프로젝트

(주)니가타 와인빌리지는 2014년 6월에 와인용 포도를 생산・판매하는 (유)카쿠다산(角田山)농원과 와인의 제조・판매 등을 대행하는 ㈜오슈(欧州) 포도재배 연구소의 공동출자와 니가타시(新潟市)의 카쿠다(角田) 산 일대를 대대적인 와인 산지로 만듦으로서 지역의 안팎으로부터 관광객 유치를 꾀하고 주변의 와이너리와 농림어업자와의 연계에 의한 지역 활성화를 목적으로 설립되었다. (주)니가타 와인빌리지의 출자기업인 ㈜오슈(欧州) 포도재배 연구소는 1992년에 구 마키쵸(巻町：現　新潟市西浦区)에 설립하고, [케이브 돗치]라는 브랜드명으로 와이너리사업을 전개하고 연간 7만 병의 와인 생산을 하는 한편 직영 레스토랑, 맥주제조, 식품가공, 온천・숙박시설 등 사업 다각화를 꾀

하고 있다. 한편 ㈜카쿠다산(角田山)농원은 1995년에 ㈜오슈(欧州) 포도재배 연구소에서 경험을 쌓은 사원이 주변에 독립해서 와이너리를 개업하는 등, 주변지역 일대를 [와인마을]로 정립하여 진력하고 있어 단체 방문객 수는 연간 30만명을 넘는 현내에서 유수한 관광지가 되었다. 두 회사는 이제까지 20년 이상을 지역에 뿌리내릴 수 있도록 하여 착실하게 팬・재방문 획득에 공을 들여 왔다. 그러는 동안 국산 와인의 니즈가 착실하게 확대되고 있어 주변 와이너리를 포함한 지역 전체에서 한층 더 사업확장・활성화를 꾀할 필요가 있었다. 그러기 위해서 새롭게 설립한 (주)니가타 와인빌리지에서는 와인 초심자와 여성 관광객 등의 고객 확대를 향한 새로운 와인 등의 개발과 와인 마켓 정비를 진행하고, 와인과 더불어 지역 생산자・식품 가공회사 등과 연계해서 야채와 과일 등의 신선품과 햄・야채절임・잼 등의 농산 가공품을 취급함으로서 지역의 식재 프로모션의 장으로서 활용하고 있다. 또한 새로운 고객 니즈에 대응하기 위한 [와인 카페]운영과 잉글리쉬 가든의 니즈에 답하기 위한 [가든 숍]운영에도 진력하고 있어 장래에는 오베르쥬(숙박시설을 겸비한 레스토랑) 설치도 검토하고 있다. 관광을 비롯한 다른 산업과의 연계를 통해서 [니가타의 와인 산지화] 실현을 향해서 노력하고 있다.

와인과 어울리는 식재료와 메뉴를 제안

지역의 농산품과 다른 사업의 상품도 함께 판매

지역의 특징

니가타시(新潟市) 카쿠다산(角田山)주변 지역은 일찍부터 유명한 국산 권련(입담배) 생산지였다. 담배 수요 감소와 후계자 부족 등으로 인해 경작을 포기하는 지역이 증가함에 따라 담배농사 포기 지역을 활용해서 와인용 포도를 생산하기 시작했다.

대응체제

새롭게 설립한 (주)니가타 와인 빌리지에서는 출자기업인 (유)오슈(欧州) 포도재배 연구소, (유)카쿠다야마 농원, 주변의 와이너리와 지역의 생산자 및 식품 가공회사 등과 연계해서 지역 활성화를 위해 노력하고 있다. 이를 통해 2014년에는 농림어업 성장산업화 펀드(다이시 식품산업 활성화 펀드 투자사업 유한 책임조합)의 출자를 받아서 사업을 전개하고 있다.

· 지역만들기의 노하우 ·

과제 권련(잎담배) 생산으로부터 철수한 경작 포기지 증가 및 후계자 감소

▶ 와인에 대한 니즈가 증가하고 주변의 와이너리가 증가함에 따라 와인용 포도의 수요가 덩달아 높아지면서 주변 와이너리와 계약재배 농가가 연계해서 카쿠다야마(角田山)주변의 잎담배 경작 포기지를 활용해서 와인용 포도에 대한 생산을 확대하고 있다.

과제 와인 초심자와 여성 방문객 등에 대한 새로운 고객층 확대

▶ 와인 초심자와 여성 방문객을 위해 종래의 와인과 차별화 할 수 있는 새로운 와인을 개발함과 동시에 캐주얼하면서 합리적인 [와인 마켓(매장)]을 정비했다. 지역의 생산자와 가공업자가 연계한 지역색이 강한 상품을 판매함으로서 폭넓은 고객층을 개척하고 재방문율을 높일 수 있었다.

과제 새로운 고객 니즈에 대한 대응

▶ 여유있으면서 가벼운 마음으로 와인과 지역에서 채취한 식자재를 맛보고 싶다는 니즈에 부응하기 위해 [와인 카페]를 만들고, 잉글리쉬 가든에 관심이 있는 고객의 니즈에 부응하기 위해 [가든 숍]을 만들어서 운영하고 있다.

대응성과

㈜니가타 와인 빌리지에 출자하고 있는 ㈜오슈(欧州) 포도재배 연구소에서 시행하고 있는 "1구좌 1만엔의 포도 10년 오너제도"가 힛트했다. 매스컴 취재도 몰려왔고 그로 인해 지명도도 높아져서 주변의 와이너리와 함께 [와인 마을]을 형성해서 주변지역 전체 방문객 수가 연간 30만명을 넘는 니카타현(新潟県)의 우수한 관광지로 성장했다. 니가타현의 관광 스팟으로서 앞으로도 더 많은 방문객 유치에 대한 기대를 한 몸에 받고 있다.

또한 주변의 와이너리와 지역의 농업자 간의 연계를 통해 와인용 포도생산을 확대하고, 경작 포기지를 해소, 고용확대, 시니어 스탭을 활용한 자원봉사자 등 지역 활성화로 이어지고 있다.

馬路村の観光入込客数と延べ宿泊者数

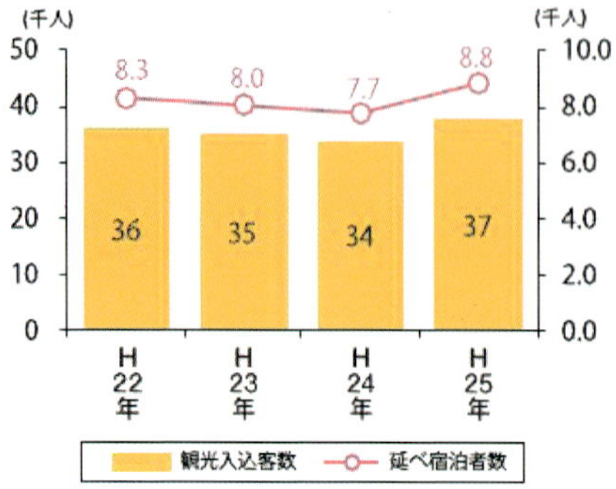

出典：馬路村役場調べ

문의 : 주식회사 니가타 와인빌리지

新潟県新潟市西浦区角田浜1661番地

TEL : 02556-70-2256

URL : http://www.docci.com(케이브 돗치)

양조장(酒蔵)

니혼슈(日本酒) 양조장을 활용한 관광 진흥책

[실시주체 : 카시마(鹿島) 양조장 투어리즘 추진협의회]

- **양조장과 관광자원을 순환하는 [양조장 투어리즘]을 창출**
- **[참피온 사케(酒)] 수상을 계기로 조직화하여 지역적인 대응을 통해 정보발전 함으로서 시(市)의 이름과 카시마(鹿島)산 사케(酒)의 지명도 업**

[카시마(鹿島) 양조장 투어리즘2015]
이벤트가 있을 때는 많은 관광객들이 통로를 교차한다

6개의 양조장을 순환하는 무료 셔틀버스 운행

사케와 식사를 즐기는 [하시고자케(はしご酒)]

대응 개요 니혼슈(日本酒)를 만드는 양조장을 활용한 관광 진흥책

[참피온 사케(酒)]수상을 계기로 협의회를 설립했다. 이후 월 1회정도 협의회를 개최했고 이벤트 개최를 위한 토론과 통년형태의 대응에 대해 협의를 거듭하고 있다. [양조장 투어리즘]이라고 하는 새로운 기획을 PR하고자 팸플릿을 작성하기도 하고, 시스템을 체감하는 PR이벤트 [카시마(鹿島) 양조 투어리즘]을 연간 1회, 새로운 사케(酒)가 출시되는 봄에 개최하고 있다. 이 PR이벤트는 6개 양조장이 동시에 문을 열면서 이제까지 시내에서 개별적으로 개최하고 있던 [꽃과 사케마츠리], [발효마츠리]등 지역 활성화 이

벤트와 협력・연계해서 같은 날에 개최하기 시작했다. 기념품 판매 등도 시작하고 있다. 과거 4번의 개최에서는 카시마(鹿島) 시(市)의 인구보다 더 많은 방문객이 찾아오고 있고, '사케 스윗*' 개발 등 다른 산업에도 파급효과를 미치고 있다. 2015년 3월 28일-29일에 개최한 [카시마 양조장 투어리즘 2015]에서는 우레시노(嬉野市)시에 있는 3개의 양조장도 새롭게 참가해서 과거 어느때보다 많은 7만명이 방문했다. 이 이벤트 개최의 여세를 몰아서 연중 내내 대응할 수 있는 태세를 갖추고자 시내에 있는 음식점과의 연계를 강화하고 투어 조성을 위해 노력하고 있다.**

*스윗(sweets)은 과자 혹은 일본과자를 통칭하는 말로 사용되고 있다. '사케 스윗'은 술을 재료로 하여 어른들에게 인기를 끌고 있다. 양주, 니혼슈, 약주 등을 사용해서 만든 사케 스윗도 인기리에 판매되고 있다.
**[양조장 투어리즘]은 사가현(佐賀県) 카시마시(鹿島市)의 등록상표입니다.

이벤트 당일은 양조장 가이드로도 활약

지역의 특징

사가현(佐賀県)의 남서부에 위치하고 동쪽으로는 아리아케해(有明海), 서쪽으로는 타라다케(多良岳)산으로 둘러쌓여 자연환경이 풍부하고 전통있는 도시로, 후쿠오카(福岡市)시와 나가사키(長崎)시의 중간 정도에 위치한다. 밀감 재배, 김 양식 등이 활발하고 관광면에서는 연간 280만명의 참배객이 방문하는 일본의 3대이나리 신사(三大稲荷神社) 가운데 하나인 [유토쿠(祐徳)이나리 신사]가 있는 곳으로 유명하다. 매년 5월경에 아리아케해(有明海)의 간조시기를 이용한 [카시마(鹿島) 가타린픽]를 개최하고 있다. [히젠하마숙(肥前浜宿) 양조장 거리]는 중요한 전통적 건조물군 보존지구에 선정되었다. 시내에는 숙박시설이 적어서 숙박에 의한 경제효과로 이어지지 못하고 있다.

양조장 가이드 양성강좌를 개강

대응체제

사가현(佐賀県) 카시마시(鹿島市)는 2011년 IWC에서 니혼슈(日本酒) 세계 No.1이라는 칭호인 [참피온 사케(酒)]를 지역의 양조장에서 수상한 것을 계기로 시내에서 자사가 제조하는 6개의 양조장을 중심으로 상공회의소, 관광협회, 행정 등과 카시마(鹿島) 양조장 투어리즘 추진협의회를 발족시켰다. 2013년도에는 인접한 우레시노(嬉野)시에 있는 3개의 양조장이 협의회에 가입함과 동시에 카시마시(鹿島市), 우레시노시(嬉野市), 타라쵸(太良町)의 관광협회와 행정 등에서 구성하는 [히젠(肥前)길 남서부 광역관광 협의회]에서 PR이벤트에 맞춰서 각지로부터 셔틀버스를 운행하는 등 광역적인 연계와 관광루트 만들기에 기여하고 있다.

· 지역만들기의 노하우 ·

과제 [카시마(鹿島) 양조장 투어리즘]으로 이벤트적인 인기는 높일 수 있었지만 연중 내내 투어리즘 구축이 이루어지지 못했다

▶ 이벤트 개최효과의 파급을 목표로 양조장과 음식점이 연계해서 중심 시가지의 음식점을 돌면서 사케(酒)와 음식을 즐기는 [하시고자케(はしご酒)]이벤트를 2013년 10월에 개최했다.(2014년 10월에도 개최)

과제 카시마시(鹿島市)에는 숙박시설이 적어서 숙박에 따른 경제효과로 이어지지 못하고 있다

▶ 대형 온천 숙박시설을 가지고 있는 인접한 우레시노시(嬉野市)・타라쵸(太良町)와의 광역 연계를 시도하고 있다.(PR이벤트에서의 이벤트장«—»온천 셔틀버스 운행, 관광선전 등)

과제 [카시마(鹿島) 양조장 투어리즘]을 지속적으로 서포트하는 플랫폼적인 조직이 없고 인재육성도 이루어지지 못하고 있다

▶ 민간 지원단체인 관광협회를 목표로 가이드 육성 등에 지속적으로 진력하고 있다.

대응성과

봄의 PR이벤트에 첫회는 카시마시(鹿島市) 인구와 맞먹는 3만명이 방문했고, 4회째(2015)에는 7만명이 방문했다. 이를 합치면 카시마시 전체의 니혼슈(日本酒) 생산량 및 관광객을 받아들이는 양조장을 찾는 방문객도 증가경향에 있다.

鹿島市の観光入込客数と延べ宿泊者数

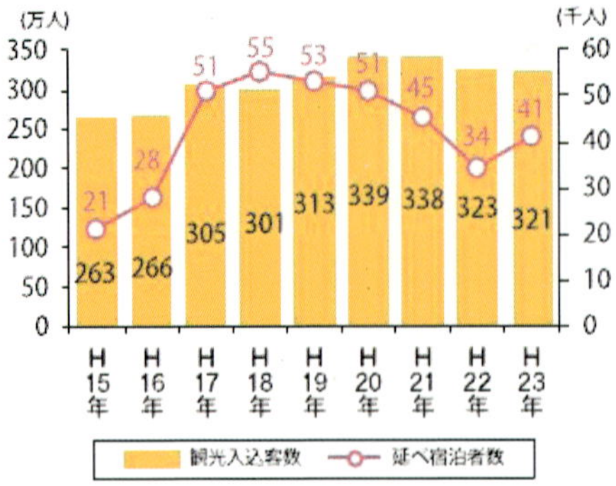

出典:佐賀観光客動態調査

문의 : 카시마(鹿島)양조장 투어리즘 추진협의회

(鹿島市産業部商工観光課内)

佐賀県鹿島市納富分2643番地1

TEL : 954-63-3412

URL : http://sakagura-tourism.com/main

바이오매스

바이오매스 투어 마니와(真庭)

[실시주체 : 일반사단법인 마니와(真庭)관광연맹]

▶ 바이오매스*의 지역적 대응관련 시찰을 촉진하는 여행상품 조성

*바이오매스(biomass)란 동식물로부터 만들어진 재이용 가능한 유기성 자원(석유 등의 화석연료 제외)을 가리킨다. 주로 목재, 해초, 음식물쓰레기, 종이, 동물의 사체, 분뇨, 플랭크톤 등을 모두 통칭한다.

지역자원의 바이오매스 원료

카츠야마(勝山) 거리 보존지구

바이오매스 원료 집적기지 견학

대응 개요

지역산업과 관광의 융합

1993년경부터 바이오매스 활용에 대한 노력이 시작되었던 마니와(真庭)지역에서는, 다른 시에서 오는 시찰 혹은 견학에 대응하기 위해서 2006년 12월에 [바이오매스 투어 마니와(真庭)]를 시작했다. **[얼굴이 보이는 산업관광]을 컨셉**으로 잡고 **기술적인 측면뿐만 아니라 생활 속에서 바이오자원이 어떻게 활용되고 있는지, 바이오매스의 지역내 순환 자체를 종합적으로 알 수 있는 내용으로 구성**되어 있다. 목재의 마을・마니와(真庭) 주민의 삶, 그리고 부산물에 대한 활용 바이오매스 사업의 견학과 체험을 알기쉽게 안내하고 있다. 또한 견학을 온 사람들과 마니와(真庭) 주민과의 교류가 상호 새로운 발견이 될 수 있는 투어를 목표로, 매력있는 코스 만들기, 인재육성 등을 민간과 행정이 한몸이 되어 실시하고 있다.

기본 코스는 [시찰 코스]와 [체험학습 코스] 두 코스를 설정하고 메뉴는 선택식으로 임업(林業)과 나무재질의 바이오매스로 특화한 것, 낙농・농업에 대한 바이오매스 사업의 확대를 견학할 수 있는 등, 다채로운 메뉴를 설정하고 있다. 이렇게 **연수와 관광을 함께 즐길 수 있는 내용이 되도록 구성**하고 있고, **전문가부터 환경에 흥미가 있는 사람, 지역 만들기 자원봉사단체까지 폭넓게 시찰자들이 방문**하고 있다.

100% 바이오매스 보일러에 의해 냉난방이 완비된 마니와(真庭)시청

지역의 특징

오카야마현(岡山県) 북쪽 츄고쿠(中国)산지의 중앙에 위치하여 돗토리현(鳥取県)과 경계를 맞대고 있으면서 오카야마현 내에서는 가장 큰 면적(828km^2)을 보유하고 있다. 시 면적의 약79%를 삼림이 차지하고 있고 2차세계대전이 끝난 후에는 서일본의 부흥을 지탱해 온 굴지의 목재 집산지로서 잘 알려진 예로부터 목재산업으로 번영했던 지역이다. 2005년 정촌(町村) 합병정책에 따라 마니와시(真庭市)로 새롭게 탄생하고 [바이오매스 타운]으로 인정받았다. 2014년에는 [바이오매스 산업 도시]로 선정되어 바이오매스에 대한 대응으로는 선도적 역할을 하고 있다.

지산지소(地産地消)메뉴로 만든 점심식탁

대응체제

1993년에 지역의 젊은 경영자들이 풍부한 자연을 배경으로하는 삶의 모습을 미래에도 이어질 수 있도록 한다는 목적으로 [21세기 마니와(真庭)학사]라는 조직을 발족하고, 활동을 통해 연계가 깊어지고 이를 통해 2002년에는 NPO법인격을 취득하여 바이오매스 타운을 만드는 추진력으로 작동하여 활동을 견인하고 있다. 바이오매스라는 용어가 사회에 알려지기 시작한 2006년도에 총무성의 [지역 재생 매니저 사업]에 의해 마니와시(真庭市) 산업관광 창출위원회를 설립하고, 12월에 [바이오매스 투어 마니와(真庭)]를 개시했다. 행정과 관련사업자가 연계해서 개시로부터 8년간 산업관광을 지속적으로 추진하고 있다.

· 지역만들기의 노하우 ·

과제 인재육성(환대체제 강화)

▶ 가이드 양성, 스킬 업 연수 등의 정기적 개최 등의 운영부분과 접수, 행정결정, 사무 등의 관리부분이라는 두 가지 부분으로 인재육성을 진행하면서 투어객에 대한 환대 캐퍼시티를 확대하는데 진력하고 있다.

과제 지속적인 사업진행을 위한 방향성과 전략

▶ 최근에 재생 가능한 에너지와 바이오매스 사업이 주목되어지면서 이에 대한 문의와 참가자가 급증하고 있어서 새로운 볼거리 발굴(새로운 코스 개발)과 재방문객 확보 등 지속적인 발전을 위해 노력하고 있다.

과제 수익구조 확립

▶ 바이오매스에 대한 견학만으로 끝나지 않도록, 숙박으로 이어질 수 있는 코스 개발,지산지소(地產地消)메뉴, 특산품 판매 등 지역 내의 정보발전과 경제파급을 목표로 하는 시스템을 구축했다. 앞으로는 보다 발전된 수익구조의 시스템 만들기를 목표로 하고 있다.

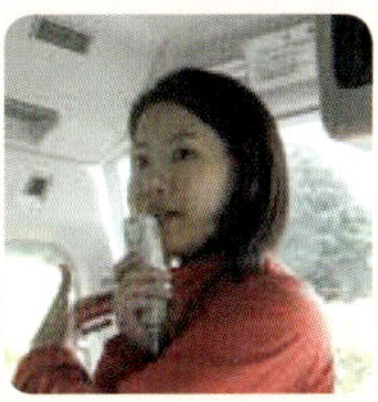

마시바 사치코(真柴幸子)씨

자기가 태어난 마니와(真庭)로 U턴 귀향해서 지역의 발전과 활성화에 분투중이다.

[마니와(真庭)에 오시는 모든 손님들에게 많은 응원과 아이디어를 받고 있습니다. 지역의 활성화를 위해서 이해관계를 넘어 일심동체가 되어 챌리지를 계속하고 있는 모습을 꼭 살펴봐 주십시오. 앞으로도 계속해서 도전하는 모습을 전국으로 발전함으로서, 주목받는 중산간지역(中山間地域)으로 이끌고 싶습니다.]

바이오매스를 이용한 발전시설 견학[메이켄(銘建)공업]

대응성과

투어 실시를 통해서 바이오매스 산업도시 [마니와(真庭)]의 발전과 관광객 재방문 만들기 외에 각 산업의 지역간 교류를 통한 시민의 즐거움을 창출하고 있다.

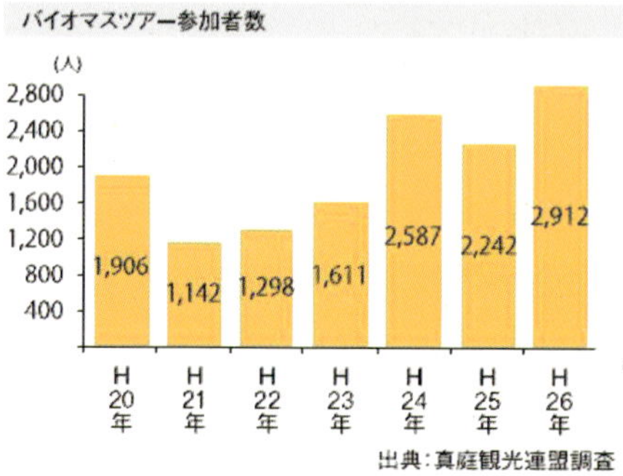

문의 : 일반사단법인 마니와(真庭)관광연맹
岡山県真庭市勝山420−2
TEL : 0867-44-1100
URL : http://www.biomass-tour-maniwa.jp

공업 · 공장견학

OHYA UNDERGROUND

[실시주체 : LLP치이키카치 계획]

- 사용처가 불분명한 산업철거지를 이용해서 체험형 관광상품 개발
- 지역의 재활성화에 진력하고 있던 시청으로부터도 강력한 백업

땅 속 호수에서의 카약 체험. 수온은 통년 5-6°c

어둠을 뚫고 비쳐지는 빛이 가히 환상적

채굴장 철거지 흔적

대응 개요 오야석(大谷石)* 채굴장 유적을 활용한 땅 속 호수 탐험 투어
미치노에키(道の駅)를 거점으로 한 착지형 관광

일찍이 오야석(大谷石) 채굴로 융성했던 오오야(大谷)지구는 채굴 수요에 대한 감소와 더불어 채굴업자는 1·10까지 감소함에 따라 오오야(大谷)지구에 대한 재활성화는 우츠노미야시(宇都宮市)로서도 숙제가 되었다. 한편 폐광이 되버린 채굴장 유정은 오랫동안의 빗물 유입 등으로 인해 땅밑에 호수를 만든 곳도 있어 탐험 투어로 적합한 환경이 되었다. 이런 연유에서 지역의 사업자와 우츠노미야시(宇都宮市)가 연계해서 3년간

*토치기현(栃木県) 우츠노미야시(宇都宮市) 북서부에 있는 오오야쵸(大谷町)부근 일대에서 채굴된 석재를 가리킨다. 부드러우면서 가공하기 쉬워서 예부터 외벽, 흙으로 만든 광을 만드는 건축자재로 사용.

의 조사를 거쳐서 땅 속 호수를 고무보트로 돌아보는 탐험 투어를 개발했다. 빛조차 새어 들어오지 않는 어둠, 어마어마한 지하공간, 깍아지른 하얀 바위의 속살, 한여름 조차도 서늘해지는 독특한 분위기가 호평을 불러 예약하기 조차 어려울 정도의 인기 투어로 변신했다.

또한 지역의 식자재를 사용한 아웃도어 레스토랑, 고향마을 하이킹 등 다른 지역의 관광자원을 조합한 투어도 개발했다. 체류와 체험형 시설로서의 요소도 가미하여 착지형 관광사업도 시행하고 있는 [미치노에키(道の駅) 우츠노미야 로맨틱마을]을 투어의 중핵 거점으로 하여 방문객에게 지역의 매력 정보를 발전, 지역의 생산자・근린지역 주민・관광객을 이어줌으로서 지역의 이익을 공유하는 선순환 경제서클을 만들어 냈다.

발착지인 [미치노에키(道の駅) 우츠노미야 로맨틱 마을]

지역의 특징

우츠노미야시(宇都宮市) 북서부에 있는 오오야쵸(大谷町)를 중심으로 한 오오야지구(大谷地区)에서는, 에도(江戸)시대* 중기부터 본격적인 오야석(大谷石)을 채굴해 왔다. 가장 번성했던 시기에는 90억엔 이상을 산출했던 적도 있었지만 이제는 콘크리트 블록이 사용되기 시작하면서 4억엔 정도까지 산출량이 축소되었고 특산지였던 오오야지구(大谷地区)에서는 250개소 정도였던 채굴장이 8개소만 남고 모두 폐광했으며, 함몰사고 등을 겪으면서 재활성화가 요구되어 왔다.

마치 유적과 같은 채굴장 흔적을 바라보며 고향산천 하이킹

대응체제

미치노에키(道の駅)인 [우츠노미야 로맨틱 마을]을 운영하는 팜즈 포레스트(宇都宮市)가 강(江)과 물놀이체험 투어를 기획하는 네이처 플래닛(닛코시(日光市)), 아웃도어 투어 운영을 하고 있는 MRB(닛코시)와 건축설계를 전문으로 하고 있는 빌스 스튜디오(宇都宮市)와 연계해서 LLP치이키 카치(地域

*일본의 토쿠가와(徳川)장군가가 일본을 통치하던 시대. 학설에 의하면 1603년3월24일부터 1868년5월3일로 265년간을 가리킨다.

勝)계획을 설립했다. 2013년 4월부터 본격적으로 전개해서 팜즈 포레스트가 운영하는 [에니스(縁) 트레블]에서 판매하고 있다. 우츠노미야시(宇都宮市)도 오오야(大谷)특성 활용 보조금 등의 방법으로 지원하고 있다.버스를 운행하는 등 광역적인 연계와 관광루트 만들기에 기여하고 있다.

· 지역만들기의 노하우 ·

과제 지역산업의 쇠퇴, 산업 유적지의 방치

▶ 통상적인 일상의 공간에서는 맛볼 수 없는 독특한 분위기를 살려서 관광투어로 만들어내고 있다.

과제 1950년대부터 1970년대를 정점으로해서 쇠퇴하기 시작한 관광산업

▶ 민관이 일체가 되어 지역PR과 투어를 통해서 음식점, 특산품점으로 관광객 유치를 꾀하고 있다.

과제 불법투기, 빈집이 약 절반인 오오야쵸(大谷町)를 재생

▶ 부채의 유산처럼 되어 버린 채석장의 유적에 가치를 부여해서 오야석(大谷石)으로 지어진 건물에 대한 중개에도 힘을 쏟고 있다.

마츠모토 유즈루(松本譲)씨

2007년 주식회사 팜즈 포레스트를 창업, 미치노에키(道の駅)와 안테나숍* 등을 경영, 농산물 직매와 특산품의 생산유통 사업 등을 전개하는 토치기현(栃木県)의 [지역상사]로서 기능. 2012년 제2종 여행사업업[에니시 트래블]을 설립, 미치노에키(道の駅)를 축으로 한 착지형 관광을 본격 시동. [농업과 음식, 지역 자원을 잇는 종합 프로듀서]로서 전국 각지에서 농업지원, 지역 활성화에 진력하고 있다.

*안테나숍(Anteena shop)이란 기업과 지자체 등이 자사(해당 지자체) 제품의 소개와 소비자의 반응을 살펴보기 위한 목적으로 개설하는 점포를 가리킨다.

대응성과

오야석(大谷石)의 채굴 흔적을 이용한 지하공간 탐험. 채굴장 안의 땅 속 호수를 카약 등으로 돌아보는 크루징과 근처의 오래된 민가, 고향산천의 자연 등과 조합한 착지형 관광상품은 지금은 예약하기가 어려울 정도의 큰 인기를 모으고 있어서, 지역자원을 활용하는 좋은 사례로서 높은 평가를 받고 있다. 오야석(大谷石)의 수요 축소로 인해 250개소 정도였던 채굴장이 지금은 8개소를 남기고 모두 폐광했다. 함몰 사고 등 오오야지구(大谷地区)에는 재활성화가 요구되고 있던 와중이었으므로 이와 같은 대응에 의해 지역 전체의 활성화를 기대할 수 있다.

문의 : 주식회사 팜 포레스트 내부의 에니시 트레블
栃木県宇都宮市新里町丙254番地
TEL : 028-689-8782(에니시 트레블)
URL : http://www.farmersgorest.co.jp/
http://enishi-travel.jp

공업 · 공장견학

[지역다움]이라는 관광자원의 활용

[실시 주체 : 우베(宇部) · 미네(美祢) · 산요오노다(山陽小野田) 산업관광 추진 협의회]

▶ 지역의 특성, 산업이 가진 매력을 관광으로

우베(宇部)흥산 이사(伊佐)시멘트공장 석회석 광산

대리석 채굴장

톡쿠리(徳利)窯

대응 개요 지장산업(地場産業)*과 지역의 역사를 조합해서 만든 마을가꾸기형 이벤트

우선은 지역에 있는 관광자원에 대한 재평가에 착수해서 그 평가 작업을 통해 검토된 의견 중에서 우리 지역이 기업의 사회적 책임(CSR)에 따라 거리가 조성되었다는 것을 알게되었고, **사회에 공헌하는 존재로서 산업의 매력을 관광 체험으로 전달하는 대책 [CSR 투어리즘]을 탄생**시켰다. 2007년도에 두 번의 모니터 투어를 실시하고 상품화의 방향성을 찾아내어 2008년부터 본격적으로 투어 모집을 시작했다. 투어의 특징 중 하나로서 테마마다 스토리성을 부여한 [어른들의 사회파** 투어]라고 명명해서 매년 20코스 전후를 실시하고 있다.

*지장산업(地場産業)란 일정한 범위의 지역에서 어떤 특정한 업종의 지역 자본 중소기업군으로 이루어져 있는 기업군이 집중적으로 입주하고 있는 산업을 가리킨다. 일정한 지역에 집적되어 있기 때문에 산지에서의 도매가 발달하는 등 집적되어 있는 장점으로 살려 기술 · 기능, 노동력, 원재료 등의 경영자원을 활용해서 상호부조하면서 생산 · 판매활동을 해 온 것이 특징이다.

**사회파란 현실의 사회문제에 무게중심을 두는 경향을 말한다.

또한 투어의 질을 높이기 위해 가이드에 적합한 인재를 찾아서 [산업관광 에스코터]에 등록시키고 투어가이드를 의뢰한다. 그 외에 테마마다 스토리와 지도, 산업사 연표 등을 게재한 [CSR 컨셉 북] 제작, 기업과 제품을 디자인한 [CSR투어리즘 카르타] 등의 특산품, 컨셉에 맞춘 스윗츠를 투어버스 내에서 한정판매 하는 등 다양한 아이디어를 통해 대응하고 있다.

산업관광 에스코터

지역의 특징

야마구치현(山口県)의 중서부에 위치하는 이 지역은 지역 안에 풍부하게 매장되어 있던 석탄과 석회석, 점토(찰흙), 대리석 등을 활용한 [기초 소재형 산업]이 집적되어 있어 시멘트회사를 비롯한 지역을 기반으로 하는 수많은 전통깊은 기업이 입지하고 있다. 이 지역은 관광자원이 그렇게 풍부하지 못하고 관광지로서의 지명도 또한 매우 낮기에, 지역의 특성인 [산업관광]을 이용하기로 했다.

트레일러 정비장

대응체제

2007년 1월 우베시(宇部市)가 [우베시 산업관광 추진협의회]를 설립하고, 이 협의회 가운데서 인접하고 있는 미네시(美祢市), 산요오노다시(山陽小野田市)와 함께 산업관광을 추진해야 한다는 의견을 받아들여 같은 해 5월에 [우베(宇部)·미네(美祢)·산요오노다(山陽小野田) 산업관광 추진협의회]가 설립되었고, [관광]을 핵으로 하는 지역진흥에 진력하는 공동사업체를 창출할 것을 설립 목적으로 정하고, 다양한 방면에서의 찬동자와 협력해서 2008년도부터 본격적으로 투어 모집을 시작했다.

· 지역만들기의 노하우 ·

과제 참가자 만족도 향상

▶ 참가자 앙케이트를 활용하고 매년 투어 내용과 코스를 충실하게 하려고 노력하고 있다.

과제 산업관광 에스코터 확보와 충실성

▶ 연수회 개최와 기업의 OB 등을 포함한 인재발굴에 노력하고 있다.

과제 투어 코스에 대한 새로운 아이디어와 어레인지

▶ 더 많은 투어 참가자를 확보하기 위해 코스에 대한 평가를 측정. 관계자의 의견청취를 하고 있다.

와타나베 테루히로(渡邊輝弘)씨

우베흥산(宇部興産)의 칸다(苅田)시멘트 공장장, 우베흥산의 해상수송을 담당하는 우베흥산 해운사장 등을 역임한 후, 2001년부터 2007년까지 6년간 우베 상공회의소 전무이사를 역임했다. 전무이사 재임중에 CSR 투어리즘의 기초가 된 아이디어를 제공하는 등 산업관광 발족에 진력해서 현재는 산업관광 에스코터로 활약중

대응성과

방문객 수는 순조로운 추이를 보이고 있고 2013년도는 여행사 등이 참가자를 모집하여 패키지여행 등의 행사를 개최하는 행사의 개최가 불확실한 수주(受注) 투어*로 좁혀진 까닭에 조금 감소하기는 했지만 2014년도는 처음으로 2,000명을 넘는 참가자가 방문했다. 모집 투어를 통한 참가자에는 지역 내외로부터 방문해서 지역의 산업과 그 역사, 선배들의 마음을 알 수 있는 좋은 수단이 되어 지역주민의 참가는 물론 시외(市外)와 현

*수주(受注)형 기획여행이란 여행자의 의뢰에 기초해서 여행회사가 여행계획을 작성하는 여행이다.

(県) 밖에서 참가한 방문객도 약 40%를 차지해서 인기를 끌고 있다. 재방문율도 40%를 넘고 있어서 인기투어라는 것을 짐작할 수 있다. 또한 수주투어에 대해서는 모집 투어를 넘어서는 참가자수가 있었고 그 중 90% 이상이 시외(市外) 그리고 현(県) 밖에서 온 것으로 나타났다. 투어 행사에는 지역 기업의 CSR에 대한 깊은 이해와 협력으로 이루어져 있고, 관광분야에 지역의 관심이 향해질 수 있게 된 점이 크다고 하겠다. 이 투어에 대한 대응은 교류인구를 증가시키는데 크게 기여하고 있고, 숙박, 식사, 특산품 등에 의한 경제 파급효과에 크게 공헌하고 있다.

産業観光バスツアー参加者数

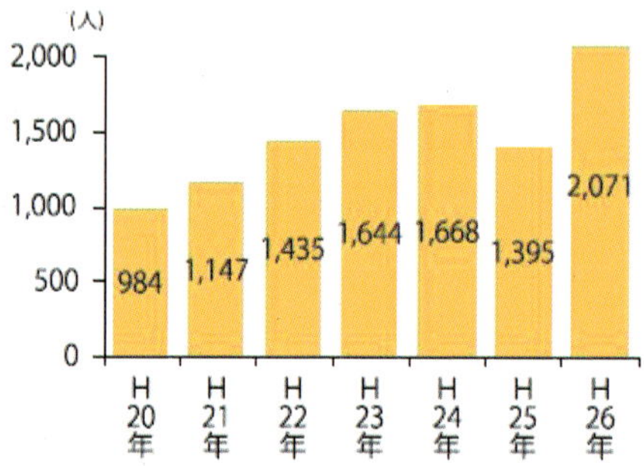

出典：宇部·美祢·山陽小野田産業観光推進協議会

문의 : 우베(宇部) · 미네(美祢) · 산요오노다(山陽小野田) 산업관광 추진협의회
群馬県利根郡川場村大字谷地2390番地2
사무국 : (一社)우베관광 컨벤션협회
山口県宇部市新天町一丁目2番36号
TEL : 0836-34-2050
URL : http://www.csr-tourism.jp

전통공예

오쿠츠가루(奥津軽)문화의 뿌리 아오모리(青森)히바재와 메이지(明治)의 호상을 만나는 여행

[실시 주체 : 특정 비영리활동법인 카나기활력클럽]

- 아오모리히바(青森ヒバ)와 삼림철도 궤도의 유적이라고 하는 지역의 삶 속에 존재했던 것을 오쿠츠가루(奥津軽)DNA로서 재발굴
- 위 2개의 자원을 연결한 트레일 코스 조성을 목표로
- 홋카이도(北海道) 신칸센(新幹線) 개통을 위한 지역로서 매력 향상

히바림 산책

다자이 오사무(太宰治) 기념관[샤요칸(斜陽館)]

미치노쿠 쇼인도(松陰道)에 남아있는 삼림철도 목재교 유적

대응 개요

오쿠츠가루(奥津軽) 문화의 뿌리, 아오모리 히바재(ヒバ材)와 메이지(明治)시대의 호상을 만나는 여행

오쿠츠가루의 DNA를 지역의 삶 속에 존재했던 역사, 문화 속에서 이끌어 내고, 전국적으로 주목받고 있는 롱 트레일과 연결지음으로서 새로운 관광자원을 만들어 냈다. 아오

모리히바(青森ヒバ)로 부(富)를 이룩한 메이지(明治)시대의 호상(豪商), 그들에 의해 길러진 다자이(太宰)문학, 츠가루(津軽)샤미센 등 오쿠츠가루(奥津軽)문화의 뿌리를 돌아보는 투어 조성에서부터 아오모리히바(青森ヒバ)를 활용한 전통공예의 부활, 새로운 생업의 길을 창조하는 계기를 만드는 것을 목표로 다양한 대응을 하고 있다.

발착지인 [미치노에키(道の駅) 우츠노미야 로맨틱 마을]

지역의 특징

아오모리현(青森県)의 절반은 번정시대(藩政時代*)부터 이어진 츠가루(津軽)지방이고 그 가운데서도 츠가루(津軽)반도를 구성하는 6개 시정촌(市長村)을 [오쿠츠가루(奥津軽)]라고 부른다. 이 지역은 아오모리(青森), 히로사키(弘前)로 대표되는 토세이츠가루(東青津軽**)와 츄난츠가루(中南津軽)와 달리 대기업의 지점과 관공청시설, 대학이 적고 현(県)의 내외로부터 인구유입이 적기 때문에 츠가루지방의 문화를 깊이 간직하고 있는 지역으로서 알려져 있다. 거칠고 혹독한 자연으로 덮힌 오쿠츠가루에는 [일본의 혼슈(本州) 최북단에 있는 땅]다운 독특한 문화가 살아 숨쉬고 있다.

마치 유적과 같은 채굴장 흔적을 바라보며 고향산천 하이킹

대응체제

2005년 구 카나기쵸(金木町)의 주변 지자체와 합병을 계기로 지역의 유대와 전통문화를 비롯 자랑스런 향토문화를 주민들이 스스로의 손으로 지켜나가고 싶다는 마음을 가지고 관광을 통한 경제활동을 전개하는 [카나기 활력클럽]을 설립했다. 고쇼가와라시(五所川原市)의 지정 관리자로서 지역의 상징인 다자이오사무(太宰治) 기념관인 [샤요칸(斜陽館)]과 [츠가루 샤미센 (津軽三味線)회관]의 운영을 하고 있고, 소설 [츠가루(津軽)]에 등장하는 츠가루

*에도시대(江戸時代, 1603-1868)를 부르는 말로 일본 역사 가운데 토쿠가와 장군가(徳川将軍家)가 일본을 통치하고 있던 시대를 말한다.

**츠가루 반도 동부(東部)에서 나츠도마리(夏泊)반도의 동부지역을 가리킨다.

철도 구 아시노(芦野)공원역사를 활용한 찻집[역사(駅舎)], 구 소바지마(傍島家)가를 되살린 [카나기 혈기촌]운영, 지장산업(地場産業) 제품에 의한 오리지널 상품개발, 오쿠츠가루와 다자이(太宰)정보를 망라한 포털사이트 운영, 오리지널 여행기획 제공 등을 메인으로 활동하고 있다. 또한 2009년도부터 서북지역의 현민국(県民局***)이 제창한 지역 전체의 매력을 꽉 채운 필드 테마 파크 [다자이(太宰) 뮤지엄] 에 있어서의 민간측 리더로서 지역의 매력있는 컨텐츠 발굴과 정보발전, 방문객 유치활동을 전개하고 있다.

***2005년에 신설된 中部, 西部, 吾妻, 利根沼田, 東部의 5개로 현의 사무를 분장시키기 위해 지방에 설치한 기관

· 지역만들기의 노하우 ·

과제 체재교류형 관광추진을 위한 관광자원의 담금질

▶ 트레일 루트의 개발, 모니터 투어 등을 실시하고 있다.

과제 잠재적 지역자원의 관광소비화

▶ 마게왓빠(曲げわっぱ*)체험, 히바의 향기 체험 등 아오모리히바(青森ヒバ)를 활용한 관광 컨텐츠를 개발했다.

*스기(삼나무)와 히노키(노송나무) 등으로 만든 얇은 판자를 구부려서 만든 원통형 목재 나무상자를 말한다. 본체와 뚜껑으로 한 세트. 도시락통으로 사용되는 경우가 많다.

과제 관광시설과 농림수산업과의 연계 시스템 만들기

▶ 심포지움 개최와 가이드 양성강좌를 실시하여 지자체와 삼림관리국과의 연계를 위한 이상적인 형태를 대해 검토하고 있다.

이토 이치히로(伊藤一弘)씨

목재업 가계에서 태어나서 유소년 시절부터 아오모리히바의 향기 속에서 자랐기 때문에 언제나 아오모리 삼림철도 곁에서 자랐다. 오쿠츠가루 숲에 홀연히 나타난 근대화유산. 몸과 마음에 생명력을 느끼게 하는 소생(蘇生)의 여행으로! 제가 안내하겠습니다.

대응성과

아오모리히바(青森ヒバ)와 삼림철도 궤적이라는 지역의 삶 속에 존재하고 있던 것을 츠가루의 DNA로서 재발굴해서 츠가루(津軽)의 역사・문화, 자연과 연결시킴으로서 모니터 투어 참가자로부터도 호평을 얻고 있다. 또한 **지역주민이 이런 대응의 매력을 깊이 이해하고 참가했다는 것**, 홋카이도(北海道) 신칸센(新幹線) 오쿠츠가루(奥津軽)의 이마베츠역 개업을 앞두고 있는 시점이기 때문에 행정의 긍정적인 지원을 받았기 때문에 사업 전체의 성공을 가져올 수 있었다.

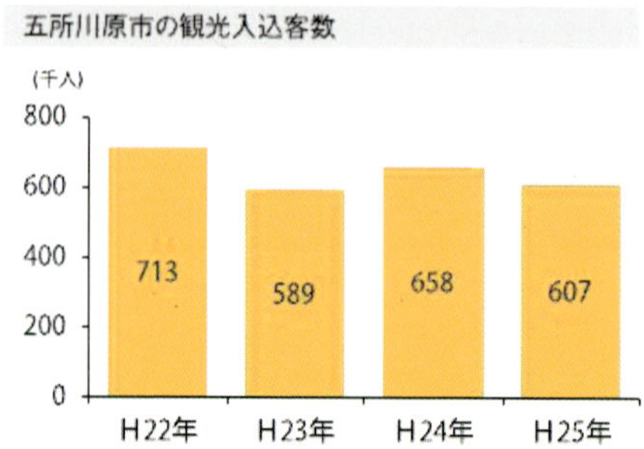

出典：青森県観光入込客統計

문의 : 특정비영리활동법인 카나기 혈기클럽
青森県五所川原市金木町朝日山189-3
TEL : 0173-54-1616
URL : http://www.kanagi-gc.net

전통공예

츠바메산죠(燕三条) 공장 제전

[실시주체 : [츠바메산죠 공장 제전]실행위원회]

- 지역의 제조사업자 뿐만 아니라 시(市)와 지역 금융기관 등 지역전체가 연계
- 마을의 공장을 관광객과 바이어에게 개방하고 대장장이 장인이 직접 제품 등의 매력을 발전

공장견학

공장 장식(핑크 스트라이프)

공장견학

대응 개요

츠바메산죠(燕三条)의 [장인(匠人)]이 발전하는 지바산업(地場産業)의 매력향상과 지역경제의 활성화를 향한 [기술 제전]

2013년 10월에 처음으로 산죠시(三条市)·츠바메시(燕市) 전역을 대회장으로 해서 손톱깍이와 부엌칼, 서양식기 등이 고도의 기술로 만들어지는 공장군을 개방한 견학이벤트인 [츠바메산죠 공장 제전]을 개최했다. 참가한 관광객과 바이어 등에게는 장인이 직접 제조공정을 설명한다. 또한 워크숍을 통해 제품을 만드는 방법 · 고치는 방법 · 사용법을 통해서 제품의 매력 · 가치를 체험시킴으로서 츠바메산죠 지역의 금속제품의 팬을 확보하는 계기가 되었다. 병행해서 현장판매를 통해서 상품을 통한 매상에도 공헌하고 있다.

이 같은 대응은, **제조현장을 소비자가 직접 보면서 기술을 체험할 기회를 제공함으로서 [장인의 기량]을 [관광자원]으로 만든 좋은 사례**라고 하겠다.

공장견학

지역의 특징

니가타현(新潟県)의 거의 한 가운데 위치하는 우리 지역은 오랜 세월동안 금속 가공으로 번창했던 곳으로 크고 작은 공방(工房)이 집적되어 있는 지역이다. 중요한 금속 가공제품의 하나인 날붙이(刃物)를 예로 들면, 이곳에 있는 공방에서는 일관생산이 가능하고 또한 해머 등으로 하나 하나 만들어지는 경우가 대부분이고 다양한 제품군에 대응 가능할 뿐 아니라, 강철을 덧붙이는 하가네즈케(鋼付け)기법* 등의 기술을 사용해서 칼날의 예리함이 오래 지속되는 정도 등의 품질이 세계적으로도 높게 평가되고 있다. 이 지역에서 100년 이상 전부터 제조되고 있던 에치고산죠(越後三条) 날붙이와 츠바메(燕) 추기동기(鎚起銅器)**는 경제산업장관으로부터 전통적 공예품으로 지정을 받았다. 또한 금속제품 도매업을 비롯한 산지의 도매점이 집적되어 있어 유통기능이 충실하게 갖추어져 있다.

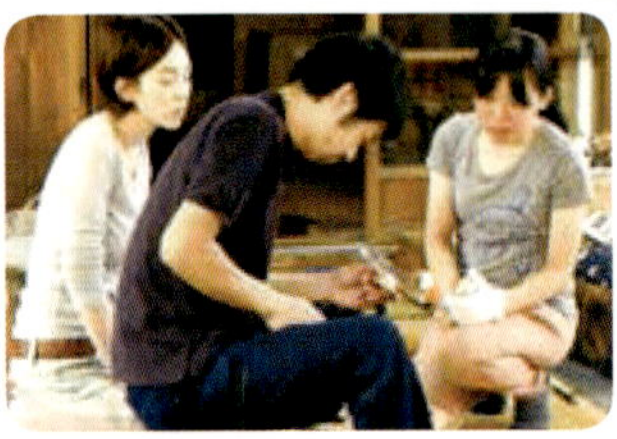
워크숍 풍경

대응체제

지역의 지자체와 제조사업자 등을 멤버로 하는 [츠바메산죠 공장 제전]실행위원회가 주최, 운영하고, 수많은 숍, 이벤트 디렉션 실적이 있는 ㈜메소드가 전체를 감수한다. 지역의 단체와 금융기관 등도 협력해서 지역전체가 노력하고 있다.

○ 공동개최 : 일반사단법인 츠바메산죠(燕三条)지장산업 진흥센터, 산죠시(三条市), 츠바메시(燕市)

○ 협력 : 에치고산죠(越後三条)대장간단체, 산죠(三条)금속도매상 협동조합, 산죠(三条)상공회의소 청년부, 산죠(三条)목공조합, 일본 금속 양식기 공업조합, 산죠(三条)신용금고, 국제외국어・관광・에어라인 전문학교

*일본식 식칼을 만드는 대표적인 공법으로 연철(軟鐵)이라고 불리는 유연하면서 충격에 강한 철과 날붙이의 칼날 부분에 사용하는 강(鋼)을 덧붙여서 만든다. 말하자면 몸체에 사용하는 철강 위에 연철(軟鐵)을 입힌 2중구조로 되어 있다.
**추기동기(鎚起銅器)란 1장의 동판(銅板)을 금속 망치로 두들겨서 형태를 만들어서 주전자나 술잔, 혹은 찻잔 등을 만드는 기법이다. 주전자 하나를 대략적으로 만들어 낼 수 있는 기량을 갖추는데까지 약10년이 걸린다고 하는 진정한 장인의 세계라 할 수 있다.

○ 개최실적 :

2013년도 : 개최일 10월 2일-6일, 참가공장수 54(시청 등도 포함)

2014년도 : 개최일 10월 2일-5일, 참가공장수 59(시청 등도 포함)

· 지역만들기의 노하우 ·

과제 제조업자는 소비자의 니즈 수집능력과 영업 노하우가 부족

▶ 산지의 도매상, 홈센터 등 기존의 유통방식에 얽매이지 않는 판로(바이어와 소비자)에게 제조사업자가 직접 PR해서 제품의 매력을 설명함과 동시에 관광객과 만드는 쪽의 사람이 직접 대화하는 장을 만듦으로서 제품에 대한 [현장의 목소리(=소비자 니즈)]를 수집하고 있다.

과제 해외에 있는 바이어, 소비자에 대한 츠바메산죠(三条)의 지장산업(地場産業)을 PR

▶ 이태리의 밀라노에서 개최되는 세계적인 가구 견본시장인 [밀라노 살로네]에서 해외 바이어에게 이곳의 이벤트를 PR함과 동시에 외국어 대응 홈페이지와 카탈로그를 제작하고 있다.

대응성과

본 이벤트에는 많은 관광객과 바이어가 방문해서 현(県) 내외로부터 많은 미디어에 언급되어 마을부흥 및 제품의 매력을 널리 PR하는데 성공했다. 이벤트에서는 직접판매에 덧붙여 바이어와의 성공적인 계약으로도 이어져서 판로개척의 계기가 되었다. 또한 공장견학을 온 방문객 가운데 공장에 취업을 하는 등 후계자를 육성한다는 점에서도 성과가 있었다.

「燕三条 工場の祭典」の来場者数·製品販売額·メディア掲載数

	平成25年	平成26年	前年比
来場者数	10,708人	12,661人	118%
製品販売額	約390万円	約480万円	123%
メディア掲載数	93件	114件	123%

문의 : 일반사단법인 츠바메산죠(燕三条)지바산업 진흥센터

산업진흥부 기업지원과

新潟県三条市須頃1-17

TEL : 0256-35-7811

URL : http://kouba-fes.jp/

휴가 취득 촉진

석재 지장산업(地場産業)*을 활용한 무레겐페이(牟礼源平**)석 빛의 로드

[실시주체 : 무레겐페이石 빛의 로드 실행위원회]

▶ 지역의 특산물인 아지(庵治)石과 가공기술을 활용한 마을만들기 이벤트

▶ 지역의 역사(겐페이야시마 전투)에 대한 재조명과 지역사랑 조성사업

무레겐페이(牟礼源平)石 빛의 로드 풍경

무레겐페이(牟礼源平)石 빛의 로드 이벤트 공지 전단지

무레겐페이(牟礼源平)石 빛의 로드 풍경

* 일본 중소기업의 한 유형으로 오랜 옛날부터 산지(産地)를 형성해서 지역 독자적인 특산품을 생산해서 국내외로 시장을 개척하고 있다. 일정 범위의 지역에서 한 특정 업종에 지역자본의 중소기업군으로 이루어져 그런 기업군이 집중적으로 입지해 있는 산업을 가리킨다.

**카가와현(香川県) 타카마츠시(高松市) 무래(牟礼町)마을은 세계에서 인정받는 고품질의 화강암 아지(庵治)석의 산지로 유명한 곳이다. 이 아지석이 채취되는 산기슭에는 약 300여개의 석재점포가 줄지어 서 있어 일본 제일의 석재산지로 알려져 있다.

대응 개요 지장산업(地場産業)과 지역 역사를 조합한 마을만들기형 이벤트

타카마츠시(高松市) 무레쵸(牟礼町) 무레(牟礼)지구는 고급 화강암 석재인 [아지(庵治)石]의 산지이면서 일본에서 손꼽히는 석재가공산지로서 발전해 왔다. 또한 겐페이야시마(源平屋島)전투(1185년)의 무대로 알려져 있어 2005년에는 NHK의 대하드라마 [요시츠네(義経)]의 무대가 되어 방영 내내 수많은 팬들이 사적을 방문했다. 이와 같은 각광을 계기로 무레마을을 더욱 활기찬 마을로 만들자는 마음에서 대하드라마의 방영

이 결정된 2003년부터 [원풍경(原風景)]을 제공한다는 기본 테마로 마을만들기가 스타트했다. 그 가운데 [석재산업(石材産業)]과 [겐페이 사적(源平史跡)]을 조합한 마을만들기 이벤트로 [무레겐페이(牟礼源平)石 빛의 로드] 개최를 결정했다. 겐페이(源平)사적이 이어지는 약1㎞의 도로를 따라 돌(石)로 만든 조명(돌 조명)을 약 200여점 설치해서 매일 밤 점등하는 이벤트인데 2015년이 11년째 행사가 된다.

지역의 특징

산업관광 에스코터

무레(牟礼)마을은 일본에서 유명한 석재산지이며 카가와현(香川県)을 대표하는 지장산업(地場産業)으로서 400년 역사를 자랑한다. 또한 미나모토 요시츠네(源義経)와 나스노 요이치(那須与一)가 활약한 겐페이야시마(源平屋島)전투의 전쟁터였던 곳으로 유명해서 마을 안에는 이와 관련된 사적이 많이 남아있다.

마을의 명소로서는 세계적인 조각가의 아트리에 [이사무 노구치 정원미술관]과 시코쿠(四国) 편로 제85번지 야쿠리사(八栗寺)*가 있다.

대응체제

무레겐페이이(牟礼源平) 마을만들기 협의회의 회의 모습

2004년 모체가 되는 [무레겐페이(牟礼源平) 마을만들기 협의회]가 설립되었고, 다음해에 [무레겐페이(牟礼源平)石 빛의 로드 실행위원회]를 발족하여 이벤트를 기획・운영하고 있다. 돌로 만든 빛의 로드 실행위원회는 주로 [석재진흥]부분을 사누키(讃岐) 석재가공 협동조합(우루시하라 노리카즈(漆原憲和) 대표이사)가 맡아서 [마을만들기]를 무레겐페이(牟礼源平) 마을만들기 협의회의 니이타니 미노루(新谷稔)회장이 담당하는 조직 운영이다. 또한 이벤트를 운영하는 스탭으로 지역의 석재조합 청년부와 협력기업을 비롯한 일반 자원봉사 인원이 함께 지역의 중학교, 고등학교, 대학으로부터도 많은 학생으로부터 협력을 받고 있다.

*시코쿠(四国)88개소 순례길 제85번 순례소 고켄산(五剣山) 야쿠리사(八栗寺)는 827년 코호(弘法大師)대사가 이 산에 올라 불법을 공부한 것으로 전해진다.

· 지역만들기의 노하우 ·

과제 겐페이(源平)전투 사적을 마을 내외에 PR

▶ 정기적인 청소활동을 실시하고, 오리지널 [겐페이 플래그]를 세우고, 밤에는 라이트업을 통해서 PR하고 있다.

과제 석재 지장산업 진흥과 일반 소비자 대상 PR

▶ [돌로 만든 빛]이라는 새로운 장르 상품을 '돌로 만든 빛의 로드'로 제작 발표함으로서, 새로운 시장을 개척했다. 또한 이벤트 장을 통해 마을 내외로부터 방문한 관광객을 대상으로 석재의 매력을 전시를 통해 PR하고 있다.

과제 지역 주민의 연계를 심도있게 진행하면서 젊은 층에 대한 향토애를 육성

▶ 자원봉사 인원이 이벤트 기간을 통해 300명을 넘어섰고, 상호유대를 더욱 심화시키는 등 지역 학생들이 많은 이벤트에 적극적으로 협력하고 있다.

나카무라 타쿠시(中村卓史)씨

1976년 타카마츠시(高松市) 무레쵸(牟礼町)출신. 아지(庵治)石을 채굴하는 [나카무라 후시로(中村節朗)석재]회사의 4대 대표이사. 대학졸업 후 오사카(大阪)의 묘비석 소매점에서 3년간 경험을 쌓고 귀향. 무레겐페이 마을만들기 협의회 사무국장을 거쳐 제1회 [무레겐페이石으로 만든 빛의 로드2005]실행위원장을 맡고 있다.

五所川原市の観光入込客数

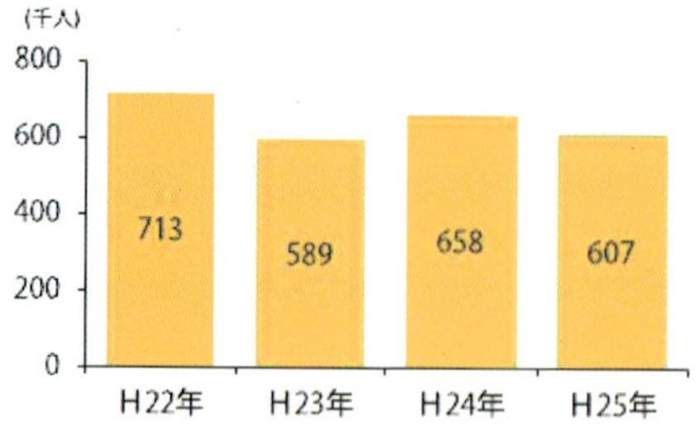

出典：青森県観光入込客統計

문의 : 무레겐페이(牟礼源平)石으로 만든 빛의 로드 실행위원회

香川県高松市牟礼町牟礼2625-18

TEL : 087-845-2446

URL : http://www.ishiakari-road.com

상점가

[타이쇼(大正)시대의 낭만스타일 마을만들기]를 통한 상점가의 활성화

[실시 주체 : 나노카쵸(七日町) 길거리 경관 협의회]

- **역사적인 건조물이 존재하는 거리 경관을 살린 상점가로의 관광객 유치**
- **주변의 절 및 신사 탐방과 마을 걷기 추진을 통한 붐비는 거리 창출**
- **성(城)이 있는 마을의 상업문화와 사적지 등 지역자원의 매력을 적극적으로 정보발전**

나노카쵸(七日町) 낭만 테크에서 바라 본 나노카쵸 거리

개수(改修)하기 전 자전거 주차장이었던 구 나노카쵸(七日町)역사

개수(改修)를 통해 타이쇼(大正)시대의 낭만스타일로 부활한 역사(驛舍)

대응 개요

상점가의 활성화, 부활의 기축으로 삼은 것이 역사적 건물이 남아있는 클래식한 거리 경관이었다. 옛날 건설성이 주최한 거리경관 디자인 추진사업의 조성단체로 선정되는 등 행정의 지원을 받은 것도 사업진행에 탄력을 주었다. 약790m에 걸친 노카쵸(七日町)거리를 편의상 상・중・하 세 블록으로 나누어서 마을만들기에 진력하고 있다. 1995년에는 **세개 블록의 거주 주민들이 스스로 거리경관을 지키는 주민협정을 맺었다. 시(市)의 보조를 받으면서 외관을 바꾸는 점포가 하나 둘씩 늘어서, 이제는 점(點)이 선(線)으로 변하면서 거리 전체가 연속성을 갖게 되었다. 이런 움직임이 매스컴에 알려지게 되어 관광객 방문으로 이어지게 되었다.** [관광을 통한 마을만들기]라는 개념조차 정립되지 않았던 시절이었다. 관광객이 증가함에 따라 3점포

중에 하나는 빈점포였던 곳이 매년 활성화되는 효과도 가져왔다. 협의회가 발족해서 20년이 지나는 동안 25채의 빈 점포가 주인을 갖게 되었다. 1997년에 주유소 철거지를 후쿠시마현(福島県)과 아이즈와카마츠시(会津若松市)가 매입해서 스테이지가 마련된 시민광장으로 정비되었고, 2002년에는 현(県), 시(市), JR동일본, 협의회가 연계해서 나노카쵸(七日町)역사를 타이쇼(大正)시대의 낭만스타일인 서양식건물로 부활시켰다. 아미다절(阿弥陀寺) 경내에 있는 츠루가성(鶴ヶ城)의 중심 건물인 혼마루(本丸) 유물인 고산카이(御三階)*와 동군묘지(東軍墓地)**, 그리고 스토리성을 품고 있는 죠코지(常光寺)의 해후관음(邂逅観音) 등 절과 신사 또한 귀중한 지역자원으로 꼽았다. [아이즈(会津) 신센구미(新撰組) 축제] 같은 이벤트도 관광객을 유치하는데 큰 역할을 했다. 2010년에는 정부지원을 받아 주차장과 체류 거점기능을 완비한 [나노카쵸 낭만데크]를 완성했으며 현재 하(下)블록의 전선 지중화 공사를 진행하고 있다.

*츠루가성 혼마루 내에 있었던 건물로 외관상으로는 3층으로 보이지만 안에 들어가면 4층으로 만들어져 있고 비밀회의를 열 수 있는 장소로 사용되었다고 알려져 있다. 아이즈 와카마츠성의 관광 스팟으로 유명하다.
**동군묘지(東軍墓地)는 1868년 메이지(明治)원년에 일어난 무진전쟁으로 사망한 아이즈(会津)번의 무사들을 매장한 곳이다.

지역자원인 아미다(阿弥陀) 절 경내에 있는 고산카이(御三階)

지역의 특징

나노카쵸 거리는 성(城)을 중심으로 발달된 아이즈와카마츠시(会津若松市)의 중심 거리인 오마치요츠카도(大町四つ角) 일명 후다노츠지(札の辻)에서 서쪽으로 JR나노카쵸역까지 약790m를 가리킨다. 번(藩)이 정부를 이끌던 무사시대에는 후다노츠지를 기점으로 하는 아이즈 5번 가도(街道) 가운데 닛코(日光), 에치고(越後), 요네자와(米沢) 가도(街道)가 통과하고 있고 성(城)의 서쪽을 담당하는 현관으로서의 역할을 통해 도매점과 하타고(旅籠)*, 요리점이 줄지어 있는 곳이다. **1970년대에는 아이즈의 최대 번화가로서 사람들이 북적거리던 곳이지만, 바이패스가 개통하고 도로사정이 변화하면서 소비자의 이동이 중심시가지에서 교외에 있는 대형점포로 옮겨가면서 나노카쵸 거리도 쇠퇴일로를 걷게 되었다.** 그러나 상점가의 근대화작업에 따라가지 못한 탓에 나노카쵸 거리에는 역사적인 구조물이 남아있었다.

*하타고(旅籠)는 에도시대에 여행객을 숙박시키고, 식사를 제공하는 것을 업으로 하는 집을 가리킨다. 하타고야(旅籠屋)라고도 한다.

서양식 건물의 거리풍경이 특징인 나노카쵸 상(上)블록

대응체제

공동화로 인해 쇠퇴해버린 아이즈 와카마츠시의 중심 시가지에 있는 상점가의 부활과 커뮤니티의 재구축을 목표로 1996년 3월에 [나노카쵸 거리풍경 협의회]를 발족했다. **설립에 있어서는 이 모임이 주민운동의 하나라는 의미에서 나노카쵸의 7개 마을 구장(區長)들을 고문으로 참여하도록 했다. 또한 상가의 업주 뿐만 아니라 개인 자격으로도 회원이 될 수 있게 했다.**

· 지역만들기의 노하우 ·

과제 관광객 유치를 꾀하는 방법

▶ 지역자원은 무엇인가를 찾아보고 재발견하려고 노력하는 것이다. 주민에게는 익숙한 무엇이 방문객에게는 매력적인 소재로 보일 수 있다. 또한 지역 단독적인 대응뿐만 아니라 주변 지역과의 광역적인 연계를 시도하면서 관광객을 유치하는데 노력해야 한다.

과제 적극적인 조직활동을 계속시킬 수 있는 방법

▶ **5명의 '바보'를 발견해서 서둘지 않고, 좌절하지 않고, 즐거운 마음으로 노력하는 것이 비결이다.** 마을만들기에 대한 열의와 기운이 융성할 때와 정체되는 시기가 있다는 것을 잘 이해해서 일희일비(一喜一悲)하지 않는 것이 중요하다. **마을만들기는 단숨에 끝나는 일이 아니라 길게 보고 가야하는 사업이기 때문이다.**

시부카와 토모오(渋川恵男)씨

협의회 설립 발기인의 한사람으로 2001년부터 회장으로 활동중. 2004년 국토교통성 관광 카리스마에 선정되었다. 현재 (유)시부카와(渋川) 도매점 대표이사, (일반재단)아이

즈 와카마츠 관광 뷰어로 이사장, ㈜마을만들기 아이즈의 대표이사, 아이즈 와카마츠 상공회의소 부회장

대응성과

츠루가성(鶴ヶ城)과 백호부대의 스토리성을 가지고 있는 역사관광도시인 아이즈 와카마츠시(会津若松市)에 있으면서 중심 시가지인 나노카쵸 거리 주변에는 [관광]이라는 말조차 오간적이 없었다. **빈 점포가 늘어나고 쇼핑객도 감소하고, 쇠퇴와 공동화가 진행되는 상점가는 소멸위기에 있었다. 협의회를 발족하는데 있어서 아이즈 와카마츠시가 제정한 경관조례, 시가지 관광추진조례가 그 후의 나노카쵸(七日町) 마을만들기에 있어서 큰 힘이 되었다.** 이제까지 약 50채의 건물 외관을 새롭게 수리해서 25채의 빈 점포를 줄일 수 있었다. 현재 나노카쵸는 시가지 관광의 거점으로서 약 25만명의 관광객이 방문하게 되었다. 상점가의 활성화와 동시에 관광객 유치, 아이즈(会津)의 전통산업인 청주(清酒)와 칠기, 공예품 진흥 등 지역경제에도 적지않게 기여하고 있다.

문의 : 나노카쵸 거리 시가지협의회
福島県会津若松市大町1丁目8-224
TEL : 0242-33-9919
URL : http://nanuka-machi.jp

상점가

민속행사 계승과 신궁(神宮)을 핵으로 한 관광객 유치 PR

[실시 주체 : 고센구(御遷宮)* 대책위원회]

- 민속행사의 계승 · 준비 · 운영
- 특별 신료민(神領民)** 사업 실시
- 대형 방문객 유치 PR사업 실시

특별 신료민(神領民) 사업

롯폰기 힐스의 오키히키(お木曳き***)

*센구(遷宮)라 함은 신사(神社)의 본전(本殿)을 새로이 신축하거나 수리할 때에 신체(神體)를 다른 본전으로 옮기는 것을 말한다. 이때 일반적으로 제례(祭禮)를 지낸다.

**신료민(神領民)이란 중세이후에 신사(神社)나 신궁(神宮)이 소유하고 있는 영지에 사는 주민을 가리킨다.

오키히키(お木曳き)란 이세신궁(伊勢神宮)에서 일정한 해에 새 신전을 짓고 제신(祭神)을 옮기며 운반하는 행사를 가리킨다.

***오키히키(お木曳き)란 이세신궁(伊勢神宮)에서 일정한 해에 새 신전을 짓고 제신(祭神)을 옮기며 운반하는 행사를 가리킨다.

대응 개요 센구(遷宮)행사의 하나인 '오키히키(お木曳き)행사', '오시라이시모치(お白石持)행사'는 신궁(神宮)이 주최하는 행사가 아니라 신료민(神領民)인 이세(伊勢)지역 주민들에 의해 실시되어 온 전통민속행사이다. 신궁(神宮)과 더불어 살아왔다고 하는 신료민의 자긍심이 모여 500년 이상 전통이 계승되어 왔다. **본 행사는, 이세(伊勢)시내에 있는 지역별로 이미 수 년 전부터 준비에 준비를 거쳐**

서 나무와 흰돌을 끌어 당길 수레 준비, 청년들은 키야리(木遣り)*노래, 여성과 어린이는 춤연습을 통해 세대를 뛰어 넘어서 노력하고 있다. 이러한 행사가 계속 이어질 수 있도록 고센구 대책위원회는 지역의 자주적인 운영이 될 수 있도록 뒷받침 해주고 있다.
또한 본래는 '오키히키행사', '오시라이시모치행사'는 지역 행사이지만, 전국의 신궁(神宮)숭례자도 참가할 수 있도록 특별 신료민사업을 실시했다. 참가자에게 이세(伊勢)의 매력을 느낄 수 있게 함으로서 참가자를 통해 자연스럽게 이세(伊勢)의 정보를 발전하도록 하고, **시(市) 전체가 자원봉사를 모집해서 참가자에 대한 환대를 담당함으로서 이세(伊勢)사람들의 환대 마인드를 조성할 수 있도록 했다.**
사업 PR에 있어서는 20년에 한번 있는 센구(遷宮) 행사를 계기로 이세(伊勢)의 매력을 PR함으로서, 센구(遷宮)행사가 끝난 후에도 방문객이 늘어날 수 있도록 했다. 또한 신궁(神宮)을 중심으로 정보를 알기쉽고, 또한 미디어에서 흥미를 갖도록 하는 것을 의식함으로서 원격지와 젊은 연령층의 방문을 유도했다. 롯본기에서 하는 이세(伊勢)의 [오키히키 행사]와 삿포로 눈 축제에 대설상(大雪像) 만들기 등이 좋은 사례이다.

*일명 노동가(勞動歌)의 하나. 무거운 것을 끌어 당길 때 함께 외쳤던 장단을 맞춰 지르는 소리가 시대가 바뀌면서 노래조로 바뀌었다고 한다.

지역의 특징

츄부(中部)국제공항에서 오시라이시 봉예수레(奉曳車) 전시

이세(伊勢)시는 미에현(三重県)의 남부이며 이세시마(伊勢志摩)국립공원의 현관에 위치하고 있는 풍요로운 자연환경과 수많은 역사 · 문화적 자산이 풍부하면서 예로부터 [이 세사람][일본인의 마음의 고향]이라고 불리며 이세(伊勢)신궁을 품고 있어 신(神)이 조용히 머물고 있는 마을로 번영해 왔다. 이 같은 이세신궁에는 20년에 한번 새로운 정전(正殿)을 짓고 이곳을 장식하기 위해 신(神)에게 봉납한 도구, 악기, 복식 등을 새롭게 만드는 [시키넨센구(式年遷宮)*]행사가 있고, 이를 보기 위해 수많은 관광객들이 이세(伊勢)를 방문하게 됨으로서 이세(伊勢)시에서는 이 행사를 전후로 마을만들기를 진행시켜 왔다.

*일정한 주기마다 새로운 신전을 만들어서 옛날 신전에 있던 신체(神體)를 옮기는 것을 가리킨다. 이세(伊勢)신궁은 20년에 한번 시키넨센구(式年遷宮)를 하는 것으로 유명하다.

오시라이시모치 행사

대응체제

시키넨센구(式年遷宮)와 관련된 민속 전통행사인 [오키히키(お木曳)행사(2006, 2007년)] [오시라이시모치(お白石持)행사(2013년 실시)]의 계승・운영과 관련된 업무와 전국으로 정보발전을 목적으로 2004년에 행정・상공회의소・관광협회 등으로 구성된 [고센구(御遷宮)대책위원회(사무국)]을 설립했다. 민속행사 실시에 관해서는 행사때마다 조직을 발족해서 지금까지 실시해 왔지만 20년에 한 번씩 하는 행사인 만큼 기록 정리와 조직운영에 문제가 많았다. 하지만 이번에 처음으로 10년간 계속적으로 조직을 운영함으로서 원활하게 운영할 수 있었다. 또한 방문객 유치 PR사업에 있어서도 시(市)・상공회의소・관광협회 등과 연계를 맺음으로서 보다 큰 사업을 실시할 수 있었다.

・지역만들기의 노하우・

과제 저출산 고령화가 진행되는 속에서 전통 민속행사의 존속에 대한 우려

▶ **행정의 지나친 지원, 지역에서 주체적으로 하는 운영을 방해하지 않도록 보이지 않는 지원으로 일관하고 있다.**

과제 신규 고객시장을 개척하고, 원거리에서의 관광객 유치, [이세=멀다]는 인상에서 탈피

▶ 정보에 대해 접근하기 쉽도록 신궁(神宮)을 핵(核)으로 두고 퍼블리시티* 효과를 의식한 정보발전이 되도록 노력하고 있다.

*퍼블리시티(publicity)는 광고주가 드러나지 않게 하는 광고를 가리킨다. 신문의 기사 등을 통해 자연스럽게 하는 홍보활동 등.

과제 민속행사를 후대에 계승하기 위해 다음 센구(遷宮)행사를 지휘할 사람 즉 키 맨을 육성

▶ **20년 후의 다음 센구를 앞두고 젊은이를 중심으로 한 인재만들기에 진력하고 있다.**

오쿠노 이사무(奥野勇む)씨

1956년9월29일생. 미에현(三重県) 이세시(伊勢市) 출신. ㈜오쿠노건설 회장. 젊은 시절부터 청소년 육성 활동에 정력적으로 진력하는 한편, 이세신궁과 깊은 관계가 있는 전통 민속행사인 [오키히키 행사] [오시라이시모치 행사]의 계승과 발전을 위해 노력하고 있다. 신궁(神宮)의 칸나메(神嘗)마츠리를 봉축하는 [칸나메 봉축 마츠리]는 전국으로부터 많은 관광객들을 불러 모으고 있다.

대응성과

금번의 오키히키 행사와 오시라이시모치 행사에서는 20년 전과 변함없는 지역의 참가자(오키히키 13만명, 오시라이시 15만3천명)이 모였다. 또한 특별 신료민(神領民)사업에 대해서는 20년 전과 비교해서 두 배 가까운 참가자(오키히키 7만7천명, 오시라이시 7만3천명)가 모였다.

방문객 유치에 있어서는 계속적으로 방문객 유치 사업을 벌인 점과 각종 미디어 등에서 기사를 취급해 준 것도 효과를 거둬서 과거에 없는 1,420만명(2013년)의 관광객이 이세를 다녀갔다.

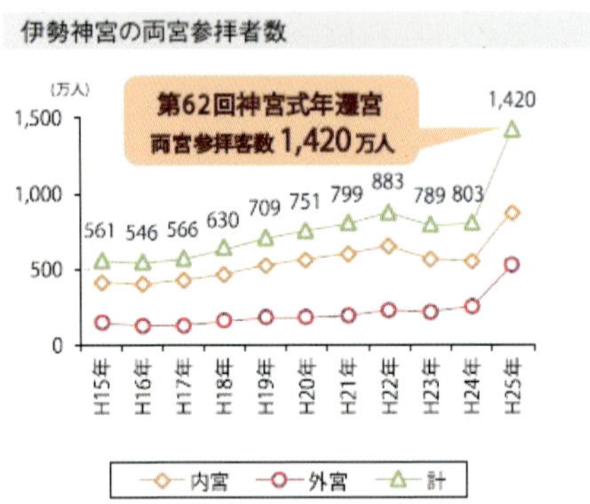

出典:伊勢市観光統計

문의 : 이세(伊勢) 고센구(御遷宮)위원회(사무국)

三重県伊勢市岩渕1-7-17

TEL : 0596-25-5215

URL : 0596-25-5215

상점가

맛집 탐방 마을의 걷기 지도를 활용한 상점가 활성화

[실시 주체 : 니치난시(日南市) 상공회의소, 오비성(飫肥城)마을 보존회]

- 맛집 탐방 마을의 걷기 지도 배포를 통해 상점가와 지역 산책을 유도
- 상점가의 참가를 통해 교환권 대상 점포 다양화와 이를 통한 매력 향상
- 공공시설의 입장권과 세트가 되어 있는 지도를 작성 · 판매

지도에 있는 교환권으로 명물 아츠야키타마고(厚焼卵) 등과 교환 가능 [오비 찻집]

맛집 탐방 마을의 걷기 지도

오비성(飫肥城) 입구

대응 개요 맛집 탐방 마을의 걷기 지도를 활용한 상점가 활성화

이용자는 오비성(飫肥城) 주변에 있는 6곳의 판매소에서 맛집 탐방 마을 · 걷기 지도를 구입할 수 있다. **지도에는 5장의 상품 교환권과 뒷면에 사용할 수 있는 점포 정보가 실려 있으므로 그것을 참고로 마을을 산보하면서 점포를 방문해서 상품과 교환할 수 있다.** 시작할 당시에는 16개 점포였지만 참가 점포가 늘어나서 현재는 42개 점포로 증가했다.

점포수가 많아서 고를 수 있는 즐거움과 재방문 하는 이들도 미처 가지못한 점포와 만날 수 있다는 기대감을 가질 수 있다는 매력이 있다.

처음 시작할 때에는 서툰 환대와 외국인에 대한 대응을 하지 못하는 등의 문제가 발생했다. 이런 경험에서 **[환대방법 연수]를 개최해서 환대기술을 높이고, 외국인 방문객을 위해 외국어 설명서를 만들었다.** 또한 니치난시(日南市)의 협력을 얻어서 공공시설 내에서 지도판매와 시(市)의 시설과 세트권을 만드는 등 편리성도 높여 나가고 있다.

오비성(飫肥城)의 정문

지역의 특징

니치난시(日南市)는 미야자키현(宮崎県)의 남쪽에 위치하고 있고 동쪽으로는 휴가나다(日向灘*)에 면하고 있다. 미야자키시(宮崎市)에서 니치난시를 거쳐 카고시마현(鹿児島県)으로 이어지는 연장 $11km^2$의 해안선은 전국에서 유명한 리아시스식 해안이며 니치난(日南)해안 국정공원으로 지정되었다. 겨울에도 기후가 온난해서 프로야구 팀의 봄철 캠프지로 활용되고 있다. 관광지로서는 태평양을 향해 돌출되어 있는 곶(岬)**에 위치해 있는 우도(鵜戸)신궁과, 구 오비(飫肥)번의 영주였던 이토(伊藤)가문의 당시 경관이 그대로 보존되어 있어 [큐슈(九州)의 작은 교토(京都)]라고 불리던 오비성(飫肥城)마을 등이 있다. 또한 2009년부터 JR니치난(日南)선의 관광특급인 [산해진미(海幸山幸)]가 미야자키(宮崎) 난고(南郷)를 운행하고 있다.

지도를 지참하면 입장할 수 있는 [상가 자료관]

대응체제

오비(飫肥)지구는 오비성(飫肥城)을 중심으로 매년 많은 관광객이 방문하고 있지만, **대부분이 대형 관광버스로 방문해서 오비성 주변을 견학하고는 1시간 정도에 모두 사라져 버리는 말하자면 [통과형]관**

*나다(灘)는 육지에서 멀고 파도가 센 바다. 여울을 가리키는 말이다.
**곶(岬)이란 언덕이나 산 등의 끝이 평야 · 바다 · 호수 등으로 돌출되어 있는 지형을 가리키는 명칭이다. 반도 혹은 섬의 끝부분에 자주 보이는 형태로 야간이나 악천후에 선박의 운항에 장애가 되기 때문에 등대를 설치하는 경우가 많다.

광지였으며, 상점가에는 낙전효과가 전혀 없다는 숙제가 남아 있었다. 니치난(日南)상공회의소 사무국 차장이 오비성마을 보존회 사무국장과 함께, 상가번영회를 적극적으로 설득해서 기후현(岐阜県)의 구죠하치만(郡上八幡)의 대응을 참고로 한 [오비성마을 맛집 탐방 · 마을 걷기]를 16개 점포로 스타트 시켰다.

· 지역만들기의 노하우 ·

과제 메인 관광시설만 방문하고 지역 상점가에는 관광객이 오지 않는다

▶ 관광시설 주변에서 상점가에서 사용할 수 있는 교환권이 붙어 있는 마을 걷기 지도를 판매함으로서 상점가로 관광객을 유도하고 있다.

과제 상점가에 활기가 없다

▶ 상품과 교환하기 위해 방문한 관광객에게 그 이외의 상품에 대해서도 성의있는 설명을 통해서 가게 전체 매출이 향상했다. 상점가 점포의 매상이 증가함에 따라 비어있던 가게에 점포를 새로 내는 추세가 증가했고 상점가에 활기를 되찾을 수 있었다.

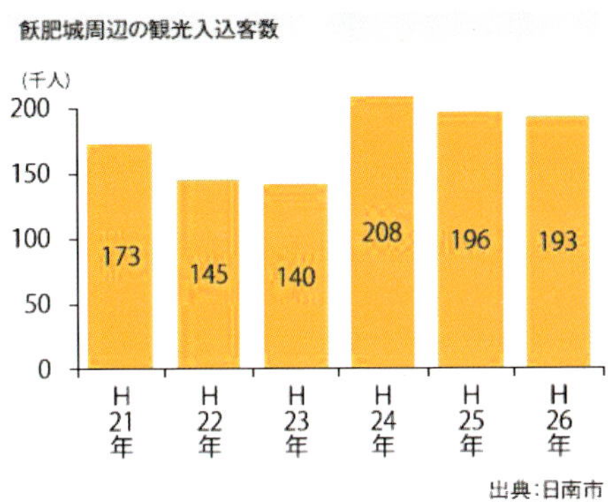

문의 : 니치난시(日南市) 관광 · 스포츠과

宮崎県日南市中央通一丁目1番地1

TEL : 0987-31-1100

URL : http://www.city.nichinan.lg.jp

기타

호쿠겐(北限)의 해녀가 자맥질하는 마을 해녀들의 호쿠산리쿠(北三陸) 탐방

[실시주체 : 특정 비영리활동법인 쿠지(久慈)광역관광협의회]

▶ **텔레비전 드라마 방영으로 [호쿠겐의 해녀]라는 지명도가 상승한 것을 계기로 지역의 전통문화, 자연환경의 재발견을 통해 관광 부활**

산리쿠(三陸) 부흥국립공원 코소데(小袖)해안에 있는 [츠리가네 동굴(久慈市)]는 명소 가운데 한 곳

대어기(大漁旗)*로 관광객을 환영하고 배웅

나모미(なもみ)**를 실연하는 모습

*대어기(大漁旗)는 일본에서 고기를 잡으로 나갔던 어선이 풍어(風魚)로 귀항할 때에 선상에 거는 깃발

**겨울에 이로리(囲炉裏)에서 불을 쪼이고 있으면 손발에 [나모미][아마]라고 불리는 저온화상을 입는 경우가 있다. 그것을 벗겨서 게으름뱅이를 혼내주고 재해을 없애고 축복을 준다고 하는 의미에서 [나모미 벗기기]라고 불린다. 지역에 따라 다르지만 빨간가면과 파란가면이 한 쌍으로 되어 있는 곳이 많다.

대응 개요 호쿠겐(北限)의 해녀가 자맥질하는 마을 해녀들의 호쿠산리쿠 탐방

2013년 해녀를 소재로 한 텔레비전 드라마 [해녀]의 방영이 결정되고 전국적으로 [호쿠겐의 해녀] 지명도가 급상승했다. 드라마 [해녀]의 팬들이 현지를 탐방할 때에 쿠지(久慈)의 매력을 충분히 음미하고 현지에서 소비활동을 촉진하는 환경을 어떻게 만들것인가? 라는 과제에 대해서 쿠지시(久慈市)와 인근 시정촌(市町村)의 음식점 조합, 철도회사, 가이드단체 등과 연계해서 조사한 결과 인기가 가장 높았던 [호박(琥珀)***] [산리쿠(三陸)철도] [성게알]이라는 소재를 살린 프로그램 만들기에 진력하고 있다.

***호박(琥珀)은 전연수지 화석으로 Amber라 불리는 보석의 한 종류이다.

마을 산책 가이드

지역의 특징

이와테현(岩手県) 동쪽 해안에 위치하고 있는 쿠지시(久慈市)는 인구가 약 3만7천명의 해변을 끼고 있는 마을로 알려져 있지만, 시의 면적 90% 가까운 삼림면적을 가지고 있으며 바다와 산 양면으로 풍부한 자연을 가지고 있다. 태평양을 면하고 있는 동부지역에는 코소데(小袖)해안으로 알려진 [산리쿠(三陸)부흥 국립공원] 서부에는 [쿠지(久慈)계류]등 자연관광 스팟이 많은 것이 특징이다. 또한 전통공예와 호박(琥珀)같은 지역자원도 풍부해서 NHK 아침 연속드라마 [해녀]로 전국으로부터 큰 관심을 받은 지역이다.

모니터 투어에서 해녀들이 실연하는 모습

대응체제

쿠지(久慈)지역에서는 쿠지 광역 관광협회를 중심으로 어업협동조합 · 음식점 · 관광시설 등 폭넓은 관계자와 연계를 도모하면서 노다(野田)소금만들기 부활과 그와 관련된 상품개발, 쿠지(久慈) 특산품 세트상품 판매, 해산물 생산자의 실연 판매장 제공 등 상품개발 · 판매와 나모미, 그리고 해녀 등 지역의 [사람] [일]을 소재로 한 프로그램 개발을 통해서 우리지역에 대한 팬 만들기, 방문객 모집을 위한 장치만들기 등을 해오고 있다. 이런 대응을 하나 둘 실현하면서 지역의 네트워크 만들기, 지역 밖에서 세일즈 활동을 진행함으로서 이 지역으로 방문객을 모집하는 중심이 되는 역할을 담당하고 있다. 해당 대응에는 히로노쵸(洋野町)관광협회, ㈜노다무라, 후다이(普代)마을 관광협회, 역 근처에 안테나숍[오반코반(大判小判)], 산리쿠(三陸)철도㈜, 공익사단법인 하치노헤(八戸)관광컨벤션, ㈜JTB토호쿠(東北) 등과 연계해서 [호쿠겐의 해녀]를 스토리 중심으로 만든 쿠지(久慈)의 매력 발굴과 여행상품 조성에 진력하고 있다.

· 지역만들기의 노하우 ·

과제 현지에서의 소비활동을 촉진시키는 환경 정비

▶ 쿠지시(久慈市)와 인근 시정촌(市町村)의 음식점 조합, 산리쿠(三陸)철도, 가이드 단체와 연계해서 미팅과 워크숍을 개최함과 동시에, [해녀]에서 등장하는 산리쿠 지역의 관광메뉴를 중심으로 어떤 자원이 있는지 확인하고 관광소비 환경만들기에 진력하고 있다.

과제 드라마[해녀] 붐이 일과성의 화제가 되지 않도록 하기 위한 시책

▶ 드라마 [해녀]에만 의존하지 않고 가장 기본적인 [호쿠겐의 해녀]를 스토리 중심에 놓은 모니터 투어를 실시하고 있다.

과제 경제 파급 효과가 한정적으로 되기 쉽다

▶ [호박(琥珀)] [산리쿠철도] [성게알]을 소재로 하는 관광 프로그램의 메인에 두고, 여행상품으로는 익숙하지 않은 것이라도 [성게알이 맛있는 지역] [신선한 해산물을 맛있게 먹을 수 있는 지역]이라는 지역 브랜딩을 작성하고 있다.

칸규 토시카즈(貫牛利一)씨

쿠지(久慈) 광역 관광협의회 전무이사. 드라마 [해녀]에서 주목을 받은 10여년 전부터 그린 투어리즘에 의한 관광을 통한 마을만들기에 대응하고 있다. 지역의 식문화 체험교실과 농가 레스토랑 등을 적극적으로 소개하는 등 지역과 일체가 되는 환대체제를 추진하고 있다.

대응성과

앙케이트 조사결과를 기반으로 현지 조사에서 [북 산리쿠(三陸) 성게알 가도 축제][마을거리 산책 코스] 등의 프로그램을 작성하고, 실제로 여행 상품화로 개발했다. 프로젝트 진행에는 20-50대 멤버가 모였기 때문에 다면적인 의견이 교환될 수 있었다는 것도 의미가 크다. 또한 쿠지(久慈) 광역 관광협의회 멤버 자신이 가이드한다는 목표를 실천할 수 있었다.

久慈市の観光入込客数

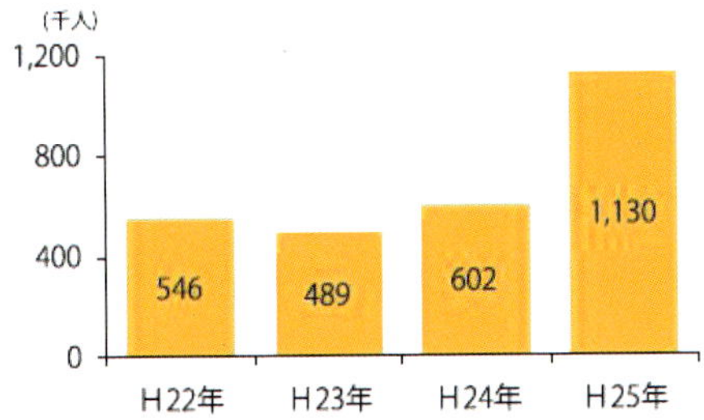

出典：岩手県観光統計

문의 : 특정비영리활동법인 쿠지(久慈)광역 관광협의회

岩手県久慈市中央3-38-2

TEL : 0194-53-5756

URL : http://www.kuji-tourism.jp/

기타

5감 치유 발효 투어리즘 미야기 오사키(大崎) 보글보글 공화국

[실시 주체 : 오사키시(大崎市) 시티 프로모션 추진협의회]

- [발효]를 통해 태어나는 [건강과 미용]을 컨셉으로 5감을 치유하고, 제6감을 기르며, 우리 몸 전체로 체감할 수 있는 여성을 위한 투어
- 지역의 [길모퉁이 콩셰르주*]가 상세하고 친절하게 마을의 매력을 전하는 모델 구축

헤아릴 수 없을 만큼 수많은 철새가 날아드는 [카부쿠리(蕪栗)늪]

오사키(大崎) 니혼슈와 발표식품

오사키 토지(杜氏)**분들

*콩셰르주(프랑스어 concierge)는 (호텔의) 접객 책임자, 안내계, 서비스 담당, 도어맨을 가리킨다.
**토지(杜氏)는 니혼슈(日本酒) 양조공정을 책임지고 있는 장인 집단을 말한다. 즉 양조장을 책임지는 감독자이며 최고 제조 책임자이기도 하다. 기술은 물론 니혼슈를 만드는 복잡한 모든 공정을 통솔하고, 판단력, 관리능력에 뛰어난 인격자, 광범위한 범위까지 지식을 가지고 있어야 한다.

대응 개요

발효여성회 in 미야기 오사키(大崎), 오피스 래디용 보양(補陽)여행

오랜 옛날부터 발효문화가 뿌리깊게 자리잡고 있는 오사키시(大崎市)를 '보글보글' 끓어 오르는 듯이 발효하는 니혼슈(日本酒)와 발효식품, 온천을 통해서 다른 곳에서는 맛

볼 수 없는 독특한 체험과 학습을 얻을 수 있는 [건강과 미용]을 추구하는 [발표 투어리즘]을 실시하고 있다. 오사키시(大崎市)는 1시(市)6정(町)이 합병해서 새롭게 탄생한 도시로 각자 자연 · 음식 · 문화의 다양한 지역자원이 존재하고 있기 때문에, 이를 연계시킨 매력있는 컨텐츠를 만들것을 요구받았다. 이 때문에 지역자원을 새롭게 재정리하고 평가를 통해 타겟을 명확하게 설정함으로서 각 지역자원이 연계된 기획을 여행상품으로 반영시키도록 했다. **가장 기본적인 컨셉인 [발효마을 오사키(大崎)]를 목표로 일하는 여성을 타겟으로 설정하고 발효식품을 체험할 수 있는 고가(古家) 레스토랑과 양조장 돌아보기, 재강(술을 만들고 남은 찌끼) 에스테와 니혼슈(日本酒) 그리고 발효요리의 마리아주* 및 온천 등 몸의 체내와 체외를 함께 체감할 수 있는 지역자원을 연계시켰다.** 또한 철새 도래지라는 자연체험과 새롭게 지역의 [길모퉁이 콩세르주]가 아주 자세하게 마을을 안내하고 지역민들과 교류하면서 문화를 접할 수 있는 [마을산책]을 탄생시켰다.

*마리아주(mariage)란 프랑스어로 마실 것과 음식의 조합[궁합]이 좋은 것(특히 와인과 음식의 궁합에 대한 말)

합동 연수 모습

지역의 특징

2006년에 1시(市)6정(町)이 통합되어서 탄생한 오사키시(大崎市)는 온천지로서 전국적으로 유명한 [나루코(鳴子)온천향], 람사조약에 등록되어 수많은 철새가 비래하는 [카부쿠리(蕪栗)늪지], 전국적으로 지명도가 높은 쌀 브랜드인 [사사니시키]와 [히토메보래]의 생산지이기도 하다. 이를 통해 예로부터 술을 만드는 양조장과 된장을 만드는 곳간이 여기저기 자리잡고 있는 등 자연 · 음식 · 문화에서 다양한 매력을 갖고 있는 지역이다. 오사키시(大崎市)에서는 이 같은 다양한 가치를 서로 촉발시킴으로서 새로운 매력을 빚어내는데 있어 [발효]라고 하는 화학변화를 모티브로 표현해서 [보글보글]이라는 의성어(擬聲語)로 표현한 [미야기 오사키(大崎) 보글보글 공화국]을 캣치 프레이즈로 만들었다.

대응체제

2010년부터 오사키시(大崎市) · 상공회의소 · 상공회 · JA(전국농업협동조합연합회) · 관광협회 등의 단체를 중심으로 [지역브랜드 연구회]를 개최해서 지역 브랜드를 검토해서 2012년에 [오사키시(大崎市) 시티 프로모션 추진협의회]를 설립하여 [발효의 본고

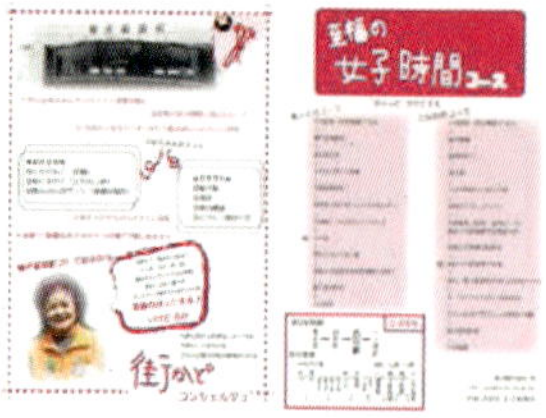

NPO가 작성한 [처방전 맵] 타비카레* 플러스원에서 최우수상 수상

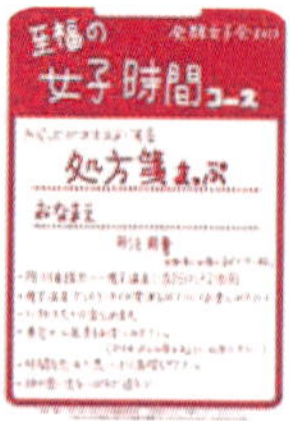

장 오사키(大崎)]를 기본 컨셉으로 정해서 본격적으로 시티 프로모션에 박차를 가했다. 다른 한편으로는 같은 해에 [오사키 발효와 식문화 연구회]를 조직해서 '전국 발효를 통한 마을만들기 네트워크 협의회'에 참가해서 민간레벨에서도 발효를 통한 마을만들기에 진력하고 있다. 그런 대응에는 미야기현(宮城県) 오사키시(大崎市)를 비롯 특정비영리활동법인 오사키 지역창조 연구회, 오사키 발효와 식문화 연구회, 일반사단법인 미야기 오사키 관광공사, 주식회사 JTB 코퍼레이트 세일즈 등과 연계해서 [발효]를 보다 구체적인 여행상품으로 빚어냈다.

· 지역만들기의 노하우 ·

과제 각 지역의 대응을 연계시켜서 지역자원의 매력 발굴

▶ 시티 프로모션의 기본 컨셉으로 잡은 [발효의 본고장 오사키(大崎)]를 목표로 [발효]로부터 생겨나는 [건강과 미용]에 착안해서 지역자원을 연계시키고 있다.

과제 지역자원에 대한 재정리 · 평가를 통해 지역의 매력 높이기

▶ 세세한 부분까지 마을을 안내하는 [길모퉁이 콩셰르주]를 육성하여, 지역인과 교류하며 문화를 접할 수 있는 [마을산책]을 실시하고 있다.

코다마 쥰코(児玉順子)씨

특정비영리활동법인 오사키 지역창조 연구회 사무국장. 지역을 한없이 사랑하고, 오사키(大崎)의 매력을 전달하는 안내역을 맞고 있는 [길모퉁이 콩셰르주]로, 멤버 육성과 매니지먼트 역할을 통해 리더십을 발굴하고, 세밀한 환대를 가능하게 만든 중심인물이다.

대응성과

타켓을 도시권의 30대 이상 캐리어 우먼으로 맞춤으로서, 테마, 컨셉, 상품 조합이 명확하게 드러날 수 있었다. 또한 **이제까지 [온천] [니혼슈] 등 개개의 자원으로 접근하고 있었던 것을 [발효]라고 하는 테마로 통합함으로서 차별화를 실현했다.** NPO와 파트너십을 맺고 시민을 [길모퉁이 콩셰르주]로 육성해 온 것이 세세한 상품기획 조성으로 빛어질 수 있었다.

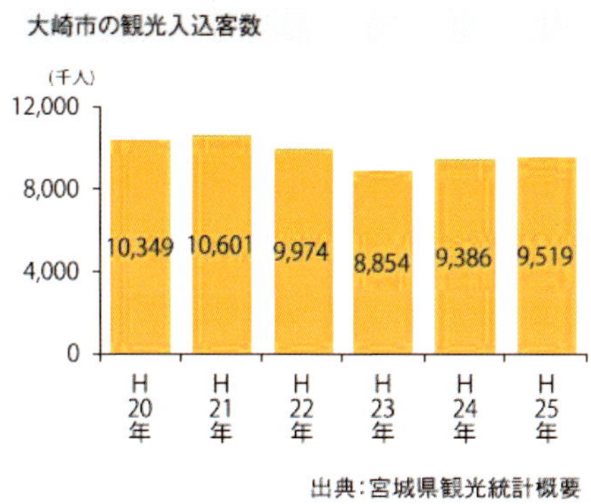

문의 : 오사키시(大崎市) 시티 프로모션 추진 협의회

宮城県大崎市古川七丁目1番1号

TEL : 0229-23-2281

URL : http://www.futufutu-osaki.jp

기타

나가라(長良)강 온파쿠(長良川温泉泊覧会)를 통한 지역만들기

[실시주체 : 나가라(長良)강 온천박람회 실행위원회]

- 지역자원을 활용한 체험 프로그램의 기획 및 운영
- 지역 네트워크 형성
- 창업지원 프로그램과의 연계에 의한 유역에서 커뮤니티 비즈니스 창출

나가라(長良)강 온파쿠 2014 팸플릿

민물어부(川漁師) 체험을 하는 프로그램

대응 개요 지역자원을 활용한 체험 프로그램 실시를 통한 [나가라(長良)강 브랜드]구축

나가라(長良)강 온천 박람회(이하 나가라(長良) 온파쿠)는 나가라(長良)강 유역의 시정촌(市町村)을 무대로 [유역(流域)이라는 특징]의 지역자원을 활용한 체험 프로그램을 단기간에 집중시켜 개최하는 행사로서 2011년부터 실시하고 있다. 나가라(長良) 온파쿠를 통해 이제까지 관광과 연결이 전혀 없었던 어업과 농업 등의 사업자와 관광사업자가 연계하여 업종 · 성별 · 세대를 넘어선 네트워크를 구축하고 있다. 그 네트워크를

통해 참가자는 매년 증가하여 2011년에는 100그램, 2012년 120그램, 2013년 130그램, 4년째를 맞이한 2014년 140종류의 체험 프로그램을 개최했다. 또한 거의 모든 프로그램 참가자에게 앙케이트를 받아 프로그램 제공자에게 결과를 피드백 함으로써 지역자원 브러시 업(brush up) 꾀하고 있다. 그 결과로서 새로운 여행상품과 특산품 개발, 커뮤니티 비즈니스 기업(起業:새로이 사업을 일으킴) 등 지역의 매력창출로 이어지고 있다. 나가라(長良)온파쿠는 이렇게 해서 탄생한 매력적인 상품과 사례를 적극적으로 발전함으로서 최종적으로 [나가라(長良)강 브랜드] 구축을 목표로 하고 있다.

나가라(長良)강의 뱃사공을 체험하는 프로그램 모습

지역의 특징

나가라(長良)강은 그 원류를 기후현(岐阜県) 구조시(郡上市) 타카스(高鷲)의 다이니치가타케(大日ヶ岳)에서 발원하여 많은 지류와 합류하면서 키소산(木曽三)강의 하나로서 이세(伊勢)만으로 흘러든다. 현재, 나가라(長良)강 유역에서 생활하고 있는 사람들은 80만명 이상으로 그 대부분이 양질의 수질을 자랑하는 나가라(長良)강의 복류수(伏流水:지상의 물줄기가 어느 장소에 와서 한때 지하에 스며서 흐르는 물줄기)를 식수(食水)와 생활용수로 이용하고 있다. 나가라(長良)강 유역 지역에는 우카이(鵜飼*)와 미노와시(美濃和紙**) 제조법인 테스키(手漉き)기술 등 나가라(長良)강을 통해 길러진 역사・문화・지혜가 지금도 변함없이 살아 숨쉬고 있다.

체험 프로그램을 만들기 위한 워크숍

대응체제

나가라(長良)강 온천지대에 있는 여관・호텔 협동조합, 관광 컨벤션 협회 등 기존의 관광업계 단체에 더해서 지금까지 지역에서 마을만들기를 추진해 온 마을만들기회와 NPO법인 등이 실행위원회를 조직하여 행정과 함께 연계하면서 대응하고 있다.

*우카이(鵜飼)는 가마우지를 길들여서 여름밤에 횃불을 켜 놓고 은어 따위 물고기를 잡게 하는 일 또는 그것을 업으로 하는 사람

**미노와시(美濃和紙)는 기후현(岐阜県)에서 전통적인 기법으로 제조되는 한지와 같은 종이를 가리킨다. 이 기법은 1969년에 국가 중요 무형문화재로 지정되었다.

· 지역만들기의 노하우 ·

과제 업종, 세대, 성별이라는 울타리를 넘어선 연휴

▶ 행사 전체가 일부 사람들만의 잔치가 되지 않도록 지역에 있는 많은 이해관계자를 처음으로 포함시킴으로서 서로 함께 성공체험을 쌓음으로서 업종, 세대, 성별이라는 담장을 넘어선 네트워크를 구축하고 있다.

과제 마케팅 시점이 결여된 기존의 행사와 상품

▶ 프로그램 만들기에서는 독자적인 워크시트를 사용해서 마케팅 시점을 반영해서 타겟, 프로모션 방법, 가격과 유통 등 관광상품을 만들면서 필요한 팩트를 의식한 체험 프로그램을 조성하고 있다.

과제 청년 기업(起業) 등에 대한 지원과 스텝에 대한 정보가 부족하고, 이 지역에서 기업(起業)하는 청년이 적다

▶ 체험 프로그램을 통해서 마케팅 스킬에 익숙한 사람 가운데에서 희망자에 대해 창업지원 프로그램 [창업학당]을 권하고 있다. 이 가운데서 전문가를 통한 스터디를 정기적으로 개최해서 나가라(長良)강 온파쿠가 정해진 기간만의 행사로 끝나지 않도록 인재 발굴과 인재육성을 실시하고 있다.

NPO법인 ORGAN

나가라(長良)강 온파쿠 사무국을 실행위원회로부터 위탁받은 단체로 기후현(岐阜県)에서 오랫동안 [기후(岐阜)마을]로 불리워진 지역를 거점으로 마을만들기 활동을 10년이상 실시해 왔다. 창업 지원 프로그램 [창업학당] 개최 외에 그 네트워크를 활용해서 나가라(長良)강 온파쿠에서 길러진 노하우 이전을 전국적으로 실시하고 있다.

대응성과

나가라(長良)강 온천의 지역 브랜드 향상 · 숙박자 증가

일본의 온천 100선(관광경제신문)에서 2010년도까지 한동안 선정되지 못했었지만 2011년도부터 매년 랭크에 들어가게 되었고, 2014년도에는 37위가 되는 등 지역 브랜드가 향상되고 있고, 숙박자도 증가 경향을 보이고 있다.

관광사업자 뿐만 아니라, 관광을 통한 마을만들기 플랫폼 형성

여관 · 호텔의 협동조합에 덧붙여 어업단체와 지역의 마을만들기 모임 등 관광을 통한 마을만들기에 관한 각종 관계자와 이어질 수 있는 장이 되었고, 금후의 DMO(관광을 통한 마을만들기 조직)화를 향한 연수와 합의형성 등이 진행되고 있다.

나가라(長良)강의 은어(鮎)를 활용한 기네스북 세계기록 달성

2014년에는 나가라(長良)강의 자연산 은어를 활용한 기네스북 세계기록을 달성함으로서 미디어에서도 크게 화제가 되었 나가라(長良)강의 은어(鮎)에 대한 지명도 향상에 공헌했다.

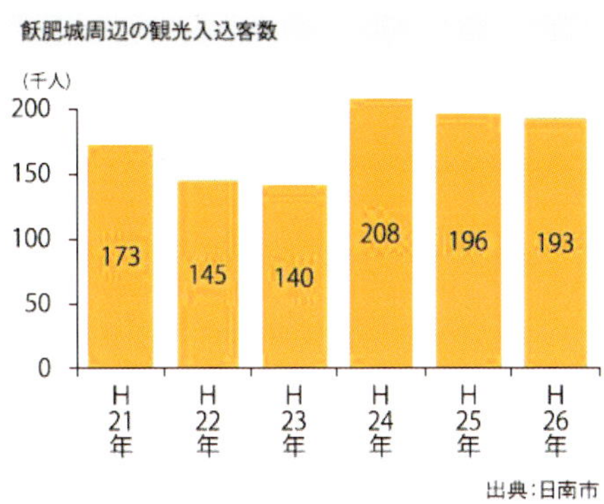

나가라(長良)강 온파쿠와 창업지원 프로그램의 연계를 통한 기업(起業)사례

① ORGAN활동 인쇄실(활판인쇄)

② 티다티다(오키나와 과자)

③ ALC카페(서양과장)

④ 구죠하치만(郡上八幡)의 게스트하우스 마을숙소

⑤ 양과자 만들기 공방(양과자 강사

⑥ 이토 카페(차)

문의 : 나가라(長良)강 온파쿠 사무국

岐阜県岐阜市湊町45

TEL : 058-269-3858

URL : http://nagaragawa.onpaku.asia

전통문화 · 사적 · 전통예능

유네스코 음식문화 창조도시 추진

[실시주체 : 츠루오카(鶴岡) 음식문화 창조도시 추진 협의회]

▶ 음식문화를 창조적으로 활용한 지역진흥

재래작물인 [화전 순무(무청)]를 계승

대응 개요 유네스코 음식문화 창조도시 추진

츠루오카(鶴岡) 음식문화 창조도시 추진 협의회에서는 2011년도부터 2년간, 문화청 문화예술 창조도시 모델사업 채택을 계기로 음식문화를 지역진흥에 활용하는 다채로운 사업을 구축하고 있다. 현재 산업차원에서는 [츠루오카 풍토 가이드] 활동과 [츠루오카 노렌], [쇼나이사케(庄内酒)축제] 개최 등 음식문화를 체험하는 관광객 유치 촉진과 농림수산물의 정보발전을 전개하고 있다. 문화차원에서는 음식문화 아카이브로서의 레시피집 발행, 음식물 현장취재와 웹사이트에서의 발전 등을 실행하고 있다. 시민생활 차원에서는 바른 식생활 교육을 통한 건강만들기와 농림수산업으로의 이해촉진, 나아가 시민이 츠루오카(鶴岡)의 음식과 친해지고 지역에 대한 애착으로 이어질 수 있도록 하고 있다. 교류차원에서는 네트워크를 통한 국내외 창조도시와 연계추진, 세계를 향한 음식문화 창조도시를 어필하기 위한 밀라노 국제박람회 출전 등에 진력하고 있다.

지역의 특징

데와(出羽)3산의 정진요리

츠루오카시(鶴岡市)는 2014년 12월 1일에 일본에서 처음으로 유네스코 창조도시 네트워크 음식문화 분야로의 가맹이 인정되었다. 야마가타현(山形県)의 동해쪽에 위치하며 산 · 평야 · 강 · 바다 같은 변화무쌍한 지형과 사계절을 풍성하게 즐길 수 있는 자연이 풍부한 곳이다. 특히 다다챠콩(*ダダチャ豆*: 가지째로 꺽은 풋콩 또는 그것을 삶은 것)과 화전 순무 등의 [재래작물]이 50종류나 계승되어서 농가가 세대를 뛰어 넘어 뛰어난 종자를 이어받아 지역에서 사랑받아 온 [살아있는 문화재]로 불리고 있다. 또한 시내에서는 데와(出羽)3산에 있는 슈겐도(修験道*)와 쿠로카와노(黒川能**) 등의 정신문화와 밀접하게 관련된 음식이 전승되고 있고, 각 가정에서는 향토음식과 계절마다 행사에 제공된 행사음식이 대대로 전승되고 있다.

대응체제

츠루오카(鶴岡) 풍토 가이드 활동

츠루오카시(鶴岡市)에서는 지역 고유의 자원을 갈고닦아서 부가가치가 높은 산업 창출을 꾀하기 위해 독자적인 정책을 시행하고 있다. 2011년에는 산관학민(産官学民)에 의한 츠루오카 음식문화 창조도시 추진협의회를 설립하여 차세대의 음식문화 창조를 목표로 산업 · 문화 · 생활 · 교류의 각 분야에 걸친 사업을 전개하고 있다.

*슈겐도(修験道)는 산 속에서 어려운 수행을 닦음으로 깨달음을 갖고자 하는 것을 목적으로 한 일본 고래의 산악신앙이 불교에 접목되어진 일본의 독특한 종교이다.

**쿠로카와노(黒川能)는 야마가타현(山形県)의 쇼나이(庄内)지방에 전해지고 있는 전래 예능이다. 1976년에 국가 중요 무형 민속문화재로 지정되었다.

· 지역만들기의 노하우 ·

과제 수량이 적은 생산자의 고령화 등에 따라 재래작물 계승이 위험해지고 있다

▶ 생산자와 요리인, 연구자가 연계해서 음식문화로서의 재래작물의 매력을 불러 일으키고 새로운 조리법을 보급하기 위한 레시피 북을 발행하고 있다.

과제 지역의 음식문화가 관광분야에서 충분하게 살려지지 못하고 있다

▶ 시민에 의한 [츠루오카(鶴岡) 풍토 가이드]를 육성함으로서 음식문화를 관광자원으로서 방문자를 안내하는 구조를 구축. 또한 [츠루오카 노렌]이나 [쇼나이사케(庄内酒) 축제]등 음식문화를 테마로 하는 관광객유치 이벤트를 개최하고 있다.

과제 식생활 변화로 인해 생활습관병(生活習慣病)이 증가하고 있는 것 이외에도 젊은 세대에게 지역 음식문화의 장점이 충분하게 전해지지 못하고 있다

▶ 생산자와 요리인, 학교, 행정 등이 연계해서 건강식 보급활동과 어린이들에 대한 음식 교육을 실시하고 있다.

쇼나이사케(庄内酒)축제

모든 츠루오카産 급식

대응성과

산관학민(産官学民)이 연계해서 사업을 구축하고 실천함으로써 음식문화 진흥에 대한 기운이 상승함과 동시에 국내외에 있어서의 프로모션에 의해 일본 최초의 유네스코 창조도시 네트워크 음식문화 분야에 가맹인정이 실현되었다. 주요 대응으로는 재래작물과 쌀, 해산물, 산채 등의 식문화와 조리법을 총정리한 레시피책을 발행함으로서 지역 음식문화 매력 재발견과 효과적인 정보발전으로 이어졌다.

내방하는 방문객에 대해 츠루오카시의 식문화를 안내하는 [츠루오카 풍토 가이드 활동 촉진사업] 실시와 [츠루오카 노렌], [쇼나이사케(庄内酒)마츠리] 개최 등으로 관광객 유치가 촉진되어서 음식관련 산업의 진흥과 새로운 비즈니스 창출에 기여하고 있다. 또한 모든 츠루오카産 급식과 요리인에 의한 어린이들의 음식교육을 실시하는 등 **시민과 행정이 일체가 된 바른 식생활 교육에 대한 대응이 활발하게 진행되고 있다.**

鶴岡市の観光入込客数と延べ宿泊者数

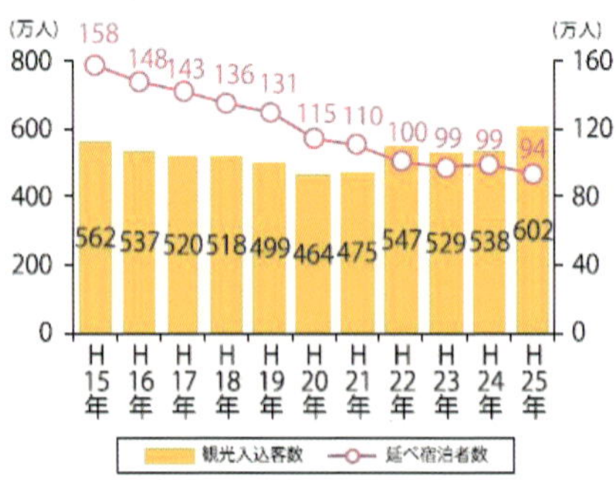

出典：鶴岡市

문의 : 츠루오카 식문화 창조도시 추진 협의회

山形県鶴岡市馬場町9番25号

TEL : 0235-25-2111

URL : http://www.creative-tsuruoka.jp/

전통문화 · 사적(史蹟) · 전통예능

역사적 거리와 전통공예, 산업집단을 활용한 창조도시 만들기

[실시주체 : 카나자와시(金沢市)등]

▶ 역사와 전통을 반영한 사람들과의 생활과 양호한 환경을 살린 마을 만들기

▶ 문화와 산업 환경에 의한 마을의 발전

시내에 4개 지구가 존재하는 중요 전통 건조물군 보존지구 중 하나인[히가시 찻집 거리]

대응 개요 카나자와시의 역사도시 · 창조도시의 마을 만들기

카나자와시에서는 전국 어느곳보다 앞서서 경관행정에 진력해 왔기 때문에 1968년에 [카나자와시(金沢市) 전통환경 보존 조례]를 제정했다. 이후 구(舊) 성곽도시의 역사적인 분위기를 보전하고, 개성이 풍부한 독자적인 마을 만들기를 진행해 왔다.

한편, 공예분야에 있어서는 제2차 세계대전이 막 끝난 1946년에 공예미술의 계승발전과 지역문화와 산업 진흥을 목표로 카나자와 미술공예대학을 설립하고 1989년에는 시정 100주년 기념사업으로서 카나자와 우타츠(卯辰山)산 공예공방을 설립했다. 전문기

술을 가지고 있는 젊은 공예가를 전국에서 공모. 창조적인 제작을 통해 시대변화에 대응할 수 있는 공예가 육성과 전통산업 진흥을 목표로 하고 있다.

또한 전통적인 문화에 덧붙여 카나자와(金沢市) 시민 예술촌과 카나자와 21세기 미술관 개설 등 마을에 새로운 숨결을 불어 넣는 시책을 적극적으로 실시하고 있다.

카나자와의 21세기 미술관

지역의 특징

카나자와시는 오늘에 이르기까지 마을전체가 전화(戰禍)에서 비켜난 덕분에 옛날의 유구한 마을풍경이 지금도 남아있고 또한 역대의 영주들이 장려해 온 옷칠, 금속세공, 도자기, 염색 등의 공예와 다도(茶道), 노(能), 호가쿠(邦楽:일본음악) 등의 예능이 시민의 삶에 자리잡고 있어 미(美)에 대한 풍부한 감성과 격조높은 기예를 키우고 있다.

카나자와 시민 예술촌

대응체제

2001년부터 경제단체를 중심으로 전세계의 창조적인 사람들이 카나자와로 모여 도시문화, 도시정책에 대해 토론하고, 이야기하면서 교류하고, 21세기 세계의 도시문제 해결에 기여하는 제안을 발표하고 이를 통해 전세계 도시를 향해 개최된 지속적 국제회의로서 [카나자와 창조도시 회의]를 개최했다. 본 회의에서 이루어진 제안을 받아들여 2008년에 공예단체, 경제단체, 시민단체 및 행정으로 어울어진 카나자와(金沢) 창조도시 추진위원회]를 조직하고 경제단체・산업계와 교육기관이 밀접하게 연계해서 각종 시책에 골몰하고 있다. 또한 역사를 통한 마을만들기 추진에 있어서는 문화재 애호 추진위원 등의 육성과 지역의 보존단체, 마을만들기 협의회, NPO 등과 연계에 의해 역사문화유산의 보존과 활용에 힘쓰고 있다.

· 지역만들기의 노하우 ·

과제 지역에 남아있는 역사상 가치가 높은 건조물과 역사적인 마을거리, 역사와 전통을 반영한 사람들의 생활과 전통문화 활용

▶ 역사적 건조물 등에 대한 지원, 문화적 경관 보존 계획 책정 등, 보존과 활용을 위한 각종 대응을 실시하고 있다.

과제 전통 공예품 산업의 진흥

▶ 일반사단법인 카나자와(金沢) 크래프트 비즈니스 창조기구의 설치에 의한 [크래프트의 비즈니스화]를 위한 판로 확대와 정보 발전 등의 기능을 강화하고 있다.

과제 수도권에 대한 발전

▶ [dining gallery 긴자(銀座)의 카나자와]를 개설하여 카나자와의 공예와 음식 문화를 수도권에서 발전하고 있다.

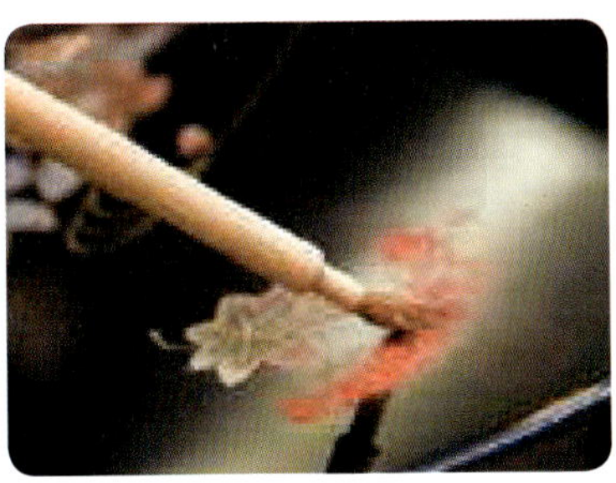

카나자와 칠기의 마키에(蒔絵)체험

dining gallery 긴자(銀座)의 카나자와

대응성과

역사적인 마을거리를 살린 대응으로 [역사를 통한 마을만들기법]에 기초한 역사적 풍치 유지 향상 계획 제1호 인정도시가 되었다. **공예 분야에 있어서는 유네스코 창조도시 네트워크의 크래프트 & 훠크 아트 분야로서 일본 국내에서 처음 등록 인증되었다.**

카나자와 21세기 미술관에서는 연간 입장객수가 150만명 전후로 추정해 왔지만, 개관 10주년을 맞은 2014년에는 과거 최다인 176만명이 방문했다.

金沢市の観光入込客数と延べ宿泊者数

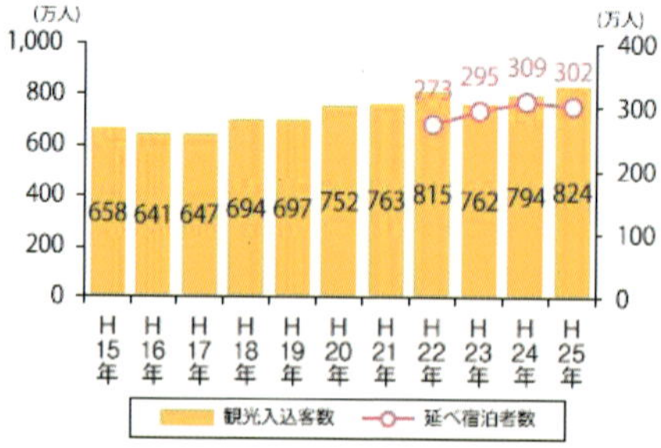

出典：観光入込客数：統計からみた石川県の観光（石川県）
延べ宿泊者数：宿泊旅行統計調査報告（観光庁）

문의 : 카나자와시(金沢市) 도시정책국 기획조정과
石川県金沢市広坂1−1−1
TEL : 076-220-2031
URL : http://www4.city.kanazawa.lg.jp

전통문화 · 사적 · 전통예능

거점중시형 관광과 가치창조형 관광의 균형잡힌 시책 추진

[실시 주체 : 아사고시(朝来市)]

- 착지형* 관광으로 전개
- 경제 파급효과의 실효성을 높이는 대응을 전개
- 새로운 관광을 통한 마을만들기 추진체제 구축

타케다성(竹田城)유적(사진제공 : 吉田利栄)

*착지형(着地型)관광은 여행객을 받아들이는 지역에서 개발된 여행상품을 말한다. 관광객을 받아들이는 지역이라는 특성을 살린 프로그램을 기획하여 참가자가 현지에 집합, 현지 해산이라는 새로운 관광형태를 가리킨다. 도회지에 있는 여행사가 관광객을 모아 목적지로 데리고 가는 일반적인 형태인 [출발지형 관광]에 비해서 지역진흥과 잘 맞는 형태로 기대되고 있다.

대응 개요 거점중시형 관광과 가치창조형 관광 (관광을 통한 마을만들기)의 균형잡힌 시책 추진

아사고시(朝来市)의 관광거점인 타카다성(竹田城) 유적과 이쿠노긴잔(生野銀山)*을

*효고현(兵庫県)의 아사고시(朝来市)에 남아있는 일본 유수의 은(銀)을 캐는 광산이다.오다노부나가, 토요토미히데요시, 토쿠가와히데요시 시대 막부의 직할 광산이었으며, 메이지시대(1868)가 되면서 정부 직할광산, 그 후 황실 소유가 되었다 1973년에 폐광이 되었다.

축으로 하여, 그 주변 마을의 매력과 아사고시에 점재하고 있는 다른 자원의 매력을 높여서 지역 내외로 발전한다. 또한 관광의 대상이 되는 자원이 일상생활 속에 보이는 삶의 모습이고, 그곳에서 살아가는 사람 그 자체가 되는 것이다. 일상적이지 않은 것에 관심을 갖기 보다 전원(田園)이라는 공간에서의 생활과 마을에 전래되는 문화 등 일상과 더불어 존재하는 [다른 일상]에 대해 그 지역을 찾아오는 사람과의 커뮤니케이션을 통해서 즐거움을 중시하고, ① 타케다성 유적・이쿠노긴잔(生野銀山)을 전략적으로 살린 PR ② 철저한 마케팅 수법에 의한 정보발전 ③ 주변지역과 연계한 지역을 통째로 즐길 수 있는 관광 프로그램 구축 ④ 둘도 없는 '우리 마을'의 지역 자원을 발견해서 그것을 활용한 관광을 통한 마을만들기 ⑤ 지역을 알자, 전달하자는 관광을 통한 마을만들기 전개 ⑥ 관광진흥에 의한 지역 내의 소비확대와 고용 촉진 ⑦ 관광진흥 추진을 담당하는 조직의 육성 강화 등 7가지 기본방침을 정해서 추진하고 있다.

지역의 특징

아사고시(朝来市)는 효고현(兵庫県) 북부의 타지마(但馬)지방의 남단에 위치하고 있다. 츄고쿠(中国)산지에 속하며 산간부가 많고 이즈시이토이(出石糸井)현립 자연공원 및 아사고군잔(朝来群山) 현립 자연공원이 있다. 기후는 동해측 기후・내륙성 기후이며 한난(寒暖)의 차가 크고 강설량이 많은 지대이다. 동해와 세토내해(瀬戸内海)의 분수령이 되어 있고 시(市) 북중부를 마루야마(円山)강이 북쪽으로 흐르고, 남쪽으로는 이치카와(市川)강이 남쪽으로 흐르고 있다. 철도는 산인(山陰)본선과 반탄선(播但線), 국도로는 국도 9호와 국도 312호 등이 합류하고, 케이한신(京阪神)지구와 탄바(丹波)지방・산인(山陰)지방에 이르는 요충지이다.

대응체제

아사고시(朝来市)는 타케다성(竹田城) 유적, 이쿠노(生野) 은광산, 차스리야마(茶すり山)고분 같은 풍부한 역사자원이 풍부하긴 하지만 한편으로는 타케다성 유적의 성수기에 일어나는 교통정체 문제와 경제효과 결여 등의 과제를 많이 끌어 안고 있고, 이러한 대책이 후순위로 밀려나 있는 실정이다. 또한 관광시설, 행정과의 연계 부족과 지역에서의 관광에 대한 이해도 부족 등 문제와 과제가 산적해 있다.

옛날 쇼와(昭和)라는 그리운 시간대로 타임슬립하는[카나야축제(銀谷祭り)]

5세기 전엽 대형 원분으로는 킨키(近畿)지방 최대규모인 [차스리야마(茶すり山)고분]

이쿠노(生野)은 광산
오다노부나가, 토요토미히데요시, 토쿠가와이에야스로 이어지는 막부 직할광산으로 번영했으며, 메이지정부 때는 관영광산이 되었다가 그 후에 왕실재산으로 귀속된 1,200년 역사를 가진 대광산

이쿠노(生野) 하야시 라이스
이쿠노 광산으로 번영을 갈구하던 1955-1965년대에 광산 사택에서 즐겨 먹었던 기억에 남는 서양식을 재현

건강 돈부리
입에 넣고 씹을 때마다 맛이 입안으로 가득 퍼지는 경산(經産)* 타지마(但馬)소고기와 이와츠(岩津) 파를 사용한 콜라보레이션

· 지역만들기의 노하우 ·

과제 타케다성(竹田城)유적을 중심으로 하는 산업 진흥

▶ 타케다성(竹田城)유적, 성곽마을 주변의 관광기반 정비에 따른 대중성 창출, 아사고시(朝来市)의 역사 · 산업유산, 마을 거리, 자연경관, 온천, 음식, 사람들의 생활 · 문화 등의 자원을 살린 시내관광 주유 루트와 광역관광 연계 루트를 설정해서 시(市) 전체가 나서 관광객 유치 확대를 위해 노력하여 관광관련 산업 활성화에 진력하고 있다.

대응성과

타케다성(竹田城)유적의 관광객은 계속해서 급격한 증가세를 보이고 있어 2013년도에는 약 50만명이 방문했다. 그에 따라 관광 자원봉사 가이드 수요가 매년 증가해서 가이드 증원 등을 통해 관광객에 대한 환대 체제를 정비해 왔다.

이 밖에도 [이와츠(岩津)의 파]와 [타지마(但馬) 소고기] 등의 뛰어난 농산물, 이를 사용해서 만든 가공품 판매와 타지마・식문화 축제, 이쿠노(生野)의 카나야(銀谷)축제 등 관광객에 대한 집객력이 큰 이벤트 개최를 통해 최근의 아사고시(朝来市) 전체를 방문한 관광객 수는 조금씩 증가하고 있다.

金沢市の観光入込客数と延べ宿泊者数

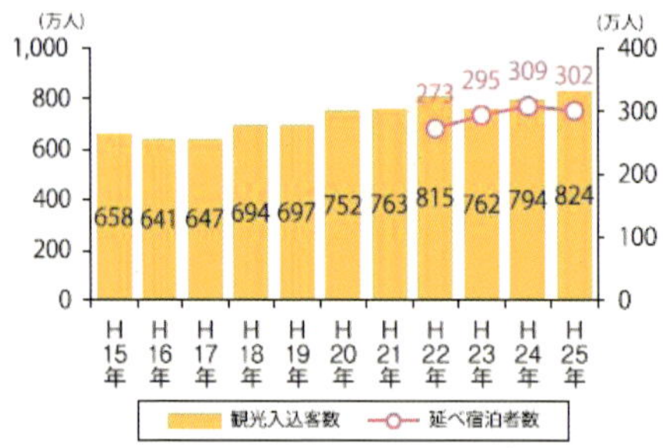

出典：観光入込客数：統計からみた石川県の観光（石川県）
延べ宿泊者数：宿泊旅行統計調査報告（観光庁）

문의 : 아사고시(朝来市) 산업진흥부 관광교류과
兵庫県朝来市和田山町東谷213-1
TEL : 079-672-4003
URL : http://www.city.asago.hyogo.jp

전통문화 · 사적 · 전통예능

탄광과 관련있는 시설 · 문화를 활용한 지역만들기

[실시 주체 : 이이즈카시(飯塚市)]

▶ 탄광촌에서는 직접적으로 이미지하기 어려운 호화 저택과 달콤함이라는 의외의 관계성을 정보 발전함으로서 지역 활성화 기여

큐슈(九州) 탄광왕인 이토 덴에몬(伊藤伝右衛門)과 단가 가인(歌人)인 야나기와라 뱌쿠렌(柳原白蓮)이 살았던 저택

대응 개요 탄광과 관련된 시설 · 문화를 활용한 지역만들기

일찍이 탄광마을로 번영했었지만 이제는 탈 석탄화에 맞춰서 대학을 유치하는 등 학원 도시로서의 변신을 통해 지역만들기에 진력해 왔다. 구 이토 덴에몬(伊藤伝右衛門) 저택을 이이즈카시(飯塚市)가 소유권을 갖게 되면서 저택을 활용하여 이제까지 탄광마을로 쌓아 왔던 문화 · 매력을 발전하는 관광지 만들기에도 노력을 기울이고 있다.

구 이토 덴에몬(伊藤伝右衛門) 저택에 있어서는 주변 정리를 통해서 버스가 진입할 수 있도록 했다. 이에 맞추어서 다른 탄광의 유적지에 대해서도 정보를 발전함으로서 지역

의 매력을 한층 높이고 있다. 또한 달콤한 과자는 탄광 노동자들의 피로에 지친 몸을 달래주기 위해 빠질 수 없는 먹거리가 되었고, 과자 제조가 성행했었던 옛날을 되살려서 이이츠카(飯塚)의 과자 제조 전문가와 연계해서 KURO SELECTION이라는 브랜드를 만들어 냈다.

이처럼 지역이 가지고 있던 옛날의 탄광마을로서의 유산에 대한 가치를 재 발견해서 이를 재 구축하고 정보를 새롭게 발전함으로서 지역 활성화로 이어지도록 했다.

지역의 특징

이이즈카시(飯塚市)는 후쿠오카현(福岡県)의 거의 한가운데에 위치하고 있다. JR은 후쿠호쿠 유타카(福北ゆたか線)선, 하루다선(原田線), 고토지선(後藤寺線)이 달리고 있고, 쾌속전차로 이이즈카역(飯塚駅)부터 하카타역(博多駅)까지 44분, 오구라역(小倉駅)까지 58분이라는 편리성을 통해 양쪽 정령지정도시(政令指定都市)*로의 통근・통학권 내에 위치하고 있다. 이 지역은 나가사키(長崎)가도의 숙박지, 치쿠호(筑豊炭田) 탄전 시대의 중심지라는 역사적인 변천을 배경으로 후쿠오카현(福岡県)지역의 중심도시임과 동시에, 3개 대학이 자리한 문화성・창조성을 가진 정보산업도시, 학원도시로 자리잡고 있다.

풍부한 자원을 빛내고, 사람들이 많이 찾아오는 마을만들기를 하기 때문에 관광진흥에도 노력하고 있고, 2007년 4월 말부터 일반공개한 구 이토 덴에몬(伊藤伝右衛門) 저택을 비롯해서 시내에 점재하고 있는 가호(嘉穂)극장, 구 나가사키(長崎)가도・우치노(内野)**숙소 등의 역사적 유산을 활용한 관광 루트 정비에도 노력하고 있다. 2006년 3월 26일에 이이즈카시(飯塚市), 호나미(穂波町)마을, 치쿠호(築穂町)마을, 쇼나이(庄内町)마을, 카이타(頴田町)마을이 합병해서 [사람이 빛나고, 마을이 비약하는, 살기 좋은 마을, 언제까지나 살고 싶은 마을]을 도시의 목표로 삼아서 **시민과의 협동을 통해 만들어 가는 마을만들기에 진력하고 있다.**

*정령지정도시(政令指定都市)는 정령(政令)에서 지정하고 있는 법정인구 50만명 이상인 도시를 말한다. 정령시(政令市)라고도 한다.

**나가사키(長崎)가도・우치노(内野)숙소는 에도시대 그대로 길이 남아 있고 숙박지로 사용했던 모습을 그대로 간직하고 있다.

대응체제

이이즈카시(飯塚市)가 세운 도시의 목표 실현을 향해 관광분야의 개별계획으로 책정된 [이이즈카시(飯塚市) 관광진흥 기본 계획서]를 기초로 시민・민간 사업자・교육 연구기관・행정・관광협회의 역할을 명확하게 하고, 이들 각각이 연계해서 관광기반에 대한 정비, 시민에 의한 관광 자원봉사 조직 결성, 새로운 관광자원 등에 대한 발굴, 정보발전 등에 진력하고 있다.

에도시대 카부키(歌舞伎)양식을 전해주는 목조 2층 양식의 [카호(嘉穂)극장]

지금은 녹음에 둘러 쌓여 [치쿠호(筑豊) 후지(富士)]라는 별명이 붙어 있는 [타다쿠마(忠隈)의 보타(捨石)산]

이이즈카(飯塚)의 과자 장인과 연계해서 만든 브랜드[KURO SELECTION]

・지역만들기의 노하우・

과제 관광명소의 인지도가 낮다

▶ 구 이토 덴에몬(伊藤伝右衛門), 가호(嘉穂)극장 등의 지역에 뿌리 내리고 있는 문화・시설을 잘 다듬어서 정보를 발전함으로서 관광지로서의 매력을 발전하고 있다.

→ 이토 덴에몬(伊藤伝右衛門)과 뱌쿠렌(白蓮)

과제 탄광이라는 소재가 어두운 이미지

▶ 중노동을 하면서 달콤한 과자를 먹는 문화가 지역에 남아 있고, 지역민이 아니면 알 수 없는 부분을 적극적으로 알림으로서 다양한 지역의 매력을 정보 발전하고 있다.

대응성과

종래의 구 이토 덴에몬(伊藤伝右衛門)과 가호(嘉穂)극장을 중심으로 한 근대화 산업유산을 관광진흥의 축으로 삼으면서 다른 한편으로 폭 넓은 층의 관광객을 대응하기 위해서 시내 각지에 있어서의 관광자원 발굴에 노력해 왔다. 2011년에 설립한 [KURO SELECTION]은 매년 판매고가 증가하고 있고 새로운 층의 관광객 모집이 성공적으로 이루어지고 있다.

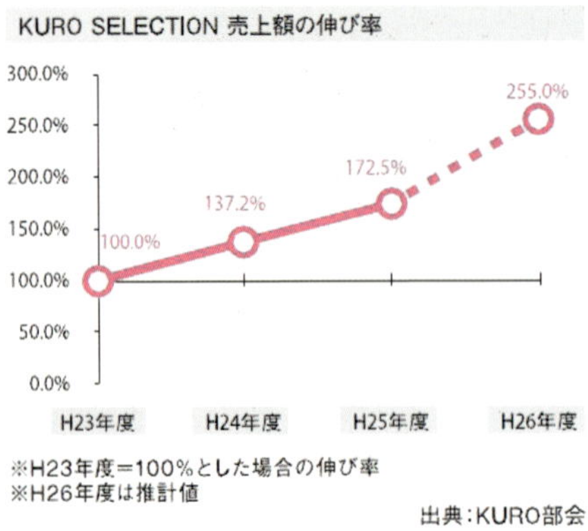

문의 : 이이즈카시(飯塚市) 경제부 상공관광과

静岡県飯塚市新立岩5番5号

TEL : 0948-22-5500

URL : http://www.city.iizuka.lg.jp/

전통문화 · 사적 · 전통예능

히라도(平戸) 네덜란드 상관(商館)*을 활용한 마을만들기

[실시 주체 : 히라도시(平戸市)]

- 지역을 상징하는 역사문화를 기반으로 한 시설 재현
- 알기쉬운 콘셉의 공유를 통한 시민과 일체가 된 관광지 만들기

약 370년이라는 세월을 뛰어 넘어 오늘에 다시 살아난 히라도(平戸)의 네덜란드 상관(商館)

대응 개요 히라도(平戸) 네덜란드 상관(商館)을 활용한 마을만들기

히라도시(平戸市)는 국내외로부터 많은 사람들이 방문하여 시민과 교류하고, 즐겁고 쾌적하게 보낼 수 있는 마을만들기를 지향하고 있다. 히라도는 예부터 해외와 교류를 했었던 역사가 있기 때문에 히라도 네덜란드 상관(商館)을 활용해서 [걸어서 즐기는 항구도시 만들기]를 전체 테마로 정해서 노력하고 있다. 이 대응은 시외(市外) · 해외(海外)로부터 오는 손님을 맞이하는 시스템 만들기와 시책 실시에 따른 시민간의 교류를 키워드로 플랜을 만들었다.

각종 시책을 시민, 관계있는 각종 단체, 시(市)와 연계해서 추진하고 있다. 시책의 큰 기

둥은 ①복원시설 활용 ② 온고지식(溫故知食) ③ 마을 걷기와 사람만들기 ④ 정보발전이라는 4개의 기둥을 중심으로 팀을 만들고 플랜을 책정・실시하고 있다. 그 후에도 계절마다 이벤트 조성, 역사상의 인물로 분장한 시민이 안내하는 환대, 외국인을 통한 외국어 홈페이지를 작성하는 등의 대응을 통해 관광객의 증가가 순조롭게 증가하고 있다.

당시에 히라도(平戸)에 들어온 물품의 복제품을 다수 전시중

역사에 나오는 인물로 분장한 시민에 의해 환대마인드 가득한 안내

히라도(平戸)에 임항했던 리후데 호

매월 4주차 일요일, 히라도 존더그의 날 사키가타(崎方)마을 여러분

지역의 특징

히라도(平戸)는 히라도 섬 외에 4개의 유인도 및 큐슈(九州) 본토의 북부 연안부에 위치하는 타비라(田平町)마을과 주변에 포진해 있는 다수의 섬들로 구성되어 있다. 풍부한 해안선에 둘러쌓인 히라도시(平戸市)는, 농수산업을 기간산업으로 관광도시로서도 널리 알려져 서해국립공원의 북쪽 현관 역할을 함으로서 연간 약170만명의 여행객이 방문하고 있다. 오랜 역사 속에서 먼 옛날부터 바닷길을 통해 아시아, 유럽 각국과 교류가 성행했고, 당시를 떠올릴 수 있는 사적들이 지금도 시내 곳곳에 남아있어 이국적인 정서를 띠고 있다.

최근 새롭게 관광을 통한 마을만들기를 진행시키고 있어 삶 속에 잊혀졌던 역사적인 건조물과 역사를 떠올릴 수 있는 마을 풍경을 오늘에 다시 살아 숨쉬게 하고자 농림수산업과 일체화시킨 각종 시도를 시작하고 있다.

대응체제

시(市)가 중심이 되어 [히라도(平戸) 네덜란드 상관을 활용한 마을만들기 리액션 플랜]을 책정하고, 히라도의 네덜란드 상관 복원을 단순하게 건물만 복원시키는 것이 아니라, 앞으로 마을만들기에 활용할 수 있는 시책으로서의 위상을 구상하여 대응하기로 했다. 이 액션 플랜은 히라도 네덜란드 상관 오픈을 염두에 두고 어필하고자 하는 단기 액션플랜과 지역자원을 활용한 사업기획을 시행하는 중·장기 액션 플랜으로 이루어져 있고, **이제까지 행정이 주도했던 마을만들기가 아니라 관민이 협동해서 마을만들기를 실현함을 목적으로 하고** 있다. 또한, 이런 대응 전체가 마을만들기의 모델로서 다른 지역으로 파급됨으로서 자립적인 지역 확립을 추진할 수 있도록 하고 4개의 핵심주제마다 민간의 인재와 함께하는 프로젝트 팀을 만들어 각각의 사업내용에 진력하고 있다.

· 지역만들기의 노하우 ·

과제 지역 특색을 전하기 쉽지 않다

▶ 지역의 역사와 문화를 대표하는 시설 등을 복원시킴으로서 그 지역의 역사·문화·특색을 시각적으로 표현하고 있다.

과제 시설·이벤트는 일회성이 되기 쉽다

▶ 뿌리내린 문화를 통해 마을만들기를 함으로서 일상적으로 연출함과 동시에 계절마다 이벤트를 실시함으로서 계속적으로 방문객이 찾아올 수 있도록 대응전략을 짜고 있다.

대응성과

2009년 4월에 히라도(平戸)대교와 이키츠키(生月)대교의 통행료 무료화, 2011년 9월의 히라도(平戸) 네덜란드 상관 오픈과 같은 외부적 요인과 시민·각종 단체·시(市)가 함께 연계한 대응결과 2009년부터의 관광객수와 비교하면 각종 재해로 인해 방문객 수가 대폭적으로 감소한 2011년을 제외하면 순조롭게 증가하고 있는 상황이다. 외국인 숙박객 또한 증가하고 있고 2013년은 전년대비 약 90% 증가세를 보였다.

平戸市の観光入込客数と延べ宿泊者数

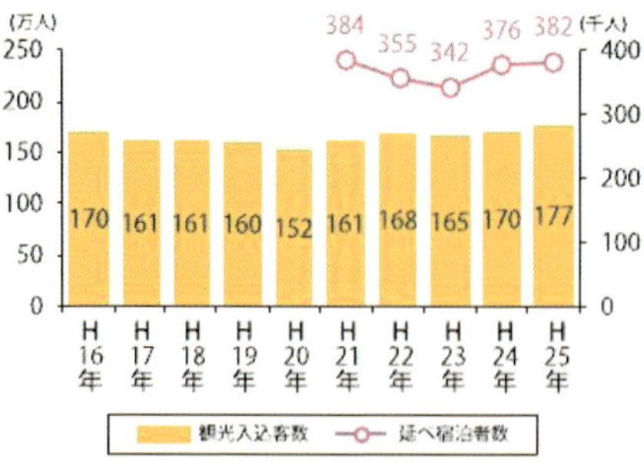

出典：平戸市観光統計

平戸市の観光消費額（全体）

H16年	1.19倍 →	H25年
約8,823,270千円		約10,518,000千円

문의 : 히라도(平戸)시 지역협동과
　　　平戸市岩の上町1508番地3
TEL : 0950-22-4111
URL : http://www.city.hirado.nagasaki.jp/city/

화산

화산 방재 해설가 [토야호(洞爺湖) 우스(有珠)화산의 마이스터]육성

[실시주체 : 홋카이도(北海道) 이부리(胆振) 종합진흥국 및 토야호 우스산 지오파크* 추진협의회]

- 화산 방재 해설가 [토야호(洞爺湖) 우스(有珠) 화산의 마이스터] 육성
- 수학여행 학생 등 관광객에 대한 화산 지식과 매력 발전

분화로 인한 재해를 설명하는 토야 우스화산 마이스터

*지오파크(ジオパーク)란 지구 · 대지를 가리키는 Geology와 공원 Park를 조합한 말로, '대지의 공원'을 의미한다. 과학적 · 문화적으로 귀중한 지질유산을 포함한 자연공원으로, 지역의 역사와 지질현상을 나타내는 지질유산을 보전하고, 지구과학과 환경문제의 교육 · 보급활동을 행함과 함께 관광자원으로서 활용한다. 2016년 9월 현재 일본에는 43개 지역의 일본 지오파크가 일본 지오파크 위원회에 의해 인정받았다.

대응 개요

화산의 [매력]과 [재해를 대비하는 지혜]를 전수하는 해설가 [토야호 우스 화산 마이스터]

히라도시(平戸市분화를 반복하고 있는 우스(有珠)화산과 지역이 공생하고 있기 때문에 지역주민 가운데서 우스(有珠)화산의 특성을 이해하고, 이를 해설할 수 있는 담당자를 육성하기 위해 홋카이도(北海道) 이부리(胆振) 종합진흥국의 독려로 지역에서 부르는 호칭으로 [토야호(洞爺湖) 우스(有珠)화산 마이스터]인증을 시작했다.

현재 35명의 화산 마이스터 인증을 받았고 방재를 위한 강좌와 필드 학습회 강사, 집필 활동 등 다방면에서 활약하고 있다. 또한 화산 마이스터는 세계 지오파크 인정을 받은 [토야호(洞爺湖) 우스(有珠)화산 지오파크]의 매력을 발전하는 역할도 담당하고 있고, 많은 화산 마이스터가 관광객을 위한 가이드와 교육여행의 안내역으로 활약하고 있다. 화산 마이스터가 안내하는 투어에서는 화산의 분화뿐만 아니라 지진과 츠나미, 도샤(土砂)재해* 등 다양한 자연재해까지 폭넓게 설명하고 질문에 답해주기 때문에 전국으로부터 방문한 관광객에게 호응을 받으면서 교육여행의 강사로서도 매년 의뢰가 증가하고 있다.

*도샤(土砂)재해란 폭우와 지진으로 인해 사면붕괴, 랜드 슬라이드(land slide), 토석류(土石流) 등에 의해 생명과 재산을 위협하는 재해를 가리킨다.

산업관광 에스코터

학교에서 방재교육의 강사로서 활동

교육여행을 통해 재해와의 공생을 설파

지역의 특징

우스(有珠)화산의 화산활동은 토야(洞爺湖)호 온천을 탄생시켰고 멋진 자연경관을 만들어 내는 등 지역에 커다란 혜택을 내려주는 반면 일단 분화가 일어나면 지역경제로의 영향이 매우 크다. 우스(有珠)산은 20세기에 4번의 분화를 일으켰다. 또한 분화를 할 때마다 활동장소를 바꾸는 특징이 있고, 2000년의 분화는 산 주변의 시가지에서 일어났다.

대응체제

인증제도의 운영은 [토야(洞爺湖)호 우스(有珠)화산 마이스터 운영위원회]가 담당하고 1년에 한 번 있는 인증심사는[토야(洞爺湖)호 우스(有珠)화산 마이스터 인증 심사위원회]가 실시하고 있다.

스스로의 경험을 들려주는 화산 마이스터

인증자들로이루어진 임의단체인 [토야(洞爺湖)호 우스(有珠) 화산 마이스터 네트워크]도 설립하여 활동의 충실도를 더욱 높이고 있다.

· 지역만들기의 노하우 ·

과제 우스(有珠)화산과의 공생

▶ 지역이 우스(有珠)화산과 공생하기 위해서는 화산 마이스터가 [혜택]과 [재해]라는 양쪽 측면을 이해하고, 지역 내외에 이를 발전하고 있다.

과제 2000년 분화 이후에 감소했던 교육여행에 대한 요청

▶ 대규모 재해가 계속되고 있는 일본에서 방재교육을 요청하는 교육여행이 증가하고 있는 현상이 일어나고 있어, 화산 마이스터의 강사활동은 그 니즈에 대응하고 있다.

대응성과

화산 마이스터가 전문가와 주민 사이에서 우스(有珠)화산의 특성을 설명함으로서, 지역주민의 이해가 깊어지고, 지역의 방재교육이 한층 촉진되었다.

또한 과학적 지식을 근거로 한 설득력있는 가이드 활동이 가능해짐으로서 각종 투어에서 강사로서도 활동하게 되었고, 화산 마이스터를 강사로 모셔달라는 교육여행의 수요가 꾸준하게 증가하고 있다.

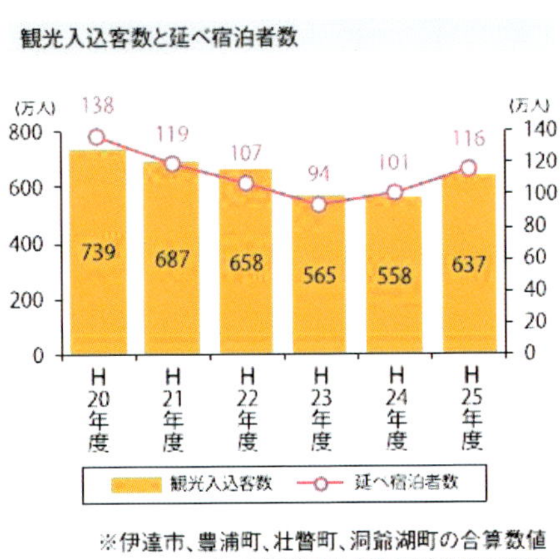

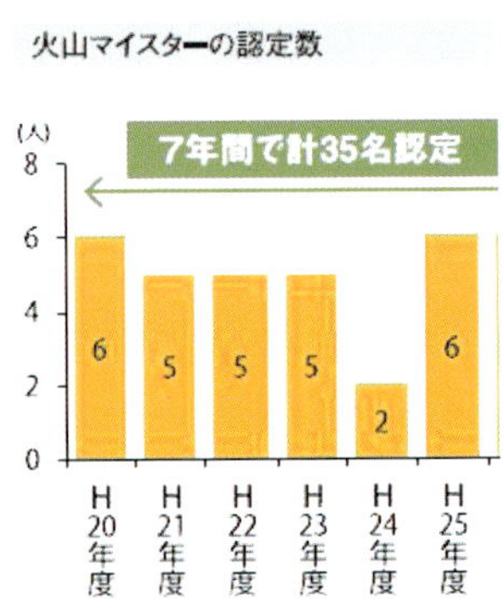

문의 : 토야(洞爺湖)호 우스(有珠)산 지오파크 추진협의회

北海道虻田郡洞爺湖町栄町58　洞爺湖町役場内

TEL : 0142-74-3015

URL : http://www.toya-usu-geopark.org/

화산

후지산(富士山) 호에이(宝永)화구 트래킹 가이드

[실시 주체 : 후지(富士)지역 관광진흥 협의회]

- 학술적인 정보와 등산자의 룰 · 매너 등을 소개한 일본어·영어 2개국어 가이드북 제작
- 삼림(森林) 인스트럭터 자격을 가진 트래킹 가이드 조직 구축
- 시(市) 내외부의 관광 관계자에게 가이드북을 보내서 PR

호에이(宝永)화구를 조망

대응 개요 단체투어를 받아들이기까지의 경과

후지산(富士山) 정상 등반은 일반인은 등산시즌인 7월 중순에서 9월 상순인 2개월간 밖에는 오를 수가 없다. 게다가 일정한 체력과 충분한 장비가 필요한 등반이다.

그러나 후지노미야(富士宮) 5번째 스테이션을 발착점으로 하는 호에이(宝永)화구 트래킹은 6월부터 10월까지 5개월간 즐길 수 있다. 또한 호에이(宝永)화구는 후지산 정상까지 갈 수 있는 체력에 자신이 없는 사람이나 어린아이들도 충분히 즐길 수 있는 코스이다.

호에이(宝永)화구 트래킹은 이전에도 실시되고 있었지만, 학습적 내용이 많아 일반 관광객에게는 외면받는 상품이었다.

후지산의 학술적 정보와 등산자에게 요구되는 룰・매너 등도 게재하고 있는 일본어·영어 2개국어 표기의 가이드북을 제작해서 동행하는 가이드가 없더라도 개인적으로 충분히 즐길 수 있게 했다.

시즈오카현(静岡県)과 관광협회, 그 밖의 다른 시 관광 관계자에 대한 PR이 큰 반향을 얻고 있어서 보다 편리성을 높이기 위해 삼림 인스트럭터 자격자 조직을 가이드로 임명해서 단체객을 받을 수 있는 시스템을 구축했다.

트래킹 가이드가 설명하는 모습

지역의 특징

후지시(富士市)에는 신칸선(新幹線)이 머무는 역은 있지만 후지산 세계문화유산에 속해 있는 구성자산이 산역 이외에는 없다는 점이다. 후지미야시(富士宮市)는 이와는 반대로 신칸선이 멈추는 역은 없지만 구성자산이 다수 존재한다. 이곳을 찾는 방문객에게는 후지시(富士市)・후지미야시(富士宮市) 지역을 가르는 행정구역 경계에 관계없이 두 지역은 이전보다 [F지역]로서 행정구역을 넘어서 함께 움직이고 있다.

마구 노출돼 있는 용암

트래킹 가이드북

대응체제

후지(富士)지역 관광진흥 협의회가 PR활동을 통해 (일반사단법인)후지산 관광교류 뷰어로가 원 스톱 서비스 마인드로 방문객과 가이드 대응자를 연결시켜주고 있다. 동행하는 트래킹 가이드는 삼림 인스트럭터가 모여서 만든 임의 조식에서 대응하고 안전상 일어날 가능성이 있는 리스크에도 대응하고 있다.

· 지역만들기의 노하우 ·

과제 호에이(宝永)화구 트래킹 가이드 구축

▶ 과거에는 후지미야시 관광 자원봉사협회가 실시해 왔지만, 그 이후 중단되어 조직이 없어지는 등의 어려움 속에서 관광객 유치를 할 수 없는 상태가 되었다. 현재는 임의 조직을 통해 방문객들을 대응하게 하여 이 문제를 해소했다.

과제 시민들에 대한 PR활동

▶ 지역으로부터 자발적인 정보발전을 위해 우선 지역민들에게 체험할 수 있는 기회를 제공하는 이벤트를 개최하고 있다.

대응성과

후지산 호에이(宝永)화구 트래킹 가이드북을 2만부 인쇄해서 배포함과 동시에 호에이(宝永)화구 전문 가이드를 조직해서 유료로 가이드할 수 있는 체제를 구축했다.

(일반사단법인)후지산 관광교류 뷰어로가 창구가 되어 각 단체를 받아들이고 시행하고 있다. 시민을 향한 PR이벤트를 2회에 걸쳐 개최하여 총66명이 참가했다. 또한 2014년도 실적은 3개단체 · 버스 6대로 전체 참가자는 225명이었다.

문의 : 일반사단법인 후지산 관광 교류 뷰어로
静岡県富士市川成島654-10　新富士駅1階
TEL : 0545-64-3776
URL : http://www.fujisan-kkb.jp

현대문화

음악을 활용하여 관광을 통한 마을만들기

▶ **창조도시 · 하마마츠(浜松) 실현**

▶ **문화 다양성이 활력이 되는 도시 · 하마마츠(浜松)**

▶ **음악의 도시 · 하마마츠(浜松)**

제8회 하마마츠(浜松) 국제 피아노콩쿨

프롬* 콘서트

제20회 전국 일본고교선발 취주악 콩쿨

*Promenade(불어)(보통 해변가로 넓게 나 있는)산책로 promenade concert 프롬 콘서트(많은 청중들이 바닥에 앉거나 자리에서 일어서서 음악을 듣는 콘서트)

대응 개요 **『음악의 도시 · 하마마츠(浜松)』를 목표로 설정한 대응**

○ 음악을 통해서 어린이들의 풍부한 감성을 자극

· 프롬 오케스트라에 의한 음악 감상 교실 등 어린이들이 실제 음악에 접해보고, 풍부한 감성을 키울 기회를 확충

· 세계청소년음악제와 어린이 뮤지컬 등 어린이들과 관련된 음악사업을 지속적으로 개최하고, 창작에 대한 기쁨과 교류를 통한 자극을 얻는 기회를 확보

○ 음악문화를 책임질 인재 육성

・액트 시티(Act City)** 음악원에서 일류 강사진에 의한 음악세미나와 아카데미 개최를 통해 젊은 연주자에게 연찬과 교류의 기회를 제공함과 동시에 하마마츠(浜松)가 문화적으로 축적할 수 있는 전략적인 시책을 전개

・어린이들로 구성된 오케스트라와 합창 활동을 지원하고 차세대 음악문화를 짊어질 인재 육성

○ 음악문화의 축적을 하나의 도시자산으로 활용 및 발전

・[음악을 통한 마을만들기]를 목표로 노력해 온 [하마마츠(浜松) 국제 피아노 콩쿨]을 비롯한 음악문화의 축적을 도시의 한 자산으로서 발전

・취주악(吹奏樂)을 비롯한 수많은 음악 단체가 활동함으로서 지도자 소개와 연주회 등에 관한 정보제공, 그들의 음악활동에 대한 지원

**액트 시티(ACT CITY)는 대・중형 홀과 콩그래스 센터 등이 설치된 A존, 사무실과 호텔, 전문상가로 이루어진 액트 타워가 있는 B존, 전시이벤트 홀이 있는 C존, 악기박물관・연수교류센터가 있는 D존 등 4개의 존으로 나뉘어져 있다. B존은 민간이 관리하는 민간시설이지만, 그 이외는 하마마츠시(浜松市)가 관리 위탁 형식으로 공익재단법인 하마마츠시 문화진흥재단에게 위탁을 맡긴 시설이다.

어린이대상 음악감상 교실

지역의 특징

진취적인 기질을 간직한 [장인정신]의 문화와 집적된 악기산업을 배경으로 한 음악문화, 나아가 풍부한 자연 속에서 길러진 특색있는 역사와 전통문화 등 다양한 문화가 살아 숨쉬고 있다.

하마마츠(浜松) 세계 청소년 음악제(2014)

대응체제

대응체제는 각 사업마다 여러 갈래로 나눠지는데, 예를 들면 [하마마츠(浜松) 국제 피아노 콩쿨]은 1991년에 하마마츠(浜松)시 제80주년을 기념해서 [악기와 음악의 고장]인 하마마츠(浜松)의 역사와 전통을 자랑하기에 꼭 맞는 국제적 문화사업이라는 자리메김 사업으로 시작해서 매3년마다 개최하고 있다. ① 세계 정상을 꿈꾸는 많은 산지 피아니스

트 육성과 평상시의 갈고 닦은 기량과 성과를 보여주는 기회 제공 ② 세계 음악문화 진흥 ③ 국제교류 추진, 이라는 3가지 주된 목적을 가지고 있다.

· 지역만들기의 노하우 ·

과제 문화와 예술 분야에서 하마마츠(浜松) 브랜드를 한층 고도화시키기 위해 창조적인 인재가 모여들고, 각종 활동이 활발하게 이루어지는 시스템 만들기

▶ 아티스트, 크리에이터, 디자이너 등 창조적인 인재가 자라는 환경정비와 이들이 활약할 수 있는 기회를 확대시키고, 하마마츠(浜松)만의 문화와 예술활동을 의식적으로 발전시킴으로서 도시의 브랜드 이미지를 높여가고 있다.

과제 문화활동에 관련된 정보제공을 진행하고, 시민이 다양한 형태로 문화활동에 참가할 수 있도록 그런 매력과 즐거움이 전달될 수 있는 시스템 만들기

▶ 시민에 의한 문화 · 예술활동, 활기찬 모습과 지역만들기를 목적으로 한 이벤트 등을 코디네이트하는 중간 지원 조직의 활약을 촉진시킴과 동시에 다양한 주체들에 의한 문화예술을 진흥시켜 나가기 위한 지원을 실시하고 있다.

과제 음악문화 진흥을 위한 대응이 시민들에게 정착됨으로서 이제까지 축적된 음악문 화를 활용한 사업전개를 하는 시스템 만들기

▶ 음악문화를 직업 · 산업으로 계속적으로 발전시켜 다른 분야의 예술활동과 마을만들기, 산업진흥 등과의 연계를 꾀하고 음악문화의 축적을 활용한 폭넓은 사업전개를 해 나가고 있다.

대응성과

문화예술활동이 시민을 비롯한 문화단체, NPO, 교육기관, 지역단체, 기업 등의 다양한 인재가 장점과 기능을 발휘해서 상호 연계협력을 꾀하면서, 협동해서 대응함으로서 지탱되고 있다.

또한 하마마츠(浜松)시가 노력한 이제까지의 대응이 인정을 받아 2014년 12월에 세계에서 7번째 도시, 아시아에서는 최초로 음악분야에서 유네스코 창조도시 네트워크 가맹이 인정받았다.

浜松市の観光入込客数と延べ宿泊者数

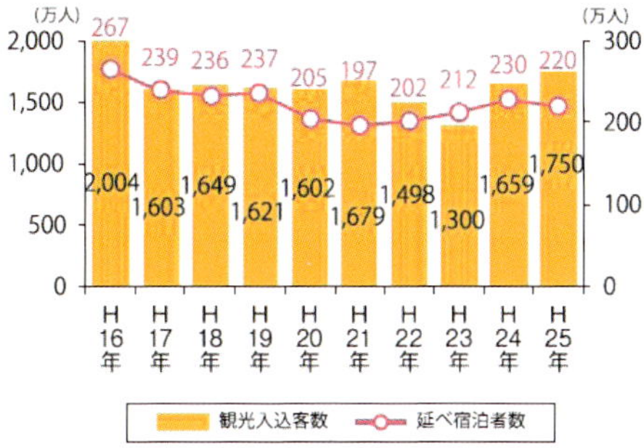

出典：浜松市

스포츠 투어리즘

스포츠 대회 유치 · 지원을 통한 지역경제 활성화와 스포츠 진흥

[실시 주체 : 사이타마(埼玉) 스포츠 커미션*]

- 충실한 스포츠 시설
- 뛰어난 교통 액세스
- 대회 주최자에 대한 다양한 서비스

2014 투루 두 프랑스 사이타마 크리테리움 Presented by 베르나

오스모(大相撲) 사이타마
(사이타마시 기념 종합 체육관)

Mobcast Cup 국제여자 축구클럽 선수권 2012 (우라와(浦和) 코마바(駒場)스태디움)

대응 개요 시내 스포츠시설을 활용한 전국대회급 스포츠대회 유치 · 지원

사이타마(埼玉)시에는 [사이타마 스태디움 2002], [우라와(浦和)코마바(駒場)스태디움], [NACK5 스태디움 오미야(大宮)]를 비롯, [사이타마 슈퍼 아레나], [사이타마시 기념 종합 체육관]과 같은 국제대회 또는 전국대회가 개최 가능한 스포츠시설이 충실하게 갖추어져 있다. 또한, 칸토(関東)지방 중심지에 위치하고 있어 교통 액세스에도 매우 우월한 장점을 가지고 있다. 이런 환경을 최대한으로 살려서 전국급 스포츠대회를 유

치 · 지원함으로서 대회참가자 · 관객 등 시외로부터 많은 방문객을 유입시켜서 지역경제 활성화, 또는 지역 스포츠 진흥을 꾀하고 있다. 대회 주최자에게는 숙박, 교통, 홍보에 대한 수배와 조성금 교부 등 다양한 서비스를 통해 대회 운영을 원활하게 진행할 수 있도록 지원하고 있다.

사이타마 슈퍼 아레나

지역의 특징

사이타마현(埼玉県) 남부에 위치하는 인구 약126만명으로 정령 지정도시이다. 도쿄에 가깝다는 지리적 이점으로 근린 주택도시로서의 성격이 강하다. 시내에는 높은 집객력이 있는 관광자원이 그다지 많지 않지만 전통적으로 축구를 비롯 야구 등의 스포츠가 활발하다는 토양을 가지고 있다. 특히 축구는 사이타마시를 홈그라운드로 하고 있는 J리그 클럽이 2 팀이나 있으며 시민들에게도 축구문화가 깊이 뿌리내리고 있다. 이런 배경에서 스태디움과 체육관 등 국제대회를 개최할 수 있는 시설이 있다.

사이타마 스태디움 2002

대응체제

2009년 사이타마 시장 선거에서 시미즈 하야토(清水勇人)시장이 제시한 매니페스토를 시 정책으로 자리잡도록 하기 위한 [행복 배가 플랜 2009]가 같은 해에 책정되었고, 그 가운데서 [새로운 관광객 유인책으로서 2011년도에 스포츠 커미션 창설]이 명기되었다. 이것을 받아서 2011년 3월에 스포츠, 경제 · 관광 관계단체, 행정기관 등으로 구성된 사이타마 스포츠 커미션을 설립했다. 사무국(공사)은 사이타마(埼玉) 관광 국제협회가 담당하고 있다.

· 지역만들기의 노하우 ·

과제 시(市)의 사업으로서 스포츠 커미션을 설립함에 있어 사무국을 어디에 설치할 것인가

▶ 행정 내 조직에서는 기동성과 유연한 활동이 곤란하기 때문에, 콘벤션 유치활동과의 공통성과 시너지 효과를 위해 유치활동 사무국이 있는 사이타마 관광국제협회에 사무국을 설치하고 있다.

과제 국제대회와 전국대회 등의 대규모 대회를 어떻게 유치하나

▶ 대회 주체자의 인센티브를 줄 수 있도록 아래와 같은 제도를 설치했다.

1. 스포츠 시설에 대한 우선적 예약권
2. 대회규모에 대응하는 조성금 제도

과제 어떤 종류의 스포츠 대회를 유치하는가

▶ 아래와 같은 3가지 방침을 정했다.

1. 특정 경기의 성지(메카)만들기
2. 경제 파급 효과가 높은 주니어, 시니어층의 대회 유치
3. 워킹, 사이클링 등 시설을 사용하지 않는 에코로지컬 스포츠 추진

대응성과

사이타마 스포츠 커미션(SSC)에서는 3가지의 전략방침을 세우고, 2011년에 SSC를 설립한 후부터 유치했던 스포츠 대회는 참가했던 사람, 관객수가 매년 증가하고 있다. [특정 경기의 성지화(메카) 작업]은 특히 여자축구, 여자야구 대회가 많이 개최되고 있어서 정착단계에 있다. [주니어•시니어 층 대회유치]는 엄마 농구•배구대회와 소년소녀 대상의 각종 스포츠 대회를 유치했다. [에코로지컬 스포츠 추진]에는 2013년에 [사이타마 크리테리움* by 툴 도 프랑스 사이타마 크리테리움]으로 명칭을 변경해서 개최). 세계 100개국 이상의 텔레비전으로 방송되어 [스포츠 도시• 사이타마]를 어필함과 동시에 커다란 경제파급 효과를 보았다.

*다른 교통을 차단시켜서 마을 거리에 만든 짧은 코스를 몇 번씩 왕복하는 자동차 로드 레이스를 가리킨다. 통상적인 로드 레이스와는 달리 관객 앞을 선수가 여러 번 통과해서 몇 번씩이라도 응원할 수 있는 것이 특징이다. 평탄하면서 거친 코너가 있는 코스를 설정하는 경우가 많다.

さいたまスポーツコミッションが誘致・支援または主催したスポーツイベントの選手関係者及び観客数

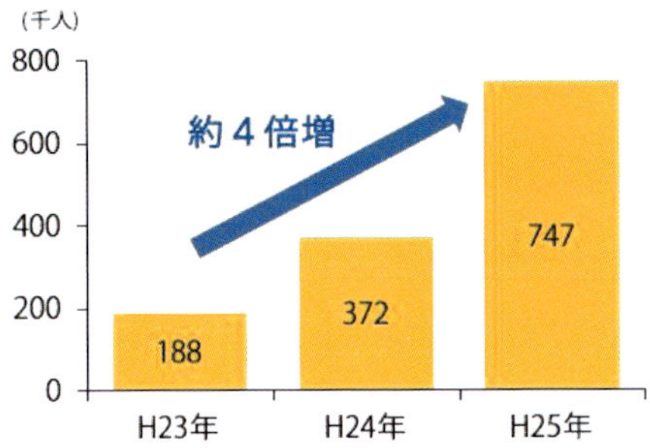

出典：SSCが誘致・支援または主催した各イベントの主催者発表数の合計

문의 : 사이타마 스포츠 커미션

事務局:(公社)さいたま観光国際協会

埼玉県さいたま市大宮区錦町682-2　JACK大宮3F

TEL : 048-647-8338 URL : http://saitamasc.jp

로케이션 투어리즘

쇼난 후지사와(湘南藤沢) 필름 커미션 사업

[실시주체 : 후지사와(藤沢)시•공익사단법인 후지사와시 관광협회]

▶ 후지사와 시내에서의 영화, TV 드라마, 여행정보 프로그램 등의 영상작품에 대한 촬영 협력

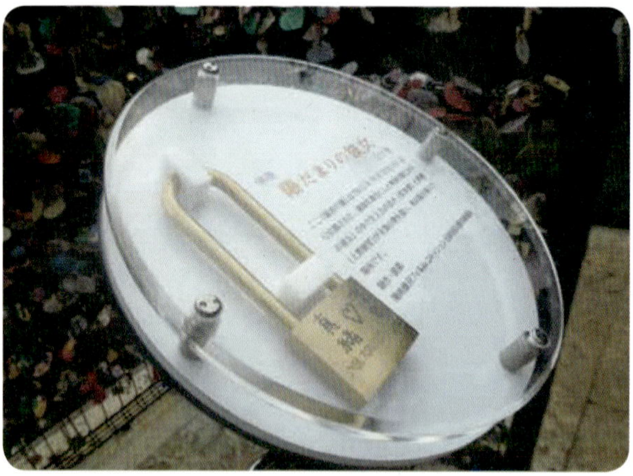

용연의 종(龍恋の鐘)(江ノ島)에 설치되어 있다
「陽だまりの彼女」라는 작품 속에서 코스케(浩介)가 마오(真緒)에게 프로포즈를 했던 인기 로케 스팟

에노시마(江ノ島) 지역의 점포에서만 한정 판매하고 있다. 원작을 생각나게 하는 메모장

에노덴(江ノ電)과 제휴해서 만든 [카마쿠라(鎌倉)•에노시마(江ノ島)애프터 눈 버스]

대응 개요 우리지역이 무대가 된 작품에 대한 홍보를 배급과 지역이 협력하는 방식을 통해, 작품PR과 관광진흥•지역진흥으로 이어지는 상승효과를 빚어내는 기획 전개

쇼난 후지사와(湘南藤沢)필름 커미션(FC)에서는 영화•드라마 배급(방송국)측의 홍보부와 크랭크 인 전부터 지역에서의 홍보활동에 대한 회합을 비롯 촬영에 협력하는 민간사업자•각 철도회사가 함께하는 회의를 개최. 배급(방송국)•FC•민간이 연계한 홍보활동 전개를 만든 계기가 되었다. 지역에서의 성황을 보여줌으로서 효과적인 작품PR로 이어

지고, 제작측과 WIN-WIN관계를 만들 수 있었다.
2013년에 공개된 영화「陽だまりの彼女(양지 밝은 곳의 그녀)」에서는 캐스트의 초상을 이용한 로케지 맵을 작성· 에노시마(江ノ島)만의 한정 오리지널 메모장 판매· 에노시마(江ノ島) 안의 로케지인 [용연의 종(龍恋の鐘)]에 기념 모뉴먼트 설치 등 영화 팬이 방문하고 싶어하는 기획을 전개. 또한 지역기업과의 협력기획으로 에노시마(江ノ島)전철 주식회사가 영화 공개 기념 승차권을 제작. 발매 후 3일만에 완판을 기록했다.
또한, 2014년 공개된 영화[핫 로드]에서는 오다큐(小田急)전철주식회사· 에노시마(江ノ島)전철주식회사와 함께 협력해서 로케지역을 순회하는 퀴즈 랠리를 개최. 각 전철의 일부 역에는 영화 촬영시의 의상을 전시하는 등 관광객 유치 및 재방문성을 높이는 이벤트가 됐다.

지역의 특징

카나가와현(神奈川県) 남부에 위치하고 있으며 전국적인 지명도를 갖고 있는 [에노시마(江ノ島)]·[카타세 니시하마(片瀬西浜)•쿠게누마(鵠沼)해수욕장, 카타세 히가시하마(片瀬東浜)해수욕장]을 가지고 있는 관광도시로 유명하다. 도심에서 전차로 1시간 정도에 도착할 수 있는 장점과 사가미(さがみ)종관도(圏央道) 개통에 의해 편리성이 한층 좋아지는 등 관광진흥에 대한 기대가 한층 고조되었다.
최근에는 지역을 무대로 하는 영화와 애니메이션 효과로 로케지역을 돌아보는 관광객[로케지 탐방자]도 증가하고 있고, 지역과 작품을 연계한 홍보 전개도 주효해서 새로운 관광객층이 점점 정착하고 있다.

대응체제

2002년 9월에 후지사와시 관광과 내에 사무국을 설치. 후지사와시가 (공사)후지사와시 관광협회에 전액을 출자하여 운영하면서 협회에는 3명의 상근직원을 두었다. 또한 시내 전역에서 원활한 로케 지원을 제공하기 위해 관민에 대한 인허가 관련 조직•단체의 책임자로 구성된 본 사업을 촉진하기 위한 중심조직인 [쇼난 후지사와 필름 커미션 위원회]를 2002년 11월에 설립.

· 지역만들기의 노하우 ·

과제 지역을 배경으로 하는 무대 작품을 관광자원으로 활용하는 것

▶ 로케지 맵 작성과 기념 모뉴먼트 설치, 한정판 상품 판매 등 그 작품의 팬이 로케지역을 방문하여 그 세계관을 느낄 수 있도록 하는 환경만들기를 하고 있다.

※ 촬영때에는 전면적인 협력을 통해 제작측과의 강력한 신뢰관계를 구축하고 제작회사의 홍보담당자와 작품의 홍보전개에 대해 이야기를 나눌 수 있을 정도의 관계구축을 활영중인 때부터 염두에 두는 것을 대 전제로 하고 있다.

과제 민간사업자가 지역을 배경으로 하는 무대 작품을 활용해서 상품개발과 홍보기획을 실현하기 위해서는 어떻게 하면 좋을까

▶ 작품의 준비단계-촬영-개봉에 이르기까지 제작측과 밀접한 관계를 유지하게 되는 필름 커미션 담당이 창구가 되어서 서로의 희망사항을 이야기할 수 있는 장소를 만들고 있다.

※ 제작측으로서는 효과적인 PR을 기대할 수 있는 전철회사•버스회사와의 콜라보레이션을 희망하는 경우가 많기 때문에, 조기 단계에서 어프로치를 할 필요가 있다.

대응성과

[관광객 수의 대폭적인 증가와 연중 관광지화]

연간 관광객 수가 본 사업이 설립된 2002년에 약 850만명에서 2013년에는 약1,550만명으로 대폭 증가했다. 그 대부분이 [가을•겨울]에 이루어졌고, 해수욕으로 대표되는 [쇼난(湘南)=여름]에서 탈피하여 연중 내내 방문하는 통년 관광지화가 실현되었다. 2013년의 통계에서는 에노시마(江ノ島)의 경우 [겨울] 관광객 수가 [여름]관광객 수를 역전하기도 했다.

[경제효과]

촬영진의 숙박•음식•시설이용료 등이 연간 평균 약 2,700만엔(2003-2012)과 그 외에 지역을 무대로 한 작품을 보고 후지사와(藤沢)시를 방문하는 관광객 수의 증가(1개 작품 당 30만명-70만명)등 한 작품 당 약 10-24억엔 정도의 관광 소비액을 보여주고 있다.

[시민의 향토애]

영화•드라마 등의 무대로서 전국에 소개되는 일, [시민 엑스트라]로서 참가함으로서 시민이 갖는 애착심이 높아져서 향토애를 키워주고 있다.

문의 : 쇼난(湘南) 후지사와(藤沢)필름 커미션

神奈川県藤沢市藤沢109−6

湘南NDビル6階　藤沢市役所観光課内

TEL : 0466-50-3531　URL : http://www.shonanfujisawa.jp

애니메이션 투어리즘

오리지널 TV애니메이션과 연동시킨 오오아라이(大洗)마을에서만 맛볼 수 있는 여행

[실시 주체 : (주식회사)Oarai크리에이티브 매니지먼트, 오오아라이 마을 상공회, 각 상점가]

▶ 작품•지역•팬 그리고 모두 함께 만드는 지역 재발견 여행 구축

내방객 약10만명(주최자 발표)을 기록한 [2013년 앙코축제]

캐릭터 생일은 지역•팬이 함께 성대하게 축하

젊은이의 여행을 응원하는 대응 장려상 수상

핸드메이드 캔 뱃지로 환대

대응 개요 **상점가를 중심으로 거리 전체를 테마파크化! 주유(周遊)할 수 있는 '시스템'과 '재방문하고 싶어 지는 대응'이 모두 자주운영기획에서 탄생했다.**

오오아라이(大洗)에서 개최되는 이벤트의 집객수는 300명-10만명 규모까지 다양하지만, 애니메이션의 단독 이벤트는 거의 없다. **지역에서 열리는 상례(常例) 이벤트 중에 자연스럽게 애니메이션이 녹아들어가 있다. 주최는 마을, 상공회, 각 상점회, 각 점포가 메인으로 전체는 자주기획 운영이 직접 만든 이벤트이다.** 연간 30가지 이상의 이벤트가 개최될 수 있는 계기의 하나는 2013년 3월부터 설치하고 있는 54체의 실물크기의 캐릭터 대형 패널을 들 수 있다. **자기 자식처럼 소중하게 패널을 관리하는 모습이 흐뭇하게 팬들과의 만남으로 넓혀졌다.** 주최자와 팬은 그런 분위기 속에서 일상적으로 이벤트를 즐긴다. 그것을 이끌어 낸 주된 요인은 4가지가 있다. 첫째, 지역 상점가의 자연스럼 환대. 둘째, **상공회에서의 이벤트를 시행**과 증정용 캔 뱃지 제작. 셋째, 지역과 제작 관계자와의 좋은 관계. 마지막으로 내방객 팬들의 멋진 매너, 그리고 오오아라이(大洗)에 대한 애정이라고 추측할 수 있다. 이런 것들이 자연스럽게 융합되어 각 이벤트는 주최자와 팬들의 웃음으로 가득차 있다.

대응성과

2011년 10월 제작 프로듀서와의 만남을 계기로 2012년 10월에 방영 개시, 11월에는 [오오아라이(大洗)당코 축제]까지는 소인수 체제로 제작 협력 및 이벤트 기획을 진행•실시했다. 현재 기획계에서는 주로 ㈜Oarai 크리에이티브 매니지먼트, 프로듀서, 상공회 청년부, 행정, 관광협회에서부터 자주적으로 움직이는 부문인 [오오아라이(大洗) 속닥속닥 본부]를 설치해서 시행하고 있다. 이벤트 실시를 함에 있어서는 상공회 청년부, 각 상점가, 자원봉사 그룹에 의한 [내맘대로 가루판(ガルパン*) 응원단]을 중심으로 실시하고 있다. 또한 각 이벤트, 노벨티(novelty)**제작, 상품제작에 있어 상담 및 라이선스 신청 창구를 상공회로 단일화해서 관리하고, 지역의 공공교통기관도 적극적으로 가르판과의 콜라보레이션을 행하고 있다. 이를 계기로 프로듀서를 비롯한 권리자와 지역 간의 신뢰관계가 구축되어, 원활한 이벤트 진행을 실현시킬 수 있다.

*「ガルパン」은 「ガールズ　アンド　パンツァー」의 약식 호칭으로 원제는 GIRLS und panzer이다. 2012년 10월부터 12월까지 방송된 일본 애니메이션이다. 약칭인 [가루판]은 [World of Tanks]로 알려져 있다.
**노벨티(novelty)란 참신함, 신선함이라는 의미지만, 광고•선전을 위해서 회사명칭이나 자사 상품명을 표기해서 배포하는 기념품을 총칭하는 말로 사용한다.

토키와 요시히코(常盤良彦)씨

㈜Oarai 크리에이티브 매니지먼트 대표이사. 오오아라이 마이와이(まいわい)시장 운영. '가르즈 앤드 판쳐'와 오오아라이(大洗)마을을 잇는 가교역할.

오오사토 아키라(大里明)씨

갓포여관(割烹旅館***) 마래야(希屋) 본점. 오오아라이(大洗) 마가리마츠(曲がり松) 상점가에서 지속적으로 100엔 상점가 및 아침 마르셰(朝マルシェ, 아침시장) 등의 이벤트 활동. 가르즈 앤드 판쵀 시행에 있어 초반기부터 참가하고 있다.

***일본의 여관은 관광과 행락을 위한 온천여관 및 관광여관이 있고, 요리를 중심으로 경영하는 갓포여관(割烹旅館) 등이 있다.

사카모토 히로시(坂本博)씨

오오아라이(大洗)町 상공회의소 사무국장. 재해부흥 프로젝트 [힘내자 오오아라이(大洗)]를 솔선수범해서 지역부흥을 위해 활약. 그 후 '가르판'프로젝트 상담, 신청 등의 일괄 창구로서 상공회의소를 제공. '가르판'과 오오아라이쵸의 노력을 보이지 않는 곳에서 지원하고 있다.

· 지역만들기의 노하우 ·

과제 지역 전체가 함께 즐기는 것이기는 하지만 주로 상점가 중심으로 이루어 지기 때문에 보다 광역 관계자가 즐길 수 있는 프로그램 만들기가 필요

▶ 애니메이션 콘텐츠 뿐만 아니라 지역자원을 활용한 투어리즘을 개발하고 있다.

과제 언젠가는 끝이 있을 수 밖에 없는 콘텐츠에 대한 대응책

▶ 공공성 있는 이벤트는 이미 여기저기서 시행하고 있었기 때문에 새로운 킬러 콘텐츠가 될 계속 이벤트를 다수 기획•실행하고 있다.

과제 애니메이션 콘텐츠와 그 밖의 사업에 대해서 참가자가 다음의 다음을 바라보는 자주적인 이미지•행동으로 옮기는 프로세스

▶ 지역 완결형을 목표로 시스템을 구축하고 있다.

대응성과

동일본 대 지진 후에 격감한 관광객을 돌아오게 하기 위한 걸즈 앤 판췌 프로그램은, 입장하는 팬들에 의해서 각 이벤트 참가객을 어느정도 증가시킬 수 있었다. 또한 [가르판 오오아라이(大洗) 지역 만끽 플랜]을 개발한 지역의 시니세(오랜 전통의 노포)여관에서는 평일의 객실 가동율이 2012년 이전과 비교해서 약 150% 증가했고, 숙박자 가운데 약 80%가 청년층이다. 이렇게 증가한 팬을 계속적으로 내방할 수 있도록 하기 위해서는 ① 동일본 지진 이전부터 지속적으로 활동해 온[새로운 지역의 먹거리]개발과 이벤트 실시, ② **인정이 가득한 오오아라이(大洗)의 상인과 주민들의 호스피텔러티**를 들 수 있다. 무엇보다도 가장 큰 수확은 동일본 대지진 이후에 주민들에게 퍼져 있던 막막함에서 기획에 참가했던 상점과 주임들로부터 [웃음과 활력]을 부활시킬 것이다. 그런 활력이 다음 기획을 다시 만들어 내고, 마을을 찾아오는 내방객을 기쁘게 만들고 있다는 것이 앞으로 더 많이 지역 활성화에 이어질 것으로 믿고 있다.

各イベントの来客数

イベント名	平成24年	平成25年	平成26年	備考
あんこう祭	6.5万人	10万人	10万人	平成24年以前からの増減 **140～330%増**
海楽フェスタ	ー	5万人	5万人	
商工感謝祭	ー	5万人	5万人	

문의 : ㈜Oarai 크리에이티브 매니지먼트

茨城県東茨城郡大洗町港中央11－2

TEL : 029-266-1147 URL : https://www.oarai-maiwai.com/

애니메이션 투어리즘

요괴를 모티브로 한 마을만들기

[실시 주체 : 사카이미나토(境港)시 관광협회]

- 요괴를 모티브로 한 유니크성과 스토리성을 테마로 만든 마을만들기
- 행정, 민간, 주민이라는 3자 협치에 의한 관광진흥 추진

미즈키 시게루(水木しげる)로드 대 감사제 출처:미즈키 프로덕션

대응 개요 연이은 기획 실현

어업과 수산가공업이 전부였던 사카이미나토(境港)에서는 지역 출신 만화가인 [미즈키 시게루(水木しげる)]의 작품인 요괴를 모티브로 한 관광을 통한 마을만들기를 실시하고 있다. 요괴 브론즈 조각이 줄지어 있는 [미즈키 시게루 로드], [미즈키 시게루 기념관]에 대한 하드웨어 정비를 비롯, [사카이미나토 요괴 검정], [요괴 센류(川柳*)], [사카이미나토 요괴 재즈 페스티발], [요괴 스탬프 랠리]등 [줄줄이 개최되는 기획 실현]을 목표로 이벤트와 상품만들기에 스피드감을 더해서 대응함으로서 활력을 잃은 상점가를 부활시키고, 마을에 활기가 돌아왔다.

*에도시대 중기 5•7•5의 3구 17음으로 되어 있는 짧은 시(풍자나 익살을 노래한 센류가 많은 것이 특징)

지역의 특징

돗토리현(鳥取県) 서쪽에 위치하고 있으며 전국에서 어획량 1위를 기록하는 등 어업·수산가공업을 중심으로 번영한 마을이다. 연간 관광객이 2만명 정도였던 마을이 지역 전체가 나서서 관광을 통한 지역만들기를 위해 힘써 연간 250만명을 넘는 관광객이 방문하는 츄고쿠(中国)지역에서도 유수의 관광지가 되었다.

요괴 스탬프 랠리 모습 @미즈키 프로덕션

요괴검정 @미즈키 프로덕션

대응체제

1988년 [마을만들기 프로젝트 위원회]가 발족한 다음 해 [숲과 문화의 마을만들기]에 대한 대응체제가 시작되었다. 그 대응의 일환으로 1992년에 JR 사카이미나토 역에서부터 상점가를 잇는 메누키 메인 스트리트를 요괴와 만화를 테마로 한 코뮤니티 로드로 정비를 시작했다. 1998년에 [미즈키 시게루 로드 진흥회]가 발족, 민간·주민·행정이 협치를 통해 사카이미나토 관광협회가 조직을 견인해서 마을만들기를 추진하고 있다.

· 지역만들기의 노하우 ·

과제 관광지 [사카이미나토]로의 변신

▶ 지역출신인 미즈키 시게루(水木しげる)씨의 만화인 [요괴(妖怪)]에 착안해서, JR사카이미나토역에서부터 상점가를 잇는 메누키(目抜き)거리에 요괴 오브제 등의 설치를 계획. 처음에는 불길한 이미지라고 설치를 반대하는 목소리도 있었지만 끈질긴 설득을 통해 실현시켰다.

과제 기초 지방자치단체의 보조금에 목매지 않는 사업운영

▶ 요괴 브론즈 조각 등의 스폰서 공모, 오니타로(鬼太郎)페리를 통한 모금 등을 통해 자금을 확보하고, 많은 기획을 실현시켜 왔다. 또한 기획을 실시하는 경우

미디어에서 기사화할 수 있도록 가능한 한 많은 매스컴에 기사제공을 하고, 기사화시켜준 경우에는 광고홍보비로 환산해서 효과를 실감할 수 있도록 하고 있다.

과제 관광지로서의 [사카이미나토]를 발전

▶ 기획•이벤트 등을 연속화 시킴으로서 시너지효과를 만들어 냈다. 또한 책 출판, CD및 관련 상품 제작 판매 등 다양한 상품을 기획하여 화제를 불러 일으키고, 전국에 관광지로서의 [사카이미나토]를 계속 발전하고 있다.

마스다 토모미(桝田知身)씨

사카이미나토 해륙운송㈜대표이사를 퇴임한 후, 미즈키 시게루 기념관 관장, 민간인으로는 처음으로 사카이미나토(境港)시 관광협회장에 취임. 민간 경영수법을 적용하여 각종 이벤트 등을 실시, 사카이미나토(境港)시를 전국으로 알리고 있다.

대응성과

사카이미나토(境港)시 관광협회가 중심이 되어 [마을만들기]를 견인함으로서 행정 및 상공관계자 등 지역 전체가 참여하는 분위기를 빚어내는데 공헌하고 있다.

또한 사카이미나토(境港)시 관광협회에서는 각종 기획을 연속적으로 만들어 내어 전국에 홍보함으로써 [사카이미나토(境港)]라는 지명을 전국에 침투시키고 있다. 그 결과 관광객 방문자 수는 2010년부터 4년 연속 200만명을 돌파했으며, 츄고쿠(中国)지방의 메인 관광 스팟의 한 곳으로 자리매김 했다.

境港市の観光入込客数

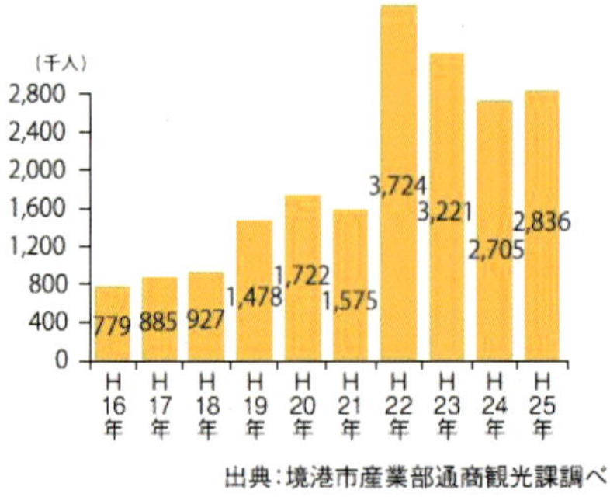

出典：境港市産業部通商観光課調べ

문의 : 사카이미나토(境港)시 관광협회
鳥取県境港市竹内団地255-3
TEL : 0859-47-3880
URL : http://www.sakaiminato.net

세계유산의 활용과 보존

세계유산 [시래토코(知床)]를 활용한 에코 투어리즘과 보전을 위한 광역연계

[실시주체 : 시래토코(知床) 에코 투어리즘 추진협의회 등]

▶ 에코 투어리즘전략의 책정과 운용

날씨가 추운 동절기의 시래토코(知床)5湖 에코 투어

대응 개요 기획 제안제도를 활용한 새로운 체험 프로그램 개발과 이용 규칙 만들기

세계 자연유산에 등록된 시래토코(知床)는 역사적으로 자연보호 사상이 강해서 관광으로서의 이용이 제한되어 왔다. 그러는 가운데 2013년 3월에 [시래토코 에코 투어리즘 전략]이 책정되어서, ① 자연환경의 보전*과 그 가치 향상, ② 양질의 자연체험 제공, ③ 지속 가능한 지역사회와 경제 구축, 이라고 하는 3가지의 기본원칙을 충족시킬 수 있는 새로운 관광이용과 규칙을 제안하고자 하는 경우에는, 행정기관과 관련 단체가 모이는 검토회의에 붙여서 승인을 얻으면 실시할 수 있게 되었다. 이 제안제도를 사용해서, ① [동절기의 시래토코(知床)5湖 에코 투어](특별히 동절기에도 시래토코5호湖에 출입

할 수 있도록 허가받은 가이드 투어), ② 시래토코 곶(岬) 아카이와(赤岩)지구 라우스(羅臼)다시마 에코 투어]([다시마]에 대한 이해를 돕기 위해 시래토코 곶에 특별히 들어갈 수 있도록 허가받은 가이드 투어), ③[불곰 먹이주기 금지 캠페인]등, 새로운 에코 투어와 규칙을 가동시키고 있다.

학문적 경험이 있는 사람 외에도 관련 행정기관과 지역의 관련단체 등이 한 곳에서 만나서 방향성을 공유하면서 합의 형성을 도모하는 방법을 취하고 있다는 것이 큰 특징이다.

*보존(保存)은 '잘 보호하고 간수하여 남김'이란 뜻이고, 보전(保全)은 '온전하게 보호하여 유지함'의 뜻이다.

지역의 특징

샤리(斜里町)마을 •라우스(羅臼町)마을은 홋카이도(北海道)의 북동부에 위치하고 있는 시래토코(知床)반도에 위치하고 있다. 시래토코 지구는 2005년 7월에 유빙(流氷*)의 영향을 받은 생산성 높은 생태계와 수많은 절멸 위기종•고유종이 생식(생물다양성)하고 있는 것으로 평가받아 일본에서 3번째로 세계 자연유산에 등록되었다.

대응체제

환경성의 모델사업으로 선정된 것을 계기로 2004년부터 샤리(斜里町)마을 •라우스(羅臼町)마을•시래토코 재단 등이 중심이 되어 시래토코 에토 투어리즘 추진 협의회를 발족시켜, 에코 투어리즘에 대한 대응을 시작했다. 2010년에 수많은 관련 행정기관과 관련단체로 구성한 [시래토코 세계 자연유산지역 적정이용•에코 투어리즘 검토회의]를 설치하고, 2013년 3월에는 시래토코의 자연을 활용한 에코 투어와 규칙을 누구나 제안할 수 있도록 [시래토코 에코 투어리즘 전략]을 책정했으며, 이 전략을 기반으로 새로운 체험 프로그램 개발과 이용에 대한 규칙만들기를 진행하고 있다.

*流氷(drift-ice)는 수면을 표류하는 얼음을 가리킨다.

바다 카약(斜里町)

여름철의 원생림 트래킹

· 지역만들기의 노하우 ·

과제 자연환경의 보전과 관광이용의 밸런스를 어떻게 유지할 수 있을까

▶ 관련된 행정기관•단체가 함께 에코 투어리즘에 대한 생각을 공유하고, 규칙화(전략책정)하고 있다.

과제 신규 체험 프로그램을 어떤 방법으로 개발하고, 합의를 형성할 것인가

▶ 기획 제안 시스템을 이용해서 검토에 검토를 거듭하고, 합의형성을 도모하고, 실시상황까지도 공유하고 있다.

대응성과

이제까지의 시래토코(知床)관광은 경승지를 돌아보는 것이 메인으로, 주유형 단체관광에 일방적으로 의존하고 있었다. 이 같은 경승지 돌기라고 하는 여행의 기본형태에 자연 체험 프로그램(에코 투어)를 더해서 지역의 매력을 높여가고 있는 것이다. 관광선, 등산, 원생림 트래킹, 바다 카약, 사이클링, 류빙 걷기, 스노 트래킹 등 프로그램 수를 늘려서 체재시간, 연속 숙박율, 소비액이 증가할 수 있도록 하고 있다.

斜里町·羅臼町の観光入込客数と延べ宿泊者数

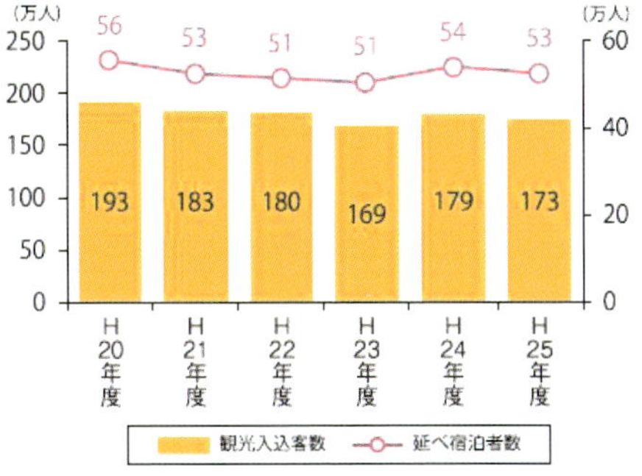

出典：北海道観光入込客数調査報告書

문의 : 특정 비영리활동법인 토코시래(床知)샤리마을 관광협회
北海道斜里郡斜里町本町29番地8
TEL : 0152-22-2125 URL : http://www.shiretoko.asia/

공룡의 학술연구에 대한 활용

공룡(恐龍)을 활용한 브랜드 확립과 관광객유치 추진

[실시 주체 : 후쿠이현(福井県)관광영업부]

- [공룡왕국 후쿠이(福井)] 브랜드 확립
- 공룡에 의한 관광객 유치 추진
- 공룡 비즈니스 확대

후쿠이현 공룡 박물관

대응 개요

지역의 독자적인 관광자원을 활용한 브랜드 확립과 관광객 유치

일본 제일의 공룡연구기관인 후쿠이(福井県) 현립 공룡박물관을 핵심으로 해서, 수도권 등에 대한 [공룡의 초대]라는 타이틀로 집중 프로모션을 실시하거나 체재형 [공룡왕국 체험 투어] 조성 등 공룡을 활용한 정보발전과 관광객 유치 확대를 진행하고 있다. 또한 2014년 2월에 탄생시킨 후쿠이현의 공식 공룡브랜드인 [Juratic]등을 활용한 공룡관련 상품 개발과 판매 개척, 그리고 공룡의 화석 골격 표본에 대한 대여 등을 통해서 공룡 비즈니스를 확대해 나가고 있다. 일본에서 제일가는 공룡화석 산출지라고 하는 유명세와 세계 톱 레벨을 자랑하는 공룡연구 성과를 살려서 다른 현에서는 흉내낼 수 없는 후쿠이현만의 독자적인 브랜드를 확립시키고 이를 통한 관광객 유치에 매진하고 있다.

지역의 특징

화석 발굴 체험

1982년에 후쿠이현(福井県) 카츠야마(勝山)시에서 중생대 백악기 전기의 악어류 화석이 발견된 것을 계기로, 화석 발굴 조사를 실시하여 공룡을 비롯한 다수의 화석을 발견했다. 그 수가 일본 전체에서 발견한 공룡화석의 대부분을 점유할 정도였고, 나아가 일본에서 발견된 새로운 종의 공룡 6종 가운데 4종의 공룡이 발견됐을 뿐 아니라, 공룡의 연속보행을 알 수 있는 족적화석(足跡化石)이 발견되는 등 발견된 화석의 질적 가치도 매우 뛰어나 국내 최고의 공룡화석 산출지라는 명칭을 얻게 되었다.

대응체제

공룡관련 비즈니스 확대(Juratic 상품)

2000년에 공룡에 대한 학술연구 등을 진행시키기 위해 후쿠이현 공룡박물관을 건설했다. 2009년 4월에 **후쿠이 현청에는 전국에서도 예를 찾아보기 힘든 [영업]이라고 이름 붙인 [관광영업부]를 설치하고, 이제까지 박물관 등을 소관하는 교육청에 있었던 후쿠이현 공룡박물관을 새로 만든 [관광영업부]로 이관했다.** [공룡왕국 후쿠이]라는 브랜드 확립과 함께 공룡을 활용한 관광객 유치도 진행시키고 있다.

· 지역만들기의 노하우 ·

과제 후쿠이현의 인지도를 향상시킬 수 있는 브랜드가 될 수 있는 것은 무엇인가

▶ 일본 최고의 공룡화석 산출지라고 하는 유명세와 세계에서 톱 레벨의 연구성과를 살릴 수 있는 [공룡]에 착안했다.

과제 공룡을 활용한 비즈니스를 확대하기 위한 전략으로는 어떤 것이 있는가

▶ 후쿠이현 공식 공룡브랜드인 [Juratic]을 활용한 캐릭터 비즈니스를 확대. 또한 공룡화석 골격 표본 등의 대여를 통해, 수족관 등의 각종 기업과 콜라보레이션을 실시하고 있다.

대응성과

후쿠이현 공룡 박물관의 2014년 입관자 수가 사상 최대인 70만9천명을 기록하는 등 [공룡왕국 후쿠이]라는 지명도가 높아졌다. 또한 [아시아 공룡협회] 설립과 [아시아 공룡 국제 심포지움] 개최 등에 의해 아시아에서 공룡연구의 거점으로서의 지위를 확립해 가고 있다. 나아가, 후쿠이현 공식 공룡브랜드인 [Juratic]등을 활용한 공룡관련 상품 개발과 판로 개척, 수족관, 호텔, 백화점 등의 각종 기업과 콜라보레이션 실시를 진행하는 등 공룡 비즈니스를 확대하고 있다.

福井県立恐竜博物館への入館者数

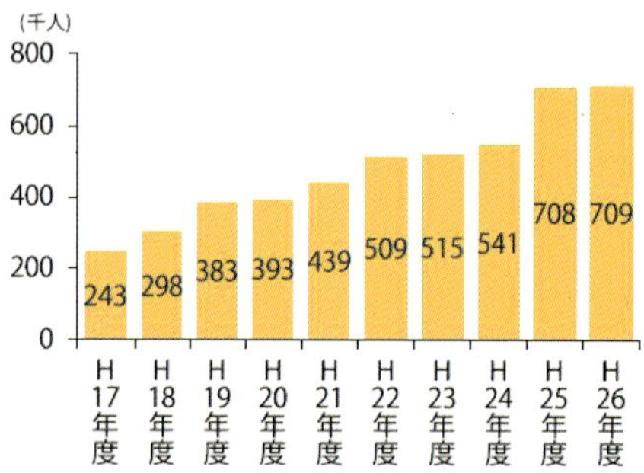

出典：福井県立恐竜博物館

문의 : 후쿠이현 관광영업부 브랜드영업과, 관광진흥과
福井県福井市大手3-17-1
TEL : 0776-20-0227(브랜드영업과) 0776-20-0380(관광진흥과)
URL : http://www.dinosaur.pref.fukui.jp/(후쿠이현립 공룡박물관)

토호쿠(東北)부흥

관광팀 케센누마(気仙沼)에 의한 연안지역 활성화 프로젝트

[실시주체 : 관광팀 케센누마]

▶ [관광업]과 [수산업]의 융합을 통한 지역의 생업을 관광자원화

관광팀 케센누마의 워크숍 모습

대응 개요 [관광정보 발전]과 [관광소재 발굴, 다듬기], [모니터 투어 실시 및 검증]

지역주민 참가형 포털 사이트인 [토호구(東北) 스토리]를 활용해서 케센누마(気仙沼)시의 지역정보를 한 곳으로 집약•발전, 관광자원의 발굴, 다듬기와 체재 프로그램 개발을 진행하고 있다. 또한, JTB 협력을 받으면서 [케센누마 움메몬 투어]와 [케센누마 발견 여행]을 개최하고, 투어 참가자를 대상으로 앙케이트 조사를 실시해서 앞으로의 관광자원을 다듬는데 활용하고 있다. 대응 성과로서는 미역 양식어부에 의한 미역귀(미역 뿌리)자르기 체험, 참치어선 승선 체험, 굴 양식어부에 의한 씨받이•승선체험, 제함(단볼을 성형해서 박스를 만드는것)•제빙 공장견학 등을 실시했다. 관광팀 케센누마 멤

버인 현역 어부와 어업•수산업 자업자들의 협력을 얻어서 보다 리얼한 어부 체험을 매칭할 수 있게 되었다.

지역의 특징

케센누마(気仙沼)시는 미야기현 북동부의 태평양 연안에 위치하는 도시로, 북쪽에 인접하고 있는 이와테현(岩手県) 연안 남부의 케센군 지역과는 옛날부터 하나의 지역권을 형성하고 있다. 현재도 현과 현을 넘어서 깊은 교류를 하고 있고, 산리쿠(三陸) 해안 남부의 상업 거점이 되었다.

대응체제

관광청이 도호쿠(東北)지역 태평양 연안 지역에 있어서 인적교류 확대사업의 하나로 실시하는 [연안지역 활성화 프로젝트] 추진을 위해, 그것을 인계받을 수 있는 조직으로서 관광관련자, 수산사업자, 마을만들기 단체 등 다채로운 시민으로 구성된 [관광팀 케센누마]를 2013년 10월에 설치해서 정보의 발전력 강화와 관광자원 발굴, 다듬기에 진력하고 있다.

젊은 어부도 워크숍에 참가

제함(製函)업자 사전 투어 모습

제빙업자 사전 투어 모습

상어고기의 다양한 활용법(먹는법)을 모색

· 지역만들기의 노하우 ·

과제 관광산업 진흥에는 관광사업자 뿐만 아니라, 수산사업자와 시민들을 폭넓게 연계하는 것이 중요하기 때문에 이를 위한 시 전체가 검토할 수 있는 방법이 없다

▶ 관광사업자 뿐만 아니라 시의 특징인 수산사업자 등의 산업이라는 프레임을 넘어선 검토 조직을 설치했다.

과제 통과형 관광이 메인으로, 체제형과 체험형의 메뉴가 부족한 것이 현실

▶ 케센누마의 특징·강점을 살린 체재형 관광 메뉴를 개발하고 있다.

대응성과

대응 성과로서는 새로운 관광자원 발굴 등을 목적으로 한 모니터 투어 개최와 관광객을 보내주는 측의 니즈와 지역의 관광자원 사이에 존재하는 갭을 메우기 위한 조사(GAP 조사)등을 실시함으로서, 케센누마 만이 가지고 있는 관광 콘텐츠를 계속해서 발굴할 수 있었다는 점이다. 또한 어업 관계자를 비롯한 마을만들기 단체와 마을 부흥지원단체 등이 폭넓게 연계해서, 관광이라는 목표로 관계가 만들어 졌고, 이를 통해 관광에 대한 지역 전체의 단합된 의식을 빚어내는데 일조했다.

気仙沼市の観光入込客数と延べ宿泊者数

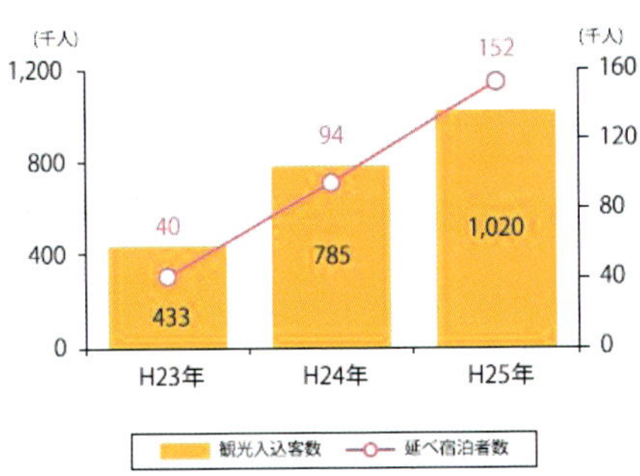

出典：気仙沼市産業部観光課

문의 : 케센누마(気仙沼)시 산업부 관광과
宮城県気仙沼市八日町1丁目1番1号
TEL : 0226-22-6600
URL : http://www.city.kesennuma.lg.jp

토호쿠(東北)부흥

한자•고대문자를 활용한 마을만들기

[실시 주체 : 키타카타(喜多方)시 관광물산협회]

▶ 경관자원으로서의 [광(蔵)], 음식자원으로서의 [라면]의 뒤를 잇는 [한자(漢字)의 마을]로서의 새로운 관광자원으로 다듬기

토론장이 되기도 한 [야마토(大和)강 주조(酒造) 북방 풍토관]

거리의 여기저기서 발견할 수 있는 고대문자

고대문자를 읽고 해독하면서 거리를 걷는 [미스터리 워크] 모습

대응 개요 약 3,000년 전의 문자와 만날 수 있는 한자 마을[키타카타(喜多方)]

수 년전, 상점이 고대문자로 된 간판을 걸게 된 것을 계기로, 키타카타(喜多方)에서는 고대문자에 의한 마을만들기를 시작했다. [광(蔵)과 라면의 마을] 키타카타(喜多方)에서는, [경관(景觀)]자원으로서의 광(蔵)과 [음식]자원으로서의 라면을 연결시키는 시스템이, 자원봉사 이외에는 존재하지 않던 상황이었다. 관광객이 돌아다닐 수 있는 윤활유로서 [한자의 마을]자원을 다듬어 낼 필요성이 부상했다. 프로젝트를 진행해 나가면서 지역주민과 상공업자에 대해 자원활용의 필요성을 이해시키고, 또한 새로운 관광자

원 창출이라고 하는 공통 목표를 세우면서 행정을 중심으로 많은 관계자가 참가해서 고대문자가 키타카다 지역의 커다란 관광자원이라는 인식이 침투했다. 한자로 된 간판을 통한 관광객과 주민과의 교류가 이루어지면서 지역주민 자신이 즐거움을 느끼고 적극적으로 노력하게 되었다.

지역의 특징

후쿠시마현 아이즈(会津)지방 북부에 위치하고 있는 키타카타(喜多方)시는 5개 시정촌(市町村)이 합병해서 탄생했다. 원래부터 [광(蔵)과 라면의 마을]이라는 이미지를 발전해 온 키타카타(喜多方)시에, 국수(소바,ソバ), 화석, 벌룬*과 같은 다른 장르의 관광자원이 더해지면서 진전된 다양화된 모습을 갖추었다. 또한 최근에는 꽃을 테마로 한 마을만들기를 추진했고, 스키장을 활용한 광대한 꽃밭과 시민의 정원인 오픈 가든(Open Garden)화를 진행하는 등 새로운 콘텐츠 조성에 앞장서는 의욕적인 마을이다.

대응체제

키타카타(喜多方) 관광물산협회와 키타카타(喜多方)시 중심의 시가지 지역만들기 간담회, 지역 여행회사의 연계체제에 더해서 지역의 각종 단체와 협력해서 [한자(고대문자)] [광(蔵)] [라면]이라는 3가지를 기둥으로 키타카타(喜多方) 이미지를 정착시켰다. 또한 2013년 7월에는 키타카타를 한자의 마을로 가꾸는 모임을 비롯해서 각종 단체, 기업 등으로 조직된 [고대문자를 활용한 키타카타의 관광마을 만들기 추진 간담회]를 설립했다. 2013년 이전의 대응체제에서는 시내의 메인거리인 역전 스트리트-후래아이(ふれあい)스트리트-오다즈키구라(小田付蔵)스트리트를 주유하는 산책 루트상의 각 처마에 [고대문자] 한 글자를 넣은 [한자 간판]을 각 점포들이 걸고, 한자산책 맵을 만드는 등 이런 효과를 통해 한자간판이 121건까지 퍼졌다. 후래아이 스트리트에서 한자 읽기와 산책을 위한 맵을 사용한 이벤트를 개최하고, 시내에 있는 초등학생들을 대상으로 하는 학년행사 등도 열었다. 2013년도는 이러한 대응을 바탕으로 여행상품 조성 및 보다 진전된 한자마을이라는 인지도 향상을 시도했다.

*아이즈시오카와(会津塩川)벌룬 페스티발(http://www.nihon-kankou.or.jp/fukushima-detail-07208ba2212073057)

· 지역만들기의 노하우 ·

과제 관광객이 주유하는데 윤활유가 되는 [한자의 마을]자원의 침투

▶ 새로운 관광자원 창출이라고 하는 공통목표를 설정하고, 행정을 중심으로 [한자가이드] 육성, 시내산책을 위한 메뉴 만들기 등을 실시, 한자(漢字)·고대문자가 키타카타(喜多方)지역의 커다란 관광자원이라고 하는 인식을 공유하고 있다.

과제 [한자의 마을]이라는 자원 다듬기

▶ 새로운 점포로서의 한자간판을 작성하고, 눈에 잘 띄는 위치로 이동, 각 점포에 협조를 요청하고 있다.

대응성과

마을을 방문하는 내방객(관광객)이 마을을 걸을 수 있는 장치로서 자원활용이 필요하고, **지역 전체가 함께 노력해야 할 과제라고 하는 의식을 빚어내기 위해 관계자 전체를 연관지어 의사소통을 목적으로 하는 간담회 조직을 설치했다.** 마을만들기를 모든 공동체가 함께하는 일체화 시킴으로서 다각적인 시점·자원의 살아있는 프로그램이 되었다. 또한, 마을을 걷게하는 장치로서 '미스터리 워크'를 실시하고 민간과 행정이 확실하게 연계될 수 있었다.

喜多方市の観光入込客数

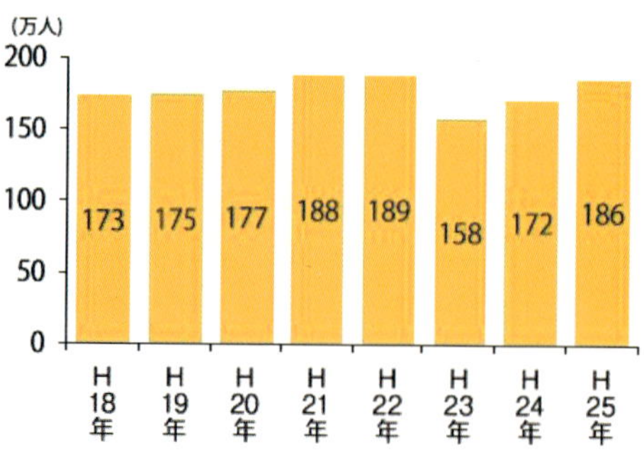

出典：喜多方市観光交流課

문의 : 키타카타(喜多方) 관광물산협회
福島県喜多方市御清水東
7244-2
TEL : 0241-24-5200
URL : http://www.kitakata-kanko.jp

헬스 투어리즘

아카자와(赤沢) 자연휴양림에서의 삼림 세라피를 활용한 관광을 통한 지역만들기

[실시주체 : 아게마츠(上松)마을 삼림 세라피 협의회, 아게마츠(上松)마을 관광협회]

- ▶ [삼림욕]에 건강증진이라는 과학적인 검증을 통해, 체류형 관광을 촉진
- ▶ 예방의료로서의 부가가치에 대한 소개와 함께 지역의 특산품을 어필

히노키(노송나무) 향내를 만끽할 수 있는 아카자와 자연휴양림

쿠메다(久米田)선생님과 함께 걷는 삼림 세라피 숲•아카자와 편

의사와 가이드의 거점시설, [아카자와 세라피 체험관]

대응 개요 예방의료를 바탕으로 한 새로운 [삼림욕]에 대한 대응

아게마츠(上松)마을 내에 있는 아카자와(赤沢) 자연휴양림에는 많은 리피터가 방문하고 있지만, 1989년 이후의 이용자는 제자리 걸음으로 새로운 화제성도 거의 없는 상태가 되었다. 그런 가운데 아케마츠 마을은 삼림산업의 새로운 가능성을 찾아 2004년에 삼림 세라피 프로젝트를 가동시키고, 제1기 삼림세라피 베이스 캠프에 대한 인정조사를 하겠다고 밝혔다. 또한 지역의료 확립을 목표로 현립(県立) 키소병원(木曽病院)이 예방의료로서의 삼림세라피에 대해 관심을 보이고 있다. 베이스 캠프(基地)인정을 위한 생리 실험조사와 같은 시기에, 일본의과대학의 연구팀에 의해 아카자와(赤沢)의 삼림에서 면역

기능 개선이 확인되었고, 예방의료로서의 가능성을 높였다. 키소병원에서는 매주 목요일에 의사가 아카자와의 삼림을 방문해서 건강상담을 진행하고 있고, 간호 실습생과 연수의도 동행하여 지역의료와 삼림의학을 학습하고 있다. **키소병원의 인간 독(dock)을 조합한 [삼림 세라피 독]에서는 의사가 건강상태에 가장 적합한 삼림산책을 처방하고 가이드가 이를 실천하고 있기 때문에, 처음 이용하는 사람에게도 안심하고 건강한 삼림욕을 체험할 수 있다.** 아게마츠 마을에서는 가이드 등록과 이주 상담도 들어오게 되어서 삼림을 이용한 관광으로 부가가치를 창출할 수 있게 되었다.

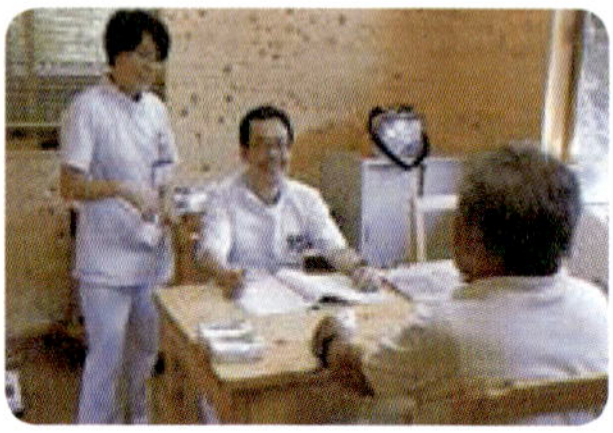

목요일 오후의 '숲 속의 의사선생님'(건강상담)

지역의 특징

에도시대부터 [나무 한 그루, 목숨 하나]라고 불릴 정도로 가혹할 정도의 삼림 보호 정책이 남아있는 키소 히노키 천연삼림. 그 중 하나가 아카자와 자연 휴양림 권으로 자연이 풍부한 키소 지역 중에서도 특히 삼림이 아름답고 가벼운 산책을 즐길 수 있는 곳이다. 1969년에 자연휴양림으로 지정되어 1982년에는 국내 최초의 삼림욕 대회가 개최된 곳이다. 지역에서는 임업도 번성했었는데 요즘에는 외국 목재에 밀려서 서서히 쇠퇴했다. 현재 벌채에만 의지하지 않는 삼림활용의 일환으로서 삼림욕을 중심으로 하는 관광사업에 주력하고 있다.

폴 워킹*을 즐기고 있는 마을 주민

대응체제

2004년에 삼림 세라피 프로젝트가 태동해서 아카자와 자연휴양림을 삼림 세라피 베이스 캠프로서 활용하기 위한 협의회가 발족했다. 아게마츠 마을•관광협회•현립 키소병원을 중심으로 연계해서 체류형 관광 촉진과 지역의료를 충실하게 하기 위해 노력하고 있다. 이용자 창구는 관광협회, 현지 가이드는 'NPO 키소 히노키의 숲' 멤버, 의료면은 현립 키소병원이 담당해서 삼림과 건강 보급에 매진하고 있다.

*폴 워킹(pole walking)은 노르딕 워킹(Nordic walking)으로도 불린다. 2개의 스틱을 사용해서 보행운동을 보조하여 운동효과를 더욱 증강시키는 운동의 일종이다.

・지역만들기의 노하우・

과제 일본의 수많은 인정받은 삼림과 어떻게 차별화를 할 것인가

▶ 릴렉스 효과가 높은 [히노키]를 베이스 캠프의 핵심으로 하여 삼림의 아름다움에 더해서 목공예 제품과 히노키 정유제품으로 PR하고 있다.

과제 [어디에나 있는 삼림]이라고 하는 지역의 가치관을 불식시키고, 협력을 얻어낼 수 있을까

▶ 도시부와 해외 관광객에게는 호평을 얻고 있다. 지역 관계자의 공감을 얻기 위한 정보공유 기회를 늘렸다. 도한 마을 주민들에게도 건강만들기 일환으로 방문하도록 홍보하고 있다.

과제 지역에의 경제효과와 앞으로 고객을 증가시키기 위한 가능성을 보여줄 수 있을까

▶ 착지형관광*을 통해 재방문을 촉진시키기 위한 개인을 대상으로 판촉. 특히 예방의료에 관심이 많은 중고년층과 인바운드 관광객을 대상으로 개척해 나가고 있다.

*관광객을 받아들이는 창구가 지역업체이면서 참가자가 현지에 집합하고 현지에서 해산하는 새로운 관광의 한 형태를 말한다. 주로 도회지에 있는 여행사가 기획해서 참가자를 목적지까지 데리고 가는 종래의 형태를 [발지형관광]이라고 부르는 것에 대한 대응형태이다.

쿠메다 시게요시(久米田茂義)씨

현립 키소병원 명예원장. 아카자와 자연휴양림의 삼림 세라피 사업을 시작할 때부터 지원. 원장 재직시에 삼림 세라피 독, 숲 속의 의사를 실시. 부속 간호학교 재편에 관여하고 있음

대응성과

삼림 세라피를 도입함으로서 아카자와 자연휴양림 이용자는 20%정도 증가한 것으로 나타났다. 버스 투어도 여행사의 인식개선이 이루어져 건강을 테마로 하는 여행상품이 만들어지기 쉬운 기반이 제공되었다. 나가노현(長野県) 키소(木曽)간호전문학교는 신슈(信州) 기소(木曽)간호전문학교로 재편되었고 2014년부터 정간호사 자격을 취득할 수 있게 되었다. 1학년 과목에서 환경론을 30시간 설정하여 삼림 세라피를 배울 수 있도록 함으로서 앞으로 키소병원을 짊어지고 갈 인재 육성을 하고 있다.

上松町の観光消費額

上松町の観光入込客数

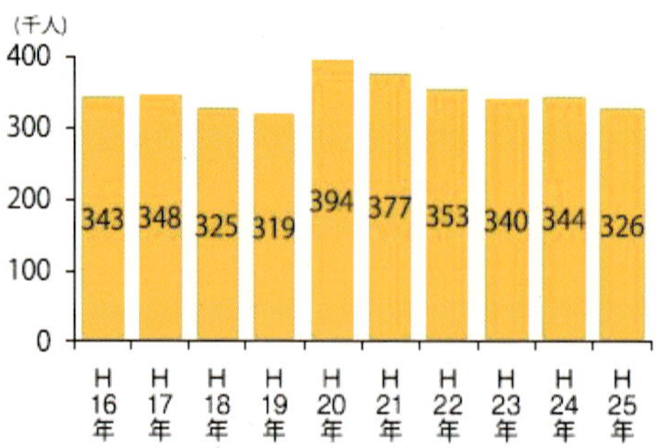

出典：観光地利用者統計調査結果（長野県）

> 문의 : 아게마츠쵸(上松町)관광협회(아게마츠쵸 관광정보센터 내)
> 長野県木曽郡上松町大字上松159−3
> TEL : 0264-52-1133
> URL : http://www.town.agematsu.nagano.jp/kankou

헬스 투어리즘

[이제부턴 시골이 대세] 자연을 활용한 지역활성화

[실시주체 : 치즈쵸(智頭町)]

▶ 자연 속에서 걱정없이 뛰어 놀 수 있는 숲 속 유치원과 숲 속에서 몸과 마음을 치유하는 삼림 세라피® 추진

▶ 가벼운 마음으로 [시골생활]의 즐거움을 체험할 수 있는 메뉴 만들기

삼림 세라피

샤워 클라이밍(여름)

스노슈*(겨울)

대응 개요 자연 속에서 걱정없이 뛰어 놀 수 있는 숲 속 유치원과 숲 속에서 몸과 마음을 치유하는 삼림 세라피® 추진

대규모 기업과 연계해서 사원을 일정기간, 치즈(智頭)마을 내에서 네트워크 환경이 갖추어진 민가에 민박을 하도록 하고, PC등으로 업무를 볼 수 있도록 함과 동시에, 각 민가의 생업(예:농업)을 돕는 일을 하거나 주민과 교류를 함으로서 멘탈 헬스 케어를 시키고 다시 직장 복귀를 할 수 있도록 하는 프로그램을 전국 어느 지자체보다 앞서서 실행하고 있다.

주민이 제안한 [숲 속의 유치원]은 자연 속에서 지내는 것을 중시해서, 어른들이 만들어 놓은 제약 된 공간이 아니라 야외에서 하루 종일, 일년 내내 뛰어 놀 수 있도록 함으로서

어린이들의 몸과 마음이 성장하는데 있어 다채로운 자극을 줄 수 있도록 하는 것을 목표로 함과 동시에, 어린이들의 자주성을 존중하여 '지켜보는 보육(保育)'을 철저하게 엄수하고 있다. [숲 속의 유치원] '마루탄보'는 혁신적인 노력을 통해서 전국적인 큰 상을 몇 개씩이나 수상했다. 그런 평판을 통해 이곳으로 이주하는 사람들이 모여든 것은 물론이고, 이주하고 싶어하는 사람들이 대기하고 있을 정도이며, 관광 측면에서도 이미지를 향상시키는 역할을 톡톡하게 해 내고 있다.

국가지정중요문화재 [이시타니(石谷)家 주택]

지역의 특징

치즈(智頭)마을은 에도시대에는 톳토리(鳥取)번의 숙박장소로 유명했던 곳으로, 자연이 풍부해서 안정된 마을 경관을 간직하고 있다. 특히 치즈(智頭)숙박지는 '역사 속의 길 100선'과 '도보 즐기기 100선'에 선정되었으며, 이시타니(石谷)家 주택(중요문화재)을 비롯한 근세 이후의 역사적 건조물과 안정된 역사적 경관이 남아 있어서 이 곳의 대표적인 관광자원이 되고 있다.

또한 마을 면적의 93%를 점유하고 있는 산림을 활용해서 삼림 세라피, 트래킹 등의 액티비티와 민박, 목공예 체험 등의 시골 체험 메뉴를 통해서 시골 생활을 투영한 관광 주체로서 관광객 유치에 노력하고 있다.

삼림 세라피(여름)

대응체제

치즈(智頭)마을의 자립도를 높이고 활력 넘치는 지역만들기를 해 가는 과정에서 주민의 목소리를 반영시키기 위해 2008년에 [치즈마을 100인 위원회]를 설치했다. 100인 위원회는 주민이 살아가는 속에서 높은 관심을 가지고 있는 과제에 대해 협의하고 해결하기 위한 정책을 행정에 제안해 나가는 조직으로, 관광을 담당하는 [상공•관광부회]는 14명으로 구성했다. 100인 위원회로부터 나오는 제안은 공청회를 거쳐서 결정한다. 또한 주민 스스로 지혜를 짜내서 열정적이고 자율적으로 하는 마을만들기 사업에 대해서는 [자립과 지속적인 추진을 위한 마을만들기 교부금]을 교부하는 제도도 만들었다.

· 지역만들기의 노하우 ·

과제 산림면적 93%라고 하는 자연환경을 살린 관광시책에 따른 항상적 관광객 유치를 위한 방법

▶ 자연 속에서 걱정없이 뛰어 놀 수 있는 '숲 속 유치원'과 숲 속에서 몸과 마음을 치유하는 삼림 세라피 등을 추진하고 있다.

과제 임업(林業)이 쇠퇴하면서 과소*·고령화로 인해 어려움을 겪고 있는 산촌(山村)지역에서 기존의 지역자원을 살려 젊은 세대와의 공생과 지역을 활성화 시킬 수 있는 방법

▶ 주민이 제안한 [숲 속의 유치원]을 비롯, 농촌으로의 이주와 교류인구의 증가에 효과적이면서 이미지 업을 모색할 수 있는 노력을 기울이고 있다.

*과소(過疎)란 인구가 급격하면서 대폭적으로 줄어 들게 됨으로서 야기되는 지역사회의 기능저하와 이로 인한 주민들의 일정한 생활수준 유지가 어렵게 되는 상태를 가리킨다.

과제 역사의 흔적이 남아있는 마을 풍경과 전원풍경을 살린 활성화

▶ 민박을 비롯한 가벼운 [시골생활]의 메리트를 체험할 수 있는 메뉴를 만들고 있다.

테라타니 세이이치로(寺谷誠一郎)씨

1997-2004, 2006-현재까지 치즈(智頭)정장. 관광 카리스마(2008-). 일찍이 임업이 크게 발달했었지만 심각한 과소화를 맞아 시름에 잠겨있던 치즈(智頭)마을에 주민의 열의와 협력을 끌어내서 일본의 고전풍경이 남아 있는 지역자연과 오래된 건물, 생활문화 등을 갈고 다듬어서 관광자원으로서 활용하는 마을만들기, 관광지만들기에 성공했다.

대응성과

[숲 속의 유치원]을 비롯한 치즈(智頭)마을의 일련의 대응은 도시에 있는 기업과 미디어의 주목을 받게 되어, 전국에서 치즈(智頭)마을로 이주를 오는 케이스가 이어지고 있으며, 문의와 제휴 상담이 줄잇고 있다. 또한 **주민 스스로 제안하고 참가하는 100인 위원회 제도는 관광측면에서도 행정에만 맡겨 놓는 것이 아니라, 주민의 참가의식을 높여서 대응에 좋은 영향을 주고 있다.**

智頭町の観光入込客数

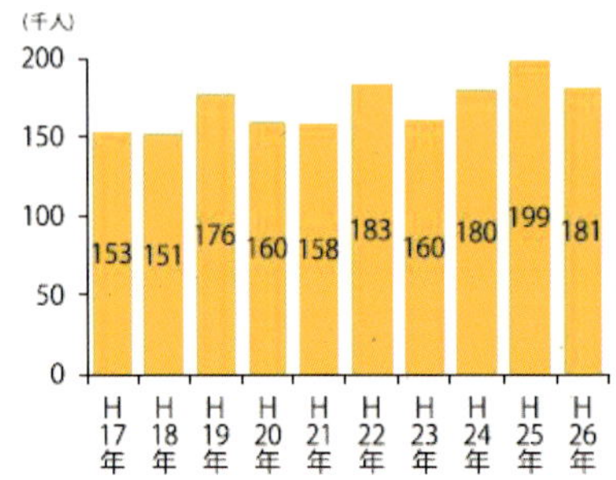

出典：智頭町企画課観光入込客数調査

문의 : 치즈(智頭)마을 기획과

鳥取県八頭郡智頭町智頭2072−1

TEL : 0858-75-4112

URL : http://www1.town.chizu.tottori.jp

헬스 투어리즘

타케다(竹田)방식 온천치료 [온천 요양 보건 시스템]

[실시주체 : 타케다(竹田)시, 특정비영리활동법인 타케다 관광 투어리즘 협회]

▶ 의학박사가 감수한 타케다(竹田)식 온천치료

▶ 지산지소(地産地消)의 건강식 메뉴 개발

▶ 환경 보전형 에코 워크와 큐슈(九州)올레 등의 워킹 코스 정비

밤의 온천거리

대응 개요

온천 요양 보건 시스템

원기회복을 위한 황금룰. 걷기•온천하기•먹기•웃기. 일견 단순하게 보일 수 있는 이와 같은 일련의 행동이 인간이 본래 가지고 있는 자연 치유력을 끌어내서, 세포와 정신적인 면역력을 높여주는 것이 과학적으로도 판명이 났다. 타케다(竹田)방식의 온천치료는 이 부분에 착안해서 만든 현대판 온천치유이다. 온천요양을 체험하는 숙박자에게 타케다(竹田)시가 입욕료와 숙박료 일부를 보조한다. 숙박자는 온천 요양 보건 패스포트를 제시하면 장기 체류를 서포트하는 각종 특전을 받을 수 있다. 또한 온천 요법 전문의의 어드바이스를 받아서 온천을 활용한 전문적인 치료를 받는 것도 가능하다. 세계 유수의 탄산온천으로 알려진 나가유(長湯)온천과 맞춰서 지역의 식재료를 활용한 농가 레스토랑•

약선요리·D급 구루메(Diet & Delicious)의 맛난 식사, 걸으면서 즐기는 산책 코스로 3박 정도를 예정으로 하는 현대판 온천치료를 제공하고 있다.

지역의 특징

타케다 온천 풍경

타케다(竹田)시는 큐슈(九州)의 거의 중앙에 위치하며서, 국립공원인 구쥬(久住)고원, 7개의 온천지역, 4계절마다 제각각의 꽃들이 만발하는 꽃공원 등을 거느리고 있는 한편 역사가 살아있는 성곽마을로서 자연과 문화가 가득한 곳이다. 온천에 몸을 담그면서 산책과 체험 메뉴를 즐기는 2-3박의 현대판 온천치료인 타케다(竹田)방식 온천치료인 [온천 요양 보건 시스템] 이용객은 평균 숙박일수가 5.2박이면서 온천치료와 리프레시 여행, 스포츠 합숙 등 널리 활용되고 있다.

대응체제

타케다(竹田)시에서는 풍부한 지역자원을 활용해서 건강만들기와 예방의학의 대응에 있어, 그 경비의 일부를 [보건료]로서 지급하는 온천 요양 보건 시스템을 창출하고, 2011년부터 실증 실험을 개시했다. 타케다(竹田)시 관광 투어리즘 협회는 가맹한 관광시설과 연계해서 그 제도를 주체적으로 운영함과 동시에 타케다(竹田)식 온천치료로서의 브랜드 만들기와 체류형 관광상품으로서의 마케팅을 하고 있다.

천공의 성(天空の城)의 한 장면

온천 요양 보건 시스템 팜플릿

· 지역만들기의 노하우 ·

과제 관광객이 타케다(竹田)시를 방문해서 장기 체류하기 위한 부가가치가 없었다

▶ 체류형 시설정비와 숙식을 분리해서 대응함과 동시에 온천을 활용한 타케다(竹田)방식 온천치료라는 브랜드를 제안하고, 온천 요양 패스포트(4개월 유효)를 발행해서 패스포트 유효 기간 내에 시내의 대상시설을 3회이상 숙박을 한 경우에 숙박료(입욕료 포함) 일부를 조성하고 있다.

과제 세계 유수 탄산온천으로 알려진 나가유(長湯)온천과 다른 지역자원을 일체적으로 즐기는 시스템이 없었다

▶ 온천 입욕과 지산지소(地産地消)에 의거한 건강식, 구쥬(久住)고원 워킹 등 자연을 활용한 액티비티를 조합해서 2-3박의 온천치료로서 활용하고 있다.

대응성과

타케다(竹田)방식 온천치료인 [온천 요양 보건 시스템]에서는 관광객 대상의 숙박시설에 3박 이상 숙박한 경우에 보조금을 지원하고 있고, **타케다(竹田)시 투자는 222만엔이다.** 2014년에는 744명이 이 제도를 이용하고 있고 평균 5.2박의 숙박 현황을 보이고 있다. 평균 숙박 수보다 3.2일 증가했고 전원을 **신규 관광객으로 환산하면 약 6,000만엔 이상의 경제 파급 효과**가 있다.

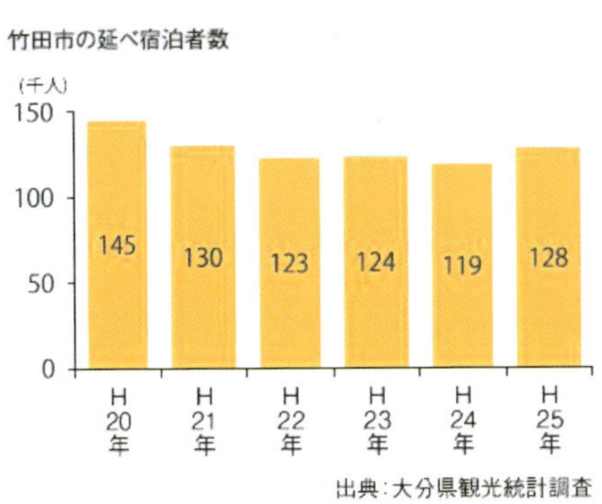

문의 : 특정비영리활동법인 타케다(竹田)시 관광 투어리즘 협회

大分県竹田市大字会々2250−1

TEL : 0974-63-0585

URL : http://www.taketan.jp/

헬스 투어리즘

풍부한 자연과 전통문화, 지역산업을 도시와 연계시켜 다시 회복시키는 유쾌한 시골

[실시 주체 : 난탄(南丹)시 미야마(美山) 에코 투어리즘 추진 협의회]

- 풍부한 자연, 전통문화, 사람과 사람이 빚어내는 풍족한 마을사회를 차세대에 계승
- 전통적인 생활방식을 배우고, 감성을 자극하는 여행 메뉴를 제공
- 자긍심과 애착을 키워 주민이 모두 활기찬 삶을 영위함으로서 충실과 발전을 함께하는 마을사회로

국가의 중요 전통적 건조물군 보존지구(일명 카야부키 마을)

*카야부키(茅葺)는 새이엉을 가리킨다. '새'는 볏과 식물을 통칭하는 말로 띠, 억새 따위도 여기에 속한다.

대응 개요 지역에서 생활하고 있는 한 사람 한 사람이 전통문화를 지키면서 다음 세대로 전한다

미야마(美山)마을의 아름다운 자연환경과 전통적인 생활(전통문화)은 그 무엇과도 바꿀 수 없는 보석으로 보전에 힘을 기울이고 풍요로운 주민 생활을 지양하고 소박함을 다음 세대에 전하기 위해서 미야마(美山)마을 전역을 에코 투어리즘 추진 지역으로 정했다. 카야부키(かやぶき)민가가 상징하고 있는 전통적인 생활모습과 학술연구를 위해 100년 가깝게 지켜온 쿄토(京都)대학 아시우(芦生)연구림으로 대표되는 대채로운 자연•경관을 조합한 투어리즘 프로그램을 개발해서 주민의 의식과 의욕을 고양해 나가면서 주민 전체가 참가하는(all 미야마) 에코 투어리즘을 추진하고 있다.

지역의 특징

사슴고기 체험

북 쿠와다(桑田)군 미야마(美山)마을은 2006년에 근린의 소노베(薗部町)·야기(八木町)·히요시(日吉町) 3개 마을과 합병해서 난탄(南丹)시 미야마(美山)마을이 되었다. 여기는 쿄토(京都)부 중앙에 위치하면서 자연이 풍부한 지역으로, 지역의 95%를 산림이 점유하고 있다. 마을의 동쪽에는 쿄토대학 아시우(芦生)연구림이 위치해 있어 풍부하면서 학술적으로 귀중한 원생림이 숨쉬고 있다. 이곳은 146km 떨어진 곳에 동해로 쏟아져 내리는 **청류한 유라**(由良)강의 발원지역이기도 하다. 또한 1993년에 국가의 중요한 전통적 건조물군 보존지역으로 선정된 미야마(美山)마을 북쪽지구는 "카야부키(かやぶき)마을'이라는 애칭으로 많은 관광객들에게 널리 사랑받고 있다. 2015년도에는 미야마(美山)마을 전역을 포함한 지역 전체가 국정공원화가 예정되어 있어 멋진 경관과 전통적인 지역주민의 생활로부터 많은 것을 배울 수 있어 도시민은 물론이고 멀리 해외로부터 오는 관광객들에게도 이문화 체험의 대표적인 마을이 되고 있다.

대응체제

교육여행 시골생활 체험 프로그램

지역의 전통문화와 풍부한 자연을 잘 활용한 마을만들기·지역활성화를 목표로 지역의 자치조직 및 사업자, 행정 등에 의해 구성된 [난탄(南丹)시 미야마 에코 투어리즘 추진 협의회]를 설립하고, 2014년 10월에 [난탄(南丹)시 미야마 에코 투어리즘 추진 전체 구상]을 환경성에 제출했다. 그 후, 2014년 11월 21일에 주무대신(문부과학성, 환경성, 국토교통성, 농림수산성)으로부터 인정을 받았다.

· 지역만들기의 노하우 ·

과제 각 관광사업자가 개인별로 활동하고 미야마(美山)마을로서의 일체감이 결여

▶ 2010년에 관광사업자, 주민 조직, 행정을 구성원으로 하는 협의회를 발족시켰다.

과제 교통 액세스 환경이 좋지 않다(마을에 철도 인프라가 없다)

▶ 가장 가까운 역으로부터 미야마(美山)까지의 직행편을 여객 운송사업자 연계해서 운행시키고 있다.

과제 동계(적설기인 12-3월)의 관광객 유치가 약하다

▶ 스노슈 투어와 카야부키(かやぶき)마을의 설등(雪灯廊)행렬, 눈 축제를 개최하고 있다.

지역 농가의 협력을 받아서 야채 수확 체험

대응성과

연간 70만명이 방문하고 있는 미야마(美山)마을은 매스 투어리즘(mass tourism)*이 중심으로, 카야부키 마을을 견학하고 돌아가버리는 관광객이 절반을 차지하고 있다. 과제는 방문하는 관광객들의 소비 단가를 증대시키는 부분과 관광사업이 정주를 촉진시킬 것이라고 하는 관점에서, 통과형 관광에서 교류•체험형 관광으로 시프트 시킬 필요가 있다. 그 결과 난탄(南丹)시 미야마 에코 투어리즘 추진 전체구상을 국가로부터 인정을 받아서 곧 시작될 국정공원화(2015)와 쿄토(京都)부의 "숲의 교토"사업, 인바운드 급증 등과 맞물리면서 'all 미야마'에서 에코 투어리즘을 추진하는 기운이 높아져 가고 있다.

2015년 1-2월에 이루어진 카야부키 마을의 설등행렬 이벤트에는 8일 동안에 11,000명

*매스 투어리즘(mass tourism)이란 제2차 세계대전 후에 미국과 유럽 등의 선진국에서 시작한 '관광이 대중(mass)에게로 널리 퍼지게 되는 현상 및 대중화 된 관광행동'을 가리킨다.

이 입장해서, 행사 기간중의 숙박객 수가 전년 대비 2.5배, 해외로부터의 숙박객은 5배가 증가했다. 시골 체험 투어와 아이들 대상의 환경 학습 프로그램, 네이쳐 가이드 하이킹, 사슴고기 해체 체험 등 다채로운 프로그램 으로 실적을 올리고 있다.

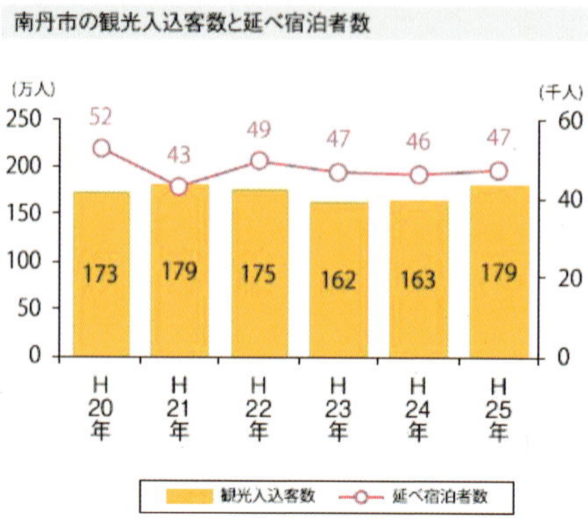

문의 : 난탄(南丹)시 미야마 에코 투어리즘 추진 협의회

京都府南丹市美山町中下向56　美山町自然文化村内

TEL : 0771-77-0014 URL : http://www.cans.zaq.ne.jp/m-kajika/

유니버설 투어리즘

나하(那覇)공항을 거점으로 한 유니버설 투어리즘

[실시 주체 : 나하공항 장애인•고령자 관광안내소 (오키나와(沖縄)배리우프리 투어센터)]

- ▶ 베리어프리 관광의 원톱화
- ▶ 베리어프리 관광사업의 다면적 전개

나하공항 장애인•고령자 관광안내소

오키나와 국제공항 장애인•고령자 관광안내소

투어센터 대여용품

대응 개요 일본 최초 [공항에 있다] 베리어프리 투어센터

2007년 2월 오키나와(沖縄)현은 [오키나와관광 베리어프리 선언]을 했다. 이 선언을 받아서 '오키나와관광 컨벤션 뷰로'를 비롯한 각 단체 등의 협력을 받아서, 베리어프리 투어센터가 나하(那覇)공항 도착로비에 개설되었고, 일본 최초이면서 현재 유일한 공항에 있는 베리어프리 시설로 기능하고 있다.

오키나와(沖縄)는 그 도서성(島嶼性)에 의해 일부 항로를 제외하고, 나하공항 한 곳만이 오키나와현 내외의 출입구로 되어 있다. 휠체어와 유모차 대여를 공항에서 할 수 있고, 관광안내•관광상담, 관광서포터 수배를 모두 공항의 1개소에서 처리할 수 있는 [원스톱 서비스]를 가능하게 함으로서 오키나와(沖縄)를 방문하는 관광객에게 있어서 대단히 편리한 시설로 자리잡았다. '오키나와관광 컨벤션 뷰로'가 운영하는 [관광안내소] 안에 자리하고 있으므로, 서로 연계하여 증가하고 있는 외국인 여행자에 대한 대응도 가능하게 되었다.
이 투어센터는, 공항을 거점으로 베리어프리 정보수집과 정보발전사업, 여행 서포터사업에 덧붙여서, 베리어프리 컨설팅사업, 관광 베리어프리 의식계몽사업 등 다면적인 사업을 전개하고 있다.

지역의 특징

투어 센터 대여품

오키나와(沖縄)현은 일본의 가장 서쪽에 위치하며 메인이 되는 섬을 중심으로 크고 작은 각종 섬들로 이루어진 도서(島嶼)성과 역사적으로 중국과 일본 본토와의 교역을 무역의 중심으로 해 온 해양성을 함께 갖고 있다. 일본으로 복귀된 이후 1995년에 개최된 해양박람회를 계기로 관광지로서 정착해서, 2000년에는 서미트와 NHK아침드라마인 [츄라상(ちゅうらさん)]을 계기로 오키나와의 인기는 갈수록 높아졌다. 최근에는 외국, 특히 대만•홍콩•한국으로부터의 관광객 증가가 눈에 띄게 늘었다.

대응체제

소라 포트 號

2003년에 NPO법인을 설립하고, 장애인에 대한 여행 서포트 사업을 개시했다. 2007년 11월에는 [나하(那覇)공항 장애인•고령자 관광안내소]를 설치했다. 그 후, 나하시 국제로 장애인•고령자 관광안내소]를 설치(2013.7)하고, 11월 이전에 맞춰 '임시 보육원'을 설치했다. 또한, 이동수단으로서 오키나와(沖縄)현 복지보건부가 논 스텝 버스(저상버스*)[소라 포트 호(空port號)]를 도입(2009)했고, 관광 안내서에는 오키나와(沖縄)현 최초 베리어 프리 관광안내서[췌어워커**](2005), [소라쿠루 오키나와(空くる沖縄)](2009)를 매년 발행하고 있다.

*승강구의 계단을 낮게 만들거나 없애 오르내리기 편하게 한 버스
**'췌어워커'는 chair+walker의 합성어로, 적극적으로 거리에 나와 활동하는 휠체어를 이용하는 장애인을 말한다.

· 지역만들기의 노하우 ·

과제 베리어프리 관광 상담창구가 정해지지 않음

▶ 나하(那覇)공항 내에 베리어프리 관광전문의 관광안내•관광상담, 관광서포터 수배, 휠체어•유모차 렌탈 등을 원스톱 서비스로 진행하는 전문창구를 설치했다.

과제 베리어프리 관광 정보가 불충분

▶ 베리어프리 정보의 수집•집약•발전을 진행하고, 베리어프리 관광의 정보발전을 강화하고 있다.

과제 매리어프리 관광에 대한 인식부족

▶ 당 센터에서 베리어프리 컨설팅사업과 베리어프리 관광의 계몽활동을 실시하고 있다.

소라 쿠루 오키나와

대응성과

당 센터 성립이전에는 전용 상담창구가 없어서 여행을 하는 경우에 여기저기에 상담할 수 밖에 없었고, 충분한 정보를 보유하고 있지 않기 때문에 상담에 대한 답변도 명확하지 못했던 것이 사실이다. 그러나 당 센터가 설치된 이후에는 상담창구가 일원화되어 연간 상담 건수가 1만명을 넘었고, 휠체어와 유모차 렌트도 1천회를 넘어서는 등 많은 분들로부터 애용되고 있다. 당 센터가 발행하는 베리어프리 관광안내서[소라 쿠루 오키나와(空くる沖縄)]는, 정보를 갱신해서 금년까지 8권이 간행되었다.

竹田市の延べ宿泊者数

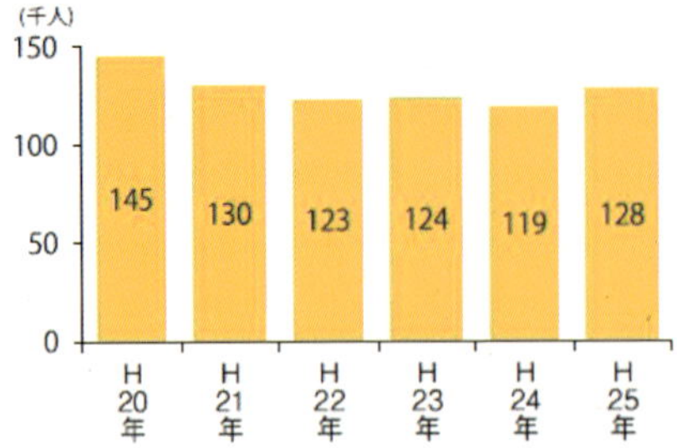

出典：大分県観光統計調査

문의 : 특정비영리활동법인 타케다(竹田)시 관광 투어리즘 협회

大分県竹田市大字会々2250−1

TEL : 0974-63-0585

URL : http://www.taketan.jp/

ICT 활용

창의적 과소화*를 활용한 지역재생

[실시주체 : NPO법인 그린밸리(Green Valley)]

▶ 일본의 시골을 멋지게 탈바꿈!

카미야마(神山) 아티스트 인 레지던스

*'창의적 과소화'란 저출산•고령화라는 과소화의 여건을 받아들이고, 이를 극복하기 위한 대안으로 젊은사람과 창의적인 인재를 유치함으로서 인구구조•인구구성을 변화시키거나 다양한 역할과 직종 전개를 꾀함으로 새로운 비즈니스(일)하는 곳으로서의 가치를 높이고, 농업•임업만에 의지하지 않으면서 균형잡힌 지속가능한 지역을 만들고자 하는 시도

대응 개요 [창의적 과소화]를 활용한 지역재생

NPO법인 그린밸리 멤버인 60여 명과 200명 정도의 마을 주민이 아래와 같은 프로젝트를 진행하고 있다.

○ 카미야마(神山) 아티스트 인 레지던스

국내외로부터 아티스트들을 지역에 초청해서 체류하면서 작품을 만들도록 하는 사업. 주민들의 따뜻한 서포트가 아티스트들에게 감동으로 전해지면서 사업이 계속될 수 있게 되어 카미야마(神山)를 아트의 마을로 유명하게 만들었다.

○ 이주교류지원센터

카미야마(神山)마을로부터 운영을 위탁받아 웹사이트[인 카미야마(神山)]를 개설하자

사이트에 있는 낡은 민가에 대한 정보와 생활상에 대한 정보가 인기를 끌게되어, [워크인 레지던스]라고 하는 프로그램으로 이어졌다. 그것은 빈집 물건마다 주민이 희망하는 직종의 전문가가 입주할 수 있도록 하는 것으로 2010, 2011년 2년동안 23세대 46명이 이주했다. 현재는 12기업이 새틀라이트** 오피스를 설치했고 토쿠시마(德島)의 실리콘밸리라고 불리고 있다.

**새틀라이트 오피스란 기업의 본사와 관공청•단체의 본사•본부로부터 떨어진 곳에 설치된 오피스를 말한다. 본사를 중심으로 보았을 때 혹성을 주회하는 위성과 같은 형태라는 의미에서 붙은 명칭이다. 즉, 근무자가 원격근무를 할 수 있도록 통신설비를 갖춘 오피스, 교외에 입지하고 있는 기업과 학교 등의 단체가 도심에 설치한 소규모 오피스를 가리킨다.

카미야마(神山)마을 전경

지역의 특징

토쿠시마(德島)시내로부터 자동차로 50여분 정도의 산간(山間)에 위치하여 맑디 맑은 청류(淸流) 아쿠이(鮎喰)강을 따라 이어진 계곡과 1,000m를 넘는 고산 등 자연이 풍부한 마을이다. 산림이 총면적의 83%를 점유하고, 일찍이 삼나무와 향나무 등 임업(林業)이 번성했었지만, 목재가격이 떨어짐과 동시에 마을의 활력 또한 사라지고, 1955년의 대합병 당시 21,000명을 넘었던 인구는 농업•임업의 쇠퇴와 함께 도시로의 유출로 인해 감소일변도로 바뀌어 이제 인구 약6,000명 정도, 고령화 비율은 46%에 이르게 되었다.
과소화가 진행되고 있는 마을에서는 현재 도시부로부터 카미야마(神山)마을에 새틀라이트 오피스를 설치하는 기업과 이주자가 증가하는 등 다양한 변화가 일어나고 있다.

봉제공장을 개수해서 만든 코워킹 (coworking) 스페이스(공동 일터)

대응체제

90년대 초반부터 카미야마(神山)국제교류협회를 통해서 [주민주도의 마을만들기]를 전개했다. 1998년 미국에서 시작된 도로청소 프로그램[어댑트 하이웨이 프로그램(Adopt program)*]을 전국 최초로 실시했다. 1999년 아티스트 인 레지던스 사업을 개

*Adopt program은 시민과 행정이 협동해서 진행하는 청소활동을 토대로 한 마을 미화 프로그램이다. Adopt는 영어로 [OO를 양자로 삼다]는 의미다

시하고, 2004년에는 NPO법인 그린 밸리를 설립했다. 2007년부터 카미야마(神山)마을의 지정관리자 제도에 따라 마을 내 시설의 관리운영과 마을로부터 위탁을 받은 이주 교류지원 센터 운영을 시행하고 있다. 2010년부터 새틀리트 오피스 유치사업을 개시하고, 그 이외에도 숲 가꾸기와 빈집 재생사업 등 각종 사업을 전개하고 있다.

블루베어 오피스**의 외관

**카미야마 블루베어 오피스는 카미야마 상점가에 있는 축조된 지 100년이 넘는 빈집을 NPO법인 그린밸리와 도쿄예술대학 건축과 연구실이 연계사업으로 개축하고, IT디렉터인 톰 빈센트씨의 제안에 따라 크리에이터 혹은 기업이 단기간 이용할 수 있는 셰어형 오피스[블루베어 오피스 카미야마]로 재탄생 시킨 곳이다. http://www.iju-join.jp/feature·introduction·002·05.html

· 지역만들기의 노하우 ·

과제 인구감소•고령화가 진행되고 있다

▶ 이주 희망자 가운데서 마을에 꼭 필요한 인재를 우선적으로 이주할 수 있도록 하거나, 젊은 가족 세대가 이주할 수 있도록 촉진시킴으로서, 일정한 학생 수를 유지할 수 있도록 하고 있다.

과제 이주 희망자에 비해 빈집 수가 부족하다

▶ 읍(면·동)사무소와 연계를 통해서, 보다 면밀한 빈집 조사를 실시해서, 이주자에게 제공할 수 있는 물건을 늘리고 있다.

대응성과

2007년에 이주교류지원센터 운영을 개시한 이후 2014년 9월 말 현재 일본 각지로부터 80세대 130명이 이주했다. 이주자가 문을 연 빵집과 카페 등을 비롯 현재 12 기업이 새틀리트 오피스를 설치하고 있다. 또한 오피스에서는 약 30명의 고용이 발생했다.

神山町への全国の自治体等からの視察者数

平成25年	平成26年
1,632名	2,130名

出典:特定非営利活動法人グリーンバレー調べ

문의 : 특정비영리활동법인 그린밸리
徳島県名西郡神山町神領字中津132
TEL : 088-676-1177
URL : www.in-kamiyama.jp

기타

강설량이 많은 대설지역다운 유키마츠리(눈 축제)를 통한 지역만들기

[실시 주체 : (일반사단법인)유자와시(湯沢市)관광물산협회, 유자와시 오가치마치(雄勝町)관광협회 외]

▶ 지역의 약점인 [눈(雪)]을 관광자원으로 탈바꿈 시켜 지역의 유대감을 높이고 교류인구 증가를 모색하는 특색있는 눈 축제 개최

견공 축제

오야스쿄(小安峡)겨울축제

대응 개요

[약점을 강점으로] 지역발전을 가로막는 애물단지인 눈(雪)을 관광자원으로 탈바꿈시켜 겨울철 관광객 유치

이누코 축제(犬っこまつり)는 유자와(湯沢)지역에서 액운을 막기위해 쌀가루로 만든 강아지 같은 것을 공양하면서 1년동안의 무사평안을 기원한 것에서 유래했다. 에도시대 초기부터 면면히 이어져 온 전통행사로, 매년 2월 제2 토요일과 일요일까지 개최된다. 관민이 일체가 되어 개최하는데 현재는 유자와(湯沢)시에서 가장 집객력이 높은 행사가 되었다. 오가치(雄勝)지역의 눈 축제는 음력 정월 대보름 문화를 보존하기 위해 시작된 눈 축제로, 1999년에 완성된 미치노 에키 오가치(道の駅雄勝)[코마치의 고향] 근처를 축제 대회장으로 꾸며서 매년 2월 두번째 토요일에 개최하고 있다. 설상(雪像)을 멋

지게 보이도록 꾸미기 위한 참신한 발상으로 특색있는 축제를 전개하고 있다. 카다루 눈 축제는, 아키노미야(秋の宮) 온천지대의 옛날 아키노미야 스키장을 대회장으로 활용해서 1999년부터 매년 2월 상순에 개최하고 있다. 카다루(かだる)는 [참가한다]는 의미로 스탭과 관광객이 하나가 되어 만들어 가는 축제이다. 대회장의 경사면에 약 3,000개의 미니 카마쿠라(かまくら*)를 만들기도 하고, 국도 108호의 지구 내 10킬로에 걸친 와타리 미니 카마쿠라를 제작하고 있다. 오야스쿄(小安峡)겨울축제는, 미나세(皆瀬)지역의 오야스(小安)지구에서 겨울에 감소하는 온천의 숙박객수 증가를 꾀하기 위해 1987년부터 매년 2월에 개최하고 있다. 초기에는 [시갓코 축제]라고 명명하고, 오야스쿄에 나타난 거대한 고드름(しがっこ)의 라이트 업과 불꽃놀이를 메인으로 한 축제를 오랜 기간에 걸쳐 개최해 왔지만, 명칭을 변경한 현재는 체험관광과 아이스 바 등 축제에 다양성을 띄우게 하는 시도도 이루어지고 있다.

*카마쿠라(かまくら)는 눈이 많은 지방에서 정월 대보름에 하는 행사로, 아이들이 눈으로 집을 짓고 그 안에 제단(祭壇)을 만들어서 물을 다스리는 수신(水神)을 섬기는 행위를 한다.

오가치 눈 축제

지역의 특징

유자와(湯沢)시는 야마가타(山形)현, 미야기(宮城)현에 인접한 아키타(秋田)현의 최고 남동부에 위치하고, 동쪽의 오우(奥羽)산맥, 서쪽으로 데와(出羽)구릉에 둘러 쌓인 요코테(横手)분지를 관류하는 오모노(雄物)강과 그 지류에 해당하는 미나세(皆瀬)강, 야쿠우치(役内)강을 따라 풍부한 수전(水田)지대를 형성하고 있다. 현의 경계 부근에 있는 서쪽 쿠리고마(栗駒)일대는 웅대한 자연림을 가지고 있을 뿐 아니라 풍부한 온천 지대를 가지고 있다. 기후는 내륙성이며 기온의 차이가 커서 사계절 나름대로의 자연미를 만끽할 수 있을 뿐 아니라 겨울철은 눈에 의해 오갈 수 없는 대설지대이기도 하다.

대응체제

이곳에서는 옛날부터 전해져 오는 정월 대보름의 전통행사 등을 관광자원으로 해서 눈 축제로 진화시켜, 겨울철의 관광객 유치로 발전시키고자 하는 대책이 계속되어 왔다. 또한, 최근의 온천지 겨울 모객을 꾀하기 위한 이벤트로서 눈을 활용한 축제를 기획, 개최

카다루 눈 축제

해 왔다. 여기에는 또 하나 이와테(岩手)•미야기(宮城) 내륙 지진과 동일본 대재앙 발생에 의해 관광객과 숙박객이 감소하고 있는 현상에 브레이크를 걸어서 지진재해 이전의 상태로 회복시키고자 하는 대응조치이기도 하다. 현재 일반사단법인 유자와(湯沢)시 관광물산협회, 유자와시 오가치 관광협회, 아키노미야 이미지 업 추진협의회를 중심으로 하는 실행위원회에 시(市)가 지원하는 형태로 눈 축제를 운영하고 있다.

• 지역만들기의 노하우 •

과제 눈 축제 개최를 위한 지역 일체화를 어떻게 꾀할 것인가

▶ 관광물산 단체 등을 중심으로 행정과 관계기관, 기업, 지역주민 등으로 구성된 실행위원회를 조직하고 있다.

과제 시외 지역과 현회 지역(특히 수도권•센다이(仙台)권)으로부터의 관광객 유치를 어떻게 할 것인가

▶ 시와 관광물산 단체가 참가하는 수도권•센다이(仙台)권에서의 물산전과 관광 캠페인을 할 때 홍보를 하면서 TV, 라디오, 신문 등에서의 광고, 그리고 홈페이지와 SNS 등을 이용한 개최 고지를 실시하고 있다.

대응성과

이누코(犬っこ)축제는 개최 2일 동안에 20만명 이상을 동원하여 아키타(秋田)현의 대표 눈 축제가 되었을 뿐 아니라, 오가치(雄勝) 눈 축제는 미치노 에키(道の駅)와 인접한 대회장에서 개최하는 겨울철 이벤트로서 완전히 정착함으로서 안정된 집객력을 자랑하고 있다. 또한 카다루 눈 축제와 오야스쿄(小安峡) 겨울 축제는 온천지대의 겨울 이벤트로서 정착하여 관광객 유치에 또한 기여하고 있다. 이런 이벤트 개최에 의해 두 번의 지진재해 이후 감소일로에 있던 관광•숙박객 수가 조금씩이기는 하지만 증가하고 있다. 한편, 지역의 초•중•고 학생들의 설상(雪像)만들기 등에 대한 참가와 수도권 대학과의 연계협정에 의한 사업추진, 관광진흥을 목적으로 하는 단체와 온천숙소, 지역주민이 일체가

되어 추진하는 축제 대응 등 지역주민 사이에서도 눈 축제를 기치로 내 걸고 지역의 약점이었던 눈을 지역의 특색, 강점으로 변화시킨 관광자원으로 활용하여 교류인구를 증가시키는 방법으로 활용하고자 하는 의식과 일체감이 조성되고 있다.

湯沢市の観光入込客数と延べ宿泊者数

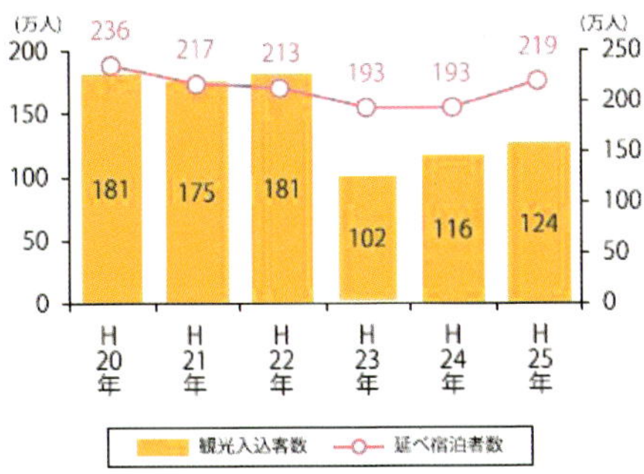

出典:湯沢市行政資料

문의 : 유자와(湯沢)시 산업진흥부 통째로 파는 과
秋田県湯沢市佐竹町1番1号
TEL : 0183-55-8180
URL : http://www.city-yuzawa.jp/

기타

역사를 좋아하는 여성을 타겟으로 한 관광지역 만들기

[실시 주체 : 시로이시(白石)시, 일반사단법인 시로이시市 관광협회]

▶ 역사를 좋아하는 여성()에게 영향력이 있는 여성 블로거 초청

▶ 현장관계자의 의견과 학예사 해설 등을 곁들인 깊이 있는 콘텐츠 제공

다테 마사무네(伊達政宗)의 명 참모였던 [카타쿠라 코주로(片倉小十郎)의 거성(居城*) 시로이시(白石)성. 매년 10월에 개최된 [오니(鬼) 코주로 축제]는 오사카 나츠노 진(大阪夏の陣)에서 카타쿠라코주로 시게나가(片倉小十郎重長)와 사나다유키무라(真田幸村)의 격전(激戰)상황을 재현하는 이벤트. 약100명의 엑스트라가 참가하고 일본 전국으로부터 관광객이 몰려온다.

*성주(城主)가 일상생활을 영위하면서 살던 성

시로이시(白石)온면(溫麵)은 기름을 사용하지 않아서 위에 좋다. 시로이시를 대표하는 향토 전통식이다.

카타쿠라 가문의 무인(武人) 저택은 시로이시 城의 북쪽, 산노마루(三の丸)바깥쪽에 해당하는 사와바타(沢端)강에 면한 곳에 자리. 울창한 정원수에 둘러쌓여 전면, 측면을 맑고 차가운 물이 감싸고 돈다.

대응 개요

여성 역사매니어에게 영향력이 있는 여성 블로거를 초청, 학예사의 깊이 있는 해설을 덧붙여서 시로이시(白石)성 등에 대한 모니터 투어를 개최
이와 함께, 예상 모델 루트에 대한 관광체험 실시

역사•성(城)과 관련이 깊은 저명한 여성 작가 오기하라 사치코(荻原さちこ)씨와 역사를 좋아하는 여성에게 영향력이 있는 여성 블로거 이소베 미유키(磯部深雪)씨 등 전문가를 초청하여, 체험 투어와 의견교환회의를 통해 관광자원의 소구력*(訴求力) 등에 관한 조사를 실시함과 동시에, 조사 결과를 활용한 모델 코스 작성을 실시했다. 또한, 오기하라 사치코 씨를 강사로 성곽마을의 관광진흥과 관광인재 육성에 대한 연수회를 개최했다.

2015년도는 여성 역사매니어라고 하는 타겟에 대응하기 위한 상품을 한층 발전시키기 위해 여성만의 여행을 컨셉으로 재방문을 이끌어 낼 수 있는 모델코스 가이드 북을 제작하는 등, 역사•성녀(城女) 등 여성들만의 모임과 여행 서클에 대한 팸 투어 실시 등을 예정하고 있다. 나아가 개발한 관광상품을 한 층 발전시키기 위한 모델코스 가이드 북에 대한 플래시 업과 지역의 시민에 대한 설명•배포를 통해 관광을 통한 마을만들기의 이해도를 높이는 것을 목표로 하고 있다.

*소구력(訴求力)은 광고나 판매에서 상품을 선전하고, 상대에게 사고싶은 마음이 일어나도록 하는 힘

성곽 작가이면서 편집자인 오기하라 사치코 씨를 강사로 초청해서 성곽마을의 관광진흥과 관광인재 육성에 대해 학습

지역의 특징

시로이시(白石)시는 미야기(宮城)현의 최남단에 위치하고, 신칸선(新幹線)으로 도쿄에서는 2시간, 센다이(仙台)로부터는 14분이 소요된다. 자오(蔵王)연봉 기슭에서 미야기県 및 자오(蔵王)의 현관이기도 하다. 동일본 대지진 재해로 말미암아 위축되었던 산업경제 재생을 위해 관광과 농림수산업, 사업진흥을 통한 교류인구 확대가 과제로 꼽힌다.

1995년 시로이시(白石)성 복원을 시작으로 관광진흥의 기운이 시작됐다. 춘추전국시대 게임 소프트의 붐에 의해 시로이시(白石) 성주(城主)와 카타쿠라 코주로(片倉小十郎)가 주목을 받아 많은 젊은이들이 방문하고, 역사자원을 활용한 각종 관광진흥책에 진력해 왔다. 2016년 방송예정인 NHK대하드라마 [사나다 마루(真田丸)]에 의해 카타쿠라(片倉) 가문과 사나다(真田)의 깊은 역사적 관계를 다시 파헤침으로서 관광자원으로서의 활용을 기대하고 있다.

시로이시(白石)성의 외곽에 해당하는 사와바타(沢端)강 주변은 성곽마을의 정례 산책 루트가 되었다.

대응체제

역사와 성(城)에 깊은 관심을 가지고 있는 저명한 여성 작가 그리고 역사를 좋아하는 여성에게 영향력이 큰 여성 블로거를 초청해서, 시로이시(白石)성 등의 관광자원을 현장관계자의 생생한 의견과 학예사의 해설을 덧붙여 콘텐츠 투어로 진행.

· 지역만들기의 노하우 ·

과제 메인 타겟층인 여성 역사매니어(20-30대 여성)라도 가볍게 걸을 수 있는 범위 내에서 역 주변에 모여있는 관광자원의 소구성과 스트리밍(모델 루트)이 필요

▶ 음식, 토산물, 달달한 디저트 음식 등의 여성의 시점, 도보를 통한 거리의 경관, 휴게소, 화장실 환경 등 관광자원 이외에도 여성의 시선에서 검증을 실시하고 있다.

과제 시로이시(白石)시의 매력을 체험할 수 있고, 재방문하고 싶다는 생각을 불러 일으킬 수 있는 장치와 깊이가 있는 콘텐츠 창출을 통해, 체재시간을 연장하고 숙박으로 이어질 수 있는 대처가 필요

▶ 시로이시(白石)를 방문하는 재방문객 창출을 위해서는, 여러 종류의 테마를 체계화하고, 각각의 모델 코스를 작성할 필요가 있다는 것을 인식하게 됨. 우선 역사를 느낄 수 있는 성곽마을 코스(도보) 루트 설정과 과제 정리를 실시하고 있다.

과제 시민에게 지역의 관광자원에 대한 이해도를 높이고, **시 전체가 나서는 환대문화 조성**

▶ 모델 코스 가이드 북을 작성하고, 지역 시민에게 설명•배포를 통해 시민에게 지역의 관광자원, 관광을 통한 마을만들기의 이해도를 높여가고 있다.

대응성과

지금까지 여성을 타겟으로 하는 관광진흥을 실시해서 일정한 성과를 거두었지만, 이번 초청을 통해서 실제로 여성의 시선에서 관광 콘텐츠를 더욱 다듬고 루트 정리를 어떻게 할 것인가 검증할 수 있었다. 또한 받아들이는 쪽에 있는 시민의 관광자원에 대한 이해도를 높임과 동시에 환대에 대한 인식 조성이 중요하고, 이를 위해 관광연수 실시, 받아들이는 쪽의 매뉴얼로도 활용할 수 있는 가이드 북 제작이 필수적이라는 인식을 얻을 수 있었다. 현재 관광방문객 수를 착실하게 확대해 나가기 위해서는 이번 초청을 통해

얻어진 의견을 기초로 보다 매력적이면서 [다시 한 번 찾고 싶은 시로이시(白石)] [오래 머물고 싶은 시로이시(白石)]가 되기 위한 관광에 대한 대응을 창출해 가기 위한 방향성을 발견할 수 있었다.

白石市の観光入込客数

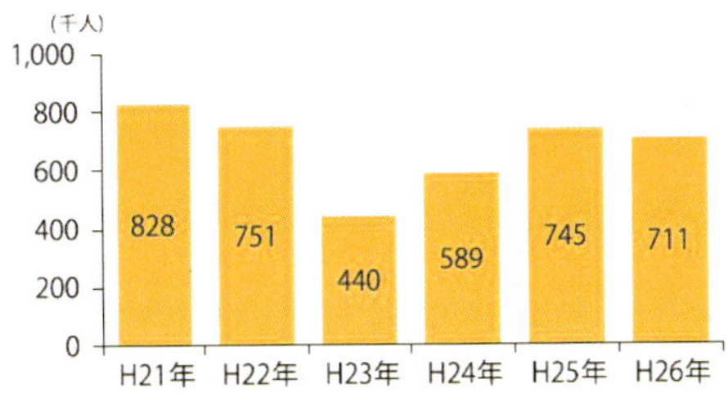

出典：白石市産業部商工観光課調べ

문의 : 시로이시(白石)시 산업부 상공관광과
宮城県白石市大手町1−1
TEL : 0224-22-1321
URL : http://www.city.shiroishi.miyagi.jp

기타

지역 매니지먼트*를 통한 지역의 활성화 창출

[실시 주체 : NPO법인 다이마루유(大丸有)지역 매니지먼트 협회(애칭 : 리가레**)]

- 지역 협찬을 통한 지역내 교통 서비스
- 도심에서 아트•공간•역사를 느낄 수 있는 워크가이드
- 지역의 팬을 확대하는 해당 지역 검정제도***
- 전문 지식인들과 마을만들기를 생각해 보는 살롱

마루노우치 셔틀 버스

*지역 매니지먼트란, 주민•사업주•토지 소유자 등이 자주적인 노력으로 지역환경과 지역의 가치를 유지•향상시키기 위해 주체적으로 대응하는 것을 가리킨다.
**리가레(LIGARE)는 라틴말로 [잇다, 연결하다, 이어서 하나로 만들다]의 의미를 갖는다. 사람과 사람, 마음과 마음이 이어지고, 몸과 마음이 이어지고, 사회와 이어지고, 과거로부터 미래가 이어지는 것을 의미한다.
***해당지역 검정제도(当地検定)이란 일정한 특정지역에 관한 문화나 역사 등의 지식을 판단하는 시험을 가리킨다.

대응 개요 다이마루유(大丸有)지구의 팬을 확대하는 여유있는 마을만들기

리가레에서는 [환경][교류][활성화]라는 3개의 핵심 키워드를 통해 다양한 활동을 전개하고 있다. [마루노우치(丸の内)셔틀]은 토지 소유권자를 중심으로 협찬자(協贊者)에 의해 2003년 8월부터 운행을 개시한 지역내 무료 순환버스로, 연간 총 승차인원이 60만명을 넘는다. [마루노우치(丸の内)워크 가이드]는 자원봉사 가이드에 의한 가이드 투

어로, 주3회의 정기코스 외에 희망자에 맞춘 어렌지 코스도 실시하고 있다. 마을의 여기저기에 놓여 있는 미술작품과 마음이 편안해지는 광장 등을 소개하는데 연간 700명 이상이 참가하고 있다. [마루노우치(丸の内)검정]은, 해당 지구의 각종 매력(역사, 건축물, 미술작품, 환경활동 등)에 대한 폭 넓은 이해를 추구하여 많은 사람들에게 팬이 되어 주기를 바라는 마음을 담아서, '마루노우치(丸の内) 검정'이라고 하는 해당지역 검정을 2008년부터 연1회 실시하고 있다. 매년 약200명의 수험생이 있다. 또한 2011년에 마루노우치 검정을 위한 이미지 캐릭터로 탄생한 [마루켄]은 많은 사람들에게 알려져서 현재는 리가레 전체의 이미지 캐릭터로서 각종 장면에서 활약하고 있다. [마을 만들기 살롱]에서는 지식인과 마을의 스테이크 홀더(stakeholder)*가 함께 마을 만들기를 구상하는 살롱으로, 2014년도에 3차례 개최한 [도심형 MICE살롱(가칭)]에서는 도쿄의 국제경쟁력 강화를 위해 도로와 광장과 같은 공적인 공간을 포함해서 해당지역의 공간을 어떻게 활용해 나갈 것인가를 토론했다.

◇[다이마루유(大丸有)지구] : 오오테마치(大手町), 마루노우치(丸の内), 유라쿠쵸(有楽町)지역을 부르는 약칭

*스테이크 홀더(stakeholder)는 민간기업, 학교, 병원, NPO등의 단체, 정부와 지자체 등 모든 조직의 이해관계자들에 대한 통칭이다.

지역의 특징

다이마루유(大丸有)지역은, 약 4,000개 기업과 약 23만명의 취업인구가 일하고 있는 일본을 대표하는 비즈니스 타운이지만, 최근에는 대형상업존과 콘퍼런스 센터, 미술관이 오픈하는 등 타운을 찾아오는 사람을 포함해서 쇼핑과 음식, 문화•예술을 즐길 수 있는 다양성이 풍부한 거리로 변해가고 있다. 2000년에 마을만들기 가이드라인이 책정된 이후 가이드라인에 따라서 기능별•목적별로 조성된 복수의 단체에 의해 지역 매니지먼트가 추진되고 있다.

대응체제

다이마루유(大丸有)지역에서는 1978년에 지역 내의 토지 소유권자로 구성된 협의회를 만들었고, 1996년에는 PPP(Public Private Partnership)라는 이념하에 도쿄(東京)도, 치요타(千代田)구, JR히가시니혼(JR東日本), 협의회로 구성된 4자 간담회를 설치하고, 마을만들기에 대해 토론을 나눴다. 해당 지역의 변화에 대해 가장 강력한 인상을 주었던

마루빌딩 개업이 있었던 2002년 9월에, 시설 유지관리와 문화활동 등 소프트파워를 담당할 NPO법인 다이마루유 지역 매니지먼트 협회(애칭 : 리가레)를 설립했다. 리가레 조직은 회원을 중심으로 총회를 두고, 이사회와 사무국으로 구성되어 있다. 회원수는 개인회원이 약 150명, 법인회원이 약 60명이다.

마루노우치(丸の内)워크 가이드

리가레 메인 캐릭터[마루켄]

· 지역만들기의 노하우 ·

과제 리가레 사무국 경비 등은 민간기업이 부담하고 있는 상황이고, 계속적으로 지역 매니지먼트를 실시하기 위한 재원확보가 필요

▶ 도쿄(東京)도의 옥외광고 모델 사업으로, 2012년부터 지역 매니지먼트 광고사업을 개시해서, 일정 수입을 확보할 수 있게 되었다.

과제 앞으로는 도시관광과 MICE, 방재 등에 대한 대응이 필요해 질 수 있기 때문에 보다 전문성을 가진 인재 확보가 필요

▶ 각 분야의 전문성 뿐만 아니라, 시설과 사람을 연계시키거나, 다양한 스테이크 홀더와의 협의·절충을 할 수 있는 인재의 발굴·육성에 힘을 기울이고 있다.

대응성과

해당 지역의 보행자 통행량은 2002년 마루(丸)빌딩 개업 전과 비교해서 증가했으며 특히 주말 통행량이 현저하게 증가했다.

대형 사업 존과 콘퍼런스 센터, 미술관 등 이곳을 방문하는 사람들도 즐길 수 있는 다양

성 있는 거리로 변모해 가고는 있지만, 하드웨어의 정비뿐만 아니라 소프트웨어 쪽의 대응을 계속적으로 실시함으로서 해당 지역의 팬층을 확대해 나가는데 긍정적인 효과를 보이고 있다.

大丸有地区の歩行者通行量の変化

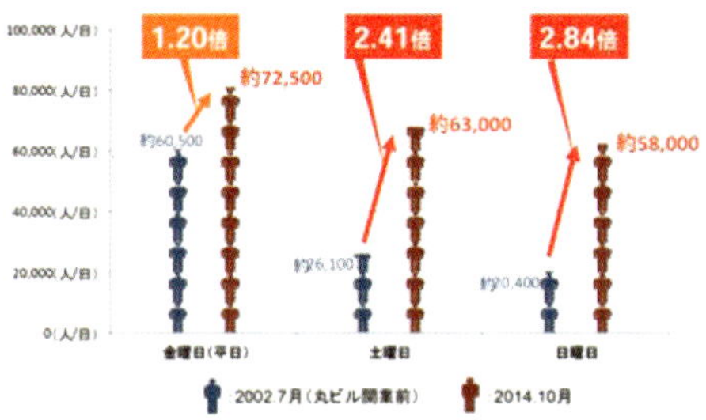

出典 三菱地所調査、丸の内、有楽町エリアの10地点における10～20時の歩行者通行量を調査。

문의 : NPO법인 다이마루유 지역 매니지먼트 협회

東京都千代田区大手町1−6−1　大手町ビル6F　635区

TEL : 03-3287-5386

URL : http://www.ligare.jp/

칼럼

관광분야에서 지역 식자재 활용을 촉진하는 노력 [일본의 식자재로 환대하기]

[일본의 식자재로 환대하는 파트너]와 연계한 대응 추진

일본에는 지역의 특색있는 식자재와 이것을 활용한 향토요리가 존재하고, 이런 음식을 즐길 수 있는 것은 여행의 큰 즐거움의 하나로 자리잡고 있다. 지역의 관광관련 사업자와 생산자, 음식관련 사업자 등이 연계해서 지역의 식자재를 관광분야에서 적극적으로 활용하는 노력이 시작되고 있다.

[일본의 식자재로 환대하는 파트너]를 통한 PR활동

국산 농림수산물, 특히 도도부현(都道府県)내의 지역 농림수산물 활용을 추진한다는 취지에 찬동하는 숙박시설 등의 관광관련 사업자가 [일본의 식자재로 환대하는 파트너]로서 전국에 647개 시설이 등록해 있다(2015년 3월 말 시점). 이들 시설은 [일본의 식자재로 환대하기]라는 통일된 캐치 프레이즈와 로고 마크가 들어간 노보리(のぼり)와 포스터를 사용하고, 그 시설을 이용한 여행자에 대해서 지역 식자재 이용을 촉진하는 이러한 노력을 PR하고 있다. 2014년도는 [일본의 식자재로 환대하는 파트너]시설을 이용한 여행자가 응모할 수 있는 프레젠트 캠페인을 실시했다(2014년 11월 1일-2015년 2월 28일). 그 지역의 제철 식자재로 여행을 더욱 맛나게, 즐겁게 하는 노력은 착실하게 자리잡아 가고 있다.

여관의 현관앞에 걸어 놓은 PR

[일본의 식자재로 환대하기]로고 마크

[일본의 식자재로 환대하기] 포스터

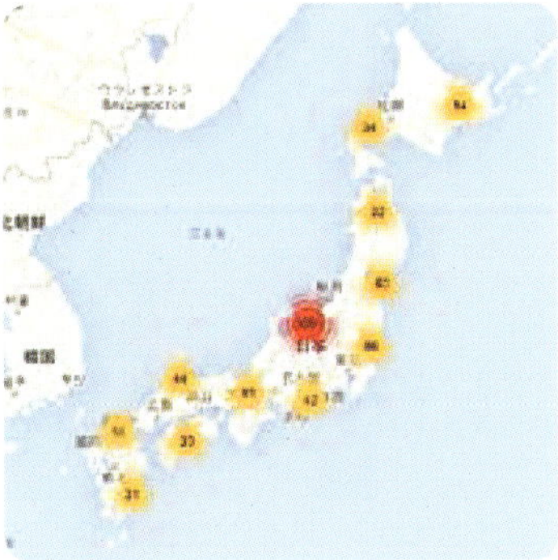

WEB에서 [일본의 식자재로 환대하는 파트너]
의 소재지를 검색할 수 있는 지도

[일본의 식자재로 환대하는 파트너] 시설을 검색할 수 있는 WEB지도 개설

지역의 식자재를 적극적으로 활용하는 [일본의 식자재로 환대하는 파트너]시설과 대응 내용을 소비자가 검색할 수 있는 WEB지도를 개설했다.

시설명, 요리명 외에 각 도도부현(都道府県)과 업종(숙박시설, 제조사업자, 음식점)으로 검색 가능하다.

소비자와 [일본의 식자재로 환대하는 파트너]를 이어주는 플랫폼이 될 것을 기대하고 있다.

칼럼

산지 관광에 의한 전통적 공예품의 수요 환기 -경제산업성-

전통적인 공예품은 [제조공정의 중요 부분을 수공업으로 할 것] [전통적인(100년 이상의 역사를 가지고 있는)기술•기법으로 제조되어 질 것]등의 요건을 충족해야 하는 것으로 [전통적인 공예품 산업의 진흥에 관한 법률*]에 기초해서 경제산업부장관의 지정을 받은 공예품을 가리키는데, 2015년2월 현재 전국에서 219품목이 지정을 받았다.

오랜 역사와 풍토 속에서 배양된 장인의 기예를 통해 우리들 일상생활에 풍요와 윤택함을 더해 온 전통적 공예품이지만, 대량생산되는 공업제품에 비해 가격이 비싼 경우도 있어, 전통공예 산업 전체의 생산량은 감소**되고 있다. 높은 가격이지만 소비자로 하여금 구매할 수 있도록 하기 위해서는 신상품 개발과는 별도로 각 상품이 갖는 스토리(상품의 배경에 존재하고 있는 각 지역의 문화와 역사), 장인정신, 기능성(예 : 옻(漆)에는 항균작용이 높다)등을 소비자가 이해할 수 있도록 하는 것이 중요하다. 따라서 본 칼럼에서는, 소비자가 장인(匠人)을 직접 방문하고, 장인과의 접촉•지역문화에 대한 경험을 통해서 전통적 공예품의 수요를 환기시킬 수 있도록 하는 [산지관광]의 한 예를 들어보기로 한다.

테마히마 우츠와 여행(テマヒマうつわ旅)

칠기(漆器)제품이 어떻게 만들어지는지, 여러분은 알고 있나요? 칠기제품을 만드는데 빠져서는 안되는 원료인 [옻]을, 옻나무에서 채취해서, 녹로(돌림판)와 대패를 사용해서 만든 목제품에 칠해서, 건조, 장식••••하는 각 공정에 전문 장인이 존재하는 분업제로 이루어진 칠기는 그야말로 장인정신의 결정품이다.

주식회사 明天(후쿠시마현 아이즈와카마츠시(福島県会津若松市))에서는 이처럼 손이 많이 가는 후쿠시마현의 전통공예품[아이즈 옻칠(会津塗)] 공방 투어인 [테마히마 우츠와 여행]를 통해서, 젊은이들을 대상으로 아이츠 옻칠에 대한 이해를 촉진하는데 힘

*1974년5월25일 제정된 법률제57호는 일정 지역에서 주로 전통적인 기술 또는 기법 등을 사용해서 제조된 전통적인 공예품이 민중의 생활 속에서 육성 계승되어진 것 및 앞으로 계속해서 존재할 기반이 있는가를 감안해서 전통적 공예품 산업 진흥을 도모하고 이를 통해 국민 생활을 풍요롭고 윤택하게 하여 지역경제 발전에 기여하고, 국민경제의 건전한 발전에 도움이 되 목적으로 제정.

**2012년도 생산액은 약1,040억엔이고, 가장 피크였던 1970년대에 비교하면 약5분의 1로 감소했다.

쓰고 있다.

우선 이 투어의 특징은, 참가자의 니즈에 맞춰서 공방안내인(전문 가이드)이 여행 계획 작성을 돕고, 공방에도 동행해 준다. 이를 통해 [전통공예의 제작 현장을 보거나, 체험을 해 보고 싶지만 어디를 어떻게 어프로치하면 좋을는지 …]라고 고민하는 사람들에게 손쉽게 공방을 방문할 수 있도록 하고 있다. 방문하게 될 공방에서는 키지비키(木地挽き***)와 마키에(蒔絵****)등의 공정을 장인으로부터 직접 배울 수 있고, 장인이 제작한 상품을 직접 구매할 수도 있다. 투어 참가자가 아이즈 옻칠에 대한 역사와 문화에 대해 배우고, 옻 공예품을 만들기까지의 수고를 알고, 옻칠을 한 공예품이 갖는 매력을 피부로 느낌으로서 자기 집에서도 써 보고 싶다고 느끼게 된다면 그것이 곧 투어 참가자(소비자)와 장인, 쌍방에게 모두 유익한 것이다. 옻 공예품을 통해서 소비자는 [장인의 수고가 녹아 들어간 좋은 물건을 써 보고 싶다]고 느낌으로서 상품 구매를 하게 되고, 장인은 사용자(소비자)의 의견을 직접 들음으로서 더욱 용기가 생기는, 신상품 개발로도 이어진다,고 하는 선순환 구조가 만들어질 것이 기대된다. 그리고, 이 투어는 참가자의 희망에 맞춰서 지역의 여관에서 아이즈 옻공예품을 식기(食器)로 사용하는 향토요리를 맛볼 수 있고, 또한 장인에게 본인이 원하는 작품을 오더메이드로 주문할 수 있다. 주문품이 완성될 때까지의 공정은 웹사이트를 통해서 확인할 수 있다는 점 또한 매력포인트.

현재 도쿄와 뉴욕 등의 외국인을 위한 방일체험관광 서비스를 전개하고 있는 회사와 연계해서 외국인을 위한 [음식과 식기 공방투어]도 전개하고 있으며, 2020년 도쿄올림픽•패럴림픽을 겨냥한 외국인 산지관광 유치에도 힘을 기울이고 있다.

***나무를 대패 등으로 거칠게 깍아서 그릇 등의 형태를 만들어 옻칠을 하기 전 단계의 나무조각 작업
****옻칠공예 기법의 하나로 옻으로 문양을 그리고 마르기 전에 금,은,주석의 가루나 안료를 뿌려서 고착시켜 조형(造形)하는 기법 및 작품을 가리킨다.

관광객이 공방을 방문하는 [테마히마 우츠와 여행]

아이즈 옻칠 공예품을 사용한 식사풍경

4

지역 인프라와의 연계

지역 인프라와의 연계에 의한 관광을 통한 지역활성화 대응사례가 매년 증가하고 있다. 연계하는 인프라 종류도 '미치노 에키(道の駅)' '마을거리 보전(町並み保全)' '지역교통(地域交通)'을 비롯한 다양한 인프라와 연계되고 있다.

4 지역 인프라와의 연계

4-1 지역내 교통과의 연계

4-2 관광지의 환경·경관 정비와의 연계

칼럼

특집

우리 지역만의 매력을 창출하기 위해

관광자원으로 재조명을 받고 있는 지역 인프라 활용

최근 지역 인프라와 연계한 관광에 대한 대응책이 각지에서 일어나고 있다. 대표적인 것으로는 도로설비(미치노 에키(道の駅)등), 마을거리 보전(町並み保全), 철도 등과의 연계를 들 수 있는데, 이 외에도 해운(크루즈)와 하천부(河川敷*), 댐 등 연계할 수 있는 인프라의 폭은 매우 광범위하다. 각각의 지역이 가지고 있는 고유 인프라 자원을 활용하여 관광객 유치와 접색을 위해 적극적으로 활용하는 것이 지역활성화를 위한 하나의 키가 될 수 있을 것이다.

*하천과 제방을 합친 구역을 가리킨다. 하천부는 동식물의 생식공간이 되기도 하고 공원, 운동장, 농지 등으로 이용된다.

쿠시로습지(釧路湿原)의 도로를 활용한 [쿠시로습지 마라톤 & 워크](홋카이도 쿠시로시(北海道釧路市))

배로 이동하는 많은 사이클리스트(히로시마현 세토다 항(広島県瀬戸田港)

교토 탄고철도의 관광열차 [쿠로마츠 호]

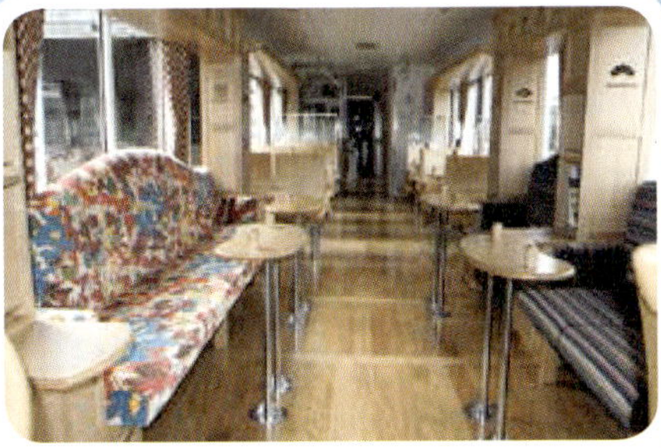

교토 탄고철도의 관광열차 [쿠로마츠 호]

해외 크루즈선 입항 환영 세레모니(나가사키현 사세보(長崎県佐世保) 항)

세토(瀬戸)내해 횡단 자전거 도로

지역내 교통과의 연계

여행할 때 여행자는 거주지에서 목적지까지, 또한 그 목적지 주변에서의 이동을 수반하기 때문에, 이동수단 확보가 매우 중요하고, 쾌적하면서 만족도 높은 여행을 하기 위해서는, 충실한 지역내 교통 인프라가 매우 중요한 요소라는 것은 두 말할 필요가 없다. **관광지로의 액세스 및 관광지 내에서의 이동에 있어서는 철도, 버스, 택시, 여객선, 항공 등의 공공교통과 더불어, 랜트카, 자전거, 도보, 자가용 등 각종 이동수단을 상정할 수 있다.** 편리하고 쾌적한 이동을 할 수 있도록 각 모드에서는 **관광주유버스 운행**을 개시하거나, **랜트사이클 시스템**을 충실하게 가동시키는 등 지역에서 다양한 시책을 진행시키고 있다. **쾌적한 이동을 확보하는 것은 물론, 이동 자체가 즐거운 행위가 될 수 있도록 하기 위한 창의적인 아이디어를 통한 대응책을 시행하고 있는** 지역이 증가하고 있다. 예를 들면, 철도에서는, 최근에 각종 관광열차가 등장하고 있고, 차창의 풍경을 바라보면서 그 지역만의 특징있는 계절 요리, 지역산 술, 스위츠 등을 맛볼 수 있는 레스토랑 열차, 그 외에도 겨울 동절기에는 코타츠(일본의 난방기구)와 스토브로 몸을 데우면서 일본의 풍정(風情)을 즐길 수 있거나, **가족여행자를 위해 아동들이 지루해하지 않도록 놀이방을 차량 안에 설치**하는 등, 이동하는 그 자체를 즐길 수 있도록 하는 다양한 아이디어가 이루어지고 있고, 그만큼 여행의 즐거움이 한층 폭넓어 지고 있다.

하마나(浜名)호SA를 거점으로 해서 하마나 호수를 주유하는 유람선(시즈오카현(静岡県) 하마마츠시(浜松市))

관광객을 위한 방류 모습(카나가와현 사가미하라시)

소형 모빌리티 렌트 서비스(나라현 아스카마을)

역사적인 마을거리를 즐기면서 양조장 투어리즘(사가현 카시마시)

관광지의 환경•경관정비와의 연계

경관과 자연환경 등 지역에 존재하는 개성있는 자원에 대해서는 그 보전과 활용이 조화되지 않으면 지속가능한 지역 형성을 할 수 없기 때문에 지역의 환경보전에 대한 배려와 그 지역만의 경관 유지•향상 등 조화로운 보전방법과 활용방법을 충분하게 유념해 둘 필요가 있다.

인프라 투어리즘

관광입국 실현을 위한 [액션 프로그램2014](2014년6월17일 각의결정)에서 세계에 통용가능한 매력있는 관광을 통한 지역만들기를 추진해야 함이 명시되었고, 매력있는 공간 형성의 일환으로 [댐과 그 주변지역의 자연환경과 긴 대교 등 세계에 자랑할 수 있는 토목기술 등을 관광자원으로서 활용하는 인프라 투어리즘을 추진한다]고 되어 있다. 건축물, 고속도로, 철도, 댐 등의 인프라는 사회자본으로서의 용도 뿐만 아니라, 관광자원으로서도 재조명되어, 도로와 댐 등의 건설공사 현장을 돌아보는 투어가 실시되는 등 최근에는 관광활용으로의 수요도 증가하고 있다. 지역의 관광진흥에 사회자본을 활용함과 동시에 사회자본의 역할과 중요성을 널리 일반인이 알 수 있도록 하기 위한 요소도 포함된 투어리즘이다.

이번 장(章)에서는 지역이 가지고 있는 각종 인프라 자원을 적극적으로 활용해서 관광객 유치와 수입증대에 잘 활용하고 있는 전국 방방곡곡의 사례를 소개한다.

관광지내 2차 교통을 지원하는 본넷버스(오카야마현 미마사카시)

시내를 주유하는 오픈 톱 버스
(히로시마현 히로시마시)

Specialist Message 전문가의 변

도로 인프라가 관광을 활성화 시킨다

츠쿠바대학 사회공학영역 이시다 하루오(石田東生)교수

최근의 도로활용 조류

도로정책에 대한 방향이 매우 변하고 있다. 한 마디로 말하면 현명한 도로 사용법이라고 하겠다. 지역이 행복해지고 그를 위해 도로를 지금보다 더 잘 활용할 수 있다. 그와 매우 중요한 연계처로서 관광이 있다. 예를 들면 1993년에 전국 103개소로 시작된 [카와바(川場)전원 플라자]와 같이 미치노 에키(道の駅)자체가 관광목적지가 된 사례도 있다. '일본 풍경 가도(街道)', '홋카이도 시닉 바이웨이*' 는 도로가 갖는 지역과 지역, 사람과 사람을 연결짓는 힘을 관광지와 지역자원의 선으로, 면으로 연결지어, 관광과 지역의 건강한 활력을 갖게 하는 목적의 지역이 주체인 운동이며, 도로 표식에 대한 아이디어, 활동단체의 자발적인 노력으로 간판을 철거하는 등 일정한 성과를 올리고 있다.

도로 인프라와 관광을 통한 지역만들기

이 같은 노력을 통해서, 자치단체라는 프레임을 넘어서 지역활동이 활발하게 되었다. 큐슈(九州)의 미치모리(道守)회의에서는 철도의 선로나 간선도로에 인접한 지역에 사는 주민들이 연계해서 길을 깨끗하게 청소하고, 도로를 지키는 활동을 실시하고 있다. 이와 같은 노력은 전국적으로 일어나고 있다. 이런 활동들은 작은 소소한 활동이지만, 자신들과 비슷한 활동을 하고 있는 사람들의 존재를 할게되면, 그 자체만으로 즐거워지고 용기를 얻게 되어 자신의 활동에 탄력을 받게 된다. 도로(길)를 이용한 '관광을 통한 지역만들기'는 관광객을 매료시킬 뿐만 아니라 지역의 주민들을 하나로 잇는 임무도 가지고 있다. 또한 이즈모신사(出雲大社) 의 신몬(神門)거리도 좋은 사례로 볼 수 있다.자동차에 의한 참배자

시닉 바이웨이에서의 나무심기[사람과 자연을 잇는 100년의 나무 프로젝트(大雪·富良野루트)](사진제공:후라노시)

*시닉 바이웨이란, 경관 혹은 Scene의 형용사인 Scenic와 '곁길' 혹은 '돌아가는 길'이라는 의미의 Byway의 합성어이다. 길을 자동차가 달리는 도로라는 관점에서 벗어나서, 경관, 자연, 문화, 레크레이션과 같은 요소로 관광과 지역활성화 등을 목적으로, 지역의 매력을 구현하기 위한 노력의 일환으로 1980년대 후반에 미국에서 시작됐다.

증가와 주차장 위치가 안좋아서 참배길이 퇴색해 가던 것을 천궁(遷宮**)할 때에 맞춰서 참배길로 이어지는 작은 산책을 즐길 수 있는 지점에 주차장을 증설함과 동시에, 참배길을 세어드 스페이스(shared space)방식***으로 다시 만들었다. **구체적으로는 도로포장을 돌로 만든 다타미로 만들고, 보행도로를 넓힘과 동시에 차도를 좁혀서 천천히 걷을 수 있는 보행자 중심의 공간으로** 만들었다. 이런 대응을 통해 참배길을 걷는 사람 수가 급증했고, 활력을 되찾았다.

전국의 관광지역에 대한 메시지

시닉 바이웨이에서는 지역의 스토리를 모두가 함께 빗어내는 것이 중요하고, 이는 관광을 통한 지역만들기에서도 동일하다. 이를 위해서는 지역의 특징, 자원을 잘 발굴해서 공유하는 것이 전제되야 한다. 시간은 걸리지만, 이렇게 하는 것이 지역이 주체가 되어 관광을 통한 지역만들기를 하는데 불가결한 요소다.

재정비 후의 이즈모(出雲)신사의 신몬(神門)거리의 활기찬 모습(사진제공:시마네현)

이시다 하루오(石田東生)교수
츠쿠바대학 사회공학영역
1974년 도쿄대학 토목공학과 졸업. 도쿄공대 조수, 츠쿠바대학 조교수를 거쳐서 1996년부터 현직. 전문은 교통정책, 국토계획. 저서로 [みち創り·使い·暮らす]등.

**천궁(遷宮) : 신사의 본전을 수리하거나 할 때에 신체(神體)를 다른 종소로 옮기는 것을 말한다.

***셰어드 스페이스(shered space)는 네덜란드 교통기술자인 한스 몬데르맨이 1980년대에 발안한 도시 디자인 개념이다. 표식과 신호, 횡단보도, 중앙선 등을 없애서 보행자와 차량의 자주성을 높이고, 아이 콘텍트를 하면서 통행하도록 함으로서 교통의 안전성도 높아진다. 유럽이 선진적으로 대응하고 있고 일본은 2011년 교토에서 2주일간 실험을 한 적이 있다.

버스・렌트카

세계유산을 잇는 버스 운행에 따른 관광 2차교통의 충실

[실시주체 : 카에츠노(加越能バス) 버스 주식회사, 토야마현(富山県), 타카오카시(高岡市), 난토시(南砺市)]

▶ **호쿠리쿠(北陸) 신칸선(新幹線) 개업을 겨냥하여 공공교통을 이용하는 여행자를 타겟으로, 타카오카(高岡)-세계유산 고카(五箇山)산•시라카와고(白川郷) 사이를 잇는 [세계유산버스]를 운행**

고카(五箇山)산 부락

지역의 특징

난토(南砺)시에는 향기 높은 수많은 역사문화유산이 존재한다. 세계유산 [아이노쿠라(相倉)•스가누마(菅沼)합장만들기 부락]이 존재하며, 무기야부시(麦屋節)와 코키리코(こきりこ)등의 민요가 풍부하게 후대에 이어지고 있어 여행 가이드 북[미슈랭 그린가이드 재팬]에 별 세개로 소개된 [고카(五箇山)산]을 비롯, 엣츄(越中)의 작은 쿄토(小京都)[죠하나(城端)], 신앙과 나무조각의 고향[이나미(井波)], 판화가 무나카타 시코(棟方志功)가 사랑한 [후쿠미츠(福光)], 소바와 연극의 성지[토가(利賀)]등 역사와 전통이 뒷받

침 되어 사계절 계절마다 아름다움이 가득한 그리운 풍경 그대로의 원풍경이 풍요롭게 살아 숨쉬고 있다.

1년 내내 각 지역의 특색있는 축제가 개최되어 많은 관광객이 방문하고 있다. 사람과 사람과의 이어짐을 소중하게 여기는 난토(南砺)에서는 마을을 찾아오는 사람들과의 만남을 소중하게 여기는 **'난토(南砺)다운 환대'로 몇 번이라도 다시 방문하고 싶어지도록 하는 교류 관광 마을만들기를 진행**하고 있다.

래핑된 세계유산버스

코키리코(こきりこ)

대응체제

토야마(富山)현이 지역의 교통사업자인 카에츠노(加越能)버스(주)의 협조를 받아, 2013년 10월 관광 노선버스인 [세계유산버스]운행이 스타트(운행주체 ; 카에츠노버스(주))했다. 편수와 다이어그램 등의 운행형태는 카에츠노버스(주)가 현(県)과 연선(沿線) 주변의 관계 자치단체 의견을 청취하고 협의하면서 결정하고 있다. 또한 고카(五箇山)산의 라이트업 이벤트에 맞춰서 증편과 당일치기 여행도 즐길 수 있도록 하는 등 지역 이벤트와의 연계를 모색하여 관광객 유치 강화를 꾀하고 있다.

· 지역만들기의 노하우 ·

과제 여행의 형태가 단체여행에서 개인여행(FIT)로 시프트되고, 호쿠리쿠(北陸) 신칸선(新幹線)이 개통한 후에 상정했던 공공교통 이용 여행자가 증가

▶ 신칸선(新幹線)등의 **대중 교통기관을 이용해서 방문하는 개인 여행자를 위해 중요 관광지까지 손쉽게 액세스 할 수 있는 2차 교통수단을 제공**하여 토야마현(富山県) **여행에 대한 강력한 동기부여를 하고 있다. 나아가 현지에서 체험할 수 있는 와시**(和紙)**뜨기** 등 우리 지역만의 매력을 발전하여 현 내를 주유할 수 있도록 촉진하고 체재시간을 길게 가져갈 수 있도록 노력하고 있다.

대응성과

대형 여행사의 2차교통 옵션 상품으로 노출을 높이는 등의 대응결과 승차인원이 비약적으로 증가하고 있다. 버스에 대한 정보가 알려짐에 따라 일본 국내 뿐만 아니라 해외의 개인여행객 이용수도 증가하고 있다.

世界遺産バス乗車人数実績

運行時期	乗車人数
平成25年10月	511名
平成26年 4月	992名
平成26年10月	3,365名

문의 : 토야마현(富山県) 관광•지역진흥국 관광과
富山県富山市新総曲輪1−7
TEL : 076-444-4498
URL : http://www.info-toyama.com/

버스 · 렌트카

초소형 모빌리티* 렌트 서비스 [MICHIMO]사업

[실시 주체 : 아스카(飛鳥)정보교통협의회]

- 전기자동차 렌탈사업을 통해서 나라현(奈良県)의 츄난와(中南和)** 지역에서의 광역적 관광에 진력
- 중산간지(中山間地), 도로 폭이 좁은 곳에 대한 새로운 교통수단 확보
- 환경에 대한 대응

농로를 달리고 있는 MICHIMO

MICHIMO와 이나부치(稲渕) 점보 허수아비

*모빌리티는 전동휠, 전동킥보드, 전동스케이트보드, 전기자전거 등과 같은 개인용 이동수단을 지칭한다. 주로 전기를 동력으로 함으로서 공해없는 이동수단으로 활용된다.
**옛날 율령제도 시절의 야마토국(大和国)중부를 가리키는 지역명으로, 현재 나라현(奈良県)북부 지역을 가리킨다.

대응 개요 다이마루유(大丸有) 지구의 팬을 확대하는 여유있는 마을만들기

아스카(明日香) 마을에는 연간 약80만명의 관광객이 [단체관광버스] 혹은 [자가용][철도]를 이용해서 방문하고 있는데, 마을 내에서의 이동은 오로지 [도보][랜트 사이클][순환버스]가 주된 교통수단이다. 문화재 등 볼거리가 한 곳에 모여있는 것이 아니라 산발적으로 광역으로 분포해 있는 까닭에, 마을 안에서 역사유산, 문화유산을 잇는 도로는

폭이 좁고, 또한 중산간지역(中山間地)이라고 하는 특성 때문에 도보(徒步)나 자전거로는 접근하기 어려운 곳이 있는 것이 사실이다. 버스 등 대중교통으로 모든 관광지를 커버할 수는 없기 때문에 이와 같은 배경에서 초소형 모빌리티 운행이 적합하다는 판단으로 도입하게 되었다.

또한 본 사업은 환경적인 측면 뿐만 아니라 선진적이면서 유니크한 아이디어의 일환으로 IT회사인 소프트뱅크 모바일이 제공하는 인증형 충전 시스템 Ubiden(유비든)을 이용함으로서, [누가, 언제, 어디서, 얼마만큼] 충전했는 지를 이용자측도 운영 주체측도 파악할 수 있을 뿐만 아니라, 인증형이기 때문에 본 사업의 소형 모빌리티 이외에는 충전할 수 없어서 도전(盜電) 염려 또한 방지할 수 있다. 앞으로의 구상으로서는 **전기를 얼마만큼 사용해서 관광했는지를 살펴보고, 이용객에게는 그 증명서를 발행함으로서 이용객의 만족도 향상과 에코 투어리즘 의식을 고양시키는 등 다른 사업에서는 제공할 수 없는 아이디어를 실행**하고 있다.

MICHIMO 오프닝 세레모니

지역의 특징

아스카(明日香)마을은 일본이 율령국가가 형성된 시대의 정치 및 문화 중심 지역이기 때문에, 궁터(宮跡)와 사원유적, 고분(古墳)과 같은 당시의 귀중한 역사적•문화적 유산이 마을 전역에 걸쳐서 다수 존재하고 있다. 이들 역사적 문화유산과 아스카(飛鳥)강, 야마토(大和)3산 등이 오랜 옛날 만요집(万葉集*)에서 불리워 졌던 풍경을 떠올릴 수 있는 자연환경, 계단식 전답(棚田)와 부락 등의 인문적 환경이 잘 어우러져서, 고대의 국가형성 기억을 품고 있는 특색있는 역사적 풍토를 형성하고 있다.

농촌풍경과 MICHIMO

대응체제

아스카(明日香)마을 지역진흥공사에서는 약1,400년전의 아스카(飛鳥)시대의 역사적•문화적 유산을 이곳을 방문하는 모든 관광객을 대상으로, 관광 애

*만엽집(万葉集)은 일본에서 현존하는 최고 오래된 시가집으로 7세기-8세기에 걸쳐 만들어졌다. 일본의 당시 시대를 엿볼 수 있는 가집(和歌集)이다.

플리케이션을 사용할 수 있는 태블릿이 탑재된 환경오염을 일으키지 않는 초소형 모빌리티EV(전기자동차) 랜트 서비스 사업을 실시했다. 3개의 시정촌(市町村)에 의한 광역적인 아스카(飛鳥)정보교통협의회를 조직하고, 광역 관광서비스 제공을 실시하고, 소프트뱅크 모바일 등 민간의 노하우도 받아들여 서비스 레벨 향상을 도모하면서 실시하고 있다.

· 지역만들기의 노하우 ·

과제 실증실험에 의한 운행이기 때문에 사전에 인정구역 내에서 주행가능한 지역와 이용상의 제한사항을 설정

▶ 주행 가능한 지역 밖으로 나갔을 경우에는 차량 탑재 태블릿의 네비게이션 경고음 등을 통해서 구역을 벗어났음을 알리고 있다.

과제 관광진흥에 어떻게 관련지을 수 있는가

▶ 중요 관광 스팟과 주차장, 점포 등에 충전 포인트를 설치하고, 추가 충전하는 동안에 이용할 수 있도록 하고 있다.

과제 비수기와 성수기가 있기 때문에 가동율 확대를 예측하기 어렵다

▶ 기존의 소재와 숙박시설, 여행사 등의 여행상품 구성을 통해 비수기의 이용확대를 위해 노력하고 있다.

대응성과

아스카(明日香)마을 내에 한정된 포인트 관광에서 벗어나 오쿠아스카(奧飛鳥), 아스카(明日香)마을 주변으로 이동하는 이용자가 증가하면서 광역적인 관광이 이루어지고 있다. **이용시간도 종일관광을 즐기는 관광객이 증가해서 체재시간 연장에 따른 경제효과**도 있는 것으로 파악된다. **접수업무 등은 마을사람을 고용함으로서 고용촉진에도 공헌**하고 있다.

MICHIMO レンタル実績　(平成26年度)

利用台数	309台
収納額	1,611千円

※平成26年10月～平成27年3月までの6ヶ月の累計実績

문의 : 일반사단법인 아스카(明日香)마을 지역진흥공사
奈良県高市郡明日香村大字岡1220番地
TEL : 0744-54-4577
URL : http://michimo.jp/

철도

일본에서 가장 마음이 풍성해지는 로컬 라인을 향해서

[실시주체 : 와카야마(和歌山)전철주식회사•키시가와(貴志川)선의 미래를 만드는 모임]

- ▶ 지역공공교통의 존속
- ▶ 역사와 자연, 그리고 즐거운 전차(電車)

타마 뮤지엄 키시(貴志)역[디자인 : 미토오카 에이지(水戸岡鋭治)]

울트라 역장 타마 & 슈퍼 역장 니타마

타마 전차와 장난감 전차 (디자인: 미토오카 에이지 (水戸岡鋭治)]

대응 개요 역사와 자연, 그리고 즐거운 전차를 만끽할 수 있는 노선

와카야마(和歌山)전철 키시가와(貴志川)線은 JR와카야마(和歌山)역과 키시가와(貴志川)역을 잇는 14.3km 노선으로, 2006년 4월1일에 난카이(南海)전철로부터 철도시설의 양도를 받아서 운행을 개시했다. 미래를 만드는 모임을 중심으로 한 지역 주민의 따뜻한 성원을 받으면서 철도 활성화에 진력하고 있다. 또한 미토오카 에이지(水戸岡鋭治)씨에게 디자인을 부탁해서 기존 차량을 [스트로베리 전차] [장난감 전차] [타마 전차]로 새롭게 디자인했다. 2015년 키노쿠니(紀の国)와카야마 전국체전•키노쿠니(紀の国)와카야마 대회 PR 래핑전차 [키짱 전차]를 운행, 이다키소(伊太祁曽)역의 랜트 사이클

[타마 자전거], 타마역 역장 인증[타마 스윗], 키시(貴志)역에서는 '타마(たま)'를 사철(私鉄)의 역사상 처음으로 고양이 역장으로 임명, 이다키소(伊太祁曽)역에서는 '니타마(にたま)'역장 취임 등, 키시가와(貴志川)노선의 영속성을 위해 철도와 지역의 활성화에 진력하고 있다. 선로를 따라서 유서깊은 신사(神社)가 산재해 있고, 역사와 자연, 그리고 즐거운 전차를 만끽할 수 있는 노선으로 현재 "일본에서 가장 마음이 풍성해지는 로컬라인"을 목표로 달리고 있다.

키시카와선 축제

지역의 특징

와카야마(和歌山)시는 와카야마현의 현청 소재지. 에도(江戸)시대에는 고산케(御三家) 중의 하나이다. 고산케란, 에도시대에 쇼군(将軍)직을 이어받을 수 있는 특전이 주어진 오하리(尾張), 키이(紀伊), 미토(水戸)가문을 가리킨다. 키슈(紀州)토쿠가와(徳川)집안이 다스리는 키슈번(紀州藩)의 성곽마을로 번창했고, 한자로는 若山로 표기하기도 했다. 관광측면에서는, 와카야마시에 대한 홍보강화, 유루카라(ゆるキャラ)는 ゆるゆるマスコットキャラクター를 줄인말로, [여유있는 캐릭터]로 번역할 수 있다. 이와 같은 캐릭터전개, 컨벤션 개최 보조사업, 와카야마시 필름 콜렉션사업 등을 전개하고 있다. 키노카와(紀の川)시는 2005년 11월 7일 나카군(那賀郡)우치타쵸(打田町), 코카와쵸(粉河町), 나카쵸(那賀町), 모모야마쵸(桃山町), 키시카와쵸(貴志川町) 5개 쵸(町)를 합병해서 탄생했다. [키노카와(紀の川)시]라는 시 명칭은 공모에 의해 정해졌다.

키시카와라인 운영위원회

대응체제

와카야마 전철주식회사는 2005년 6월 27일, 오카야마(岡山)전기괘도가 100% 출자해서 와카야마시에 설립한 자회사이다. 2006년 4월 1일부터 난카이(南海)전기철도로부터 키누카와선을 이어받아 경영하고 있다. 경영의 기본은 [일본 제일의 마음이 풍성한 로컬라인이 되자]이다. 지역의 자치단체인 츠쿠

루회(つくる会)를 중심으로 선로주변의 주민과 학교 관계자, 상공회 관계자들로 구성된 [키시카와라인 운영위원회]를 사내에 설치하고, 주민의 요망사항을 받아들여 정책으로 녹여내는 시스템을 만들었고, 현장에서 활용할 수 있는 아이디어, 정보제공은 카시키와라인 운영위원회에서 운영하고 있다.

· 지역만들기의 노하우 ·

과제 모두가 알 수 있게, 모두가 탈 수 있게, 모두가 살아보고 싶게

▶ 누구나 타고 싶어하는 즐거운 전차, 1년 내내 다양한 이벤트 개최, 네코(猫)역장의 활약 등, 주민들이 전차에 대해 알고 직접 타고자 하는 마음이 들 수 있는 정책과 화제를 끊임없이 생산하고 실시하고 있다.

과제 지역과의 연계·협동의 중심적 역할, 키사카라인 운영위원회

▶ 월례회의에서는, 경영상황, 이용촉진, 서비스개선 등을 협의하고, 과제와 성공체험을 공유한다. 지역과 협동하는 운영체제를 지속적으로 진행하고 있다.

과제 챌린저 250만명 -4번 더 타서 노선을 살리자-

▶ 선로 주변에 살고 있는 주민이 1년동안 향후 4번(2왕복) 더 이용하도록 함으로서, 안정적인 운영이 가능한 연간 250만명 이용을 달성할 수 있으므로, 이를 슬로건으로 해서 이용촉진 이벤트, [4번만 더 티켓] 발행 등 다양한 정책을 펼치고 있다.

하마구치 아키오(濱口晃夫)씨

아키오(濱口晃夫)씨

2003년에 난카이전철(南海電鉄)이 키누카와라인 폐쇄를 표명한 것에 대해 2004년에 존속을 요구하는 주민단체(貴志川라인의 미래를 만드는 모임)를 결성해서 대표를 맞고 있다.

대응성과

울트라역장(駅長) [타마]와 개성 넘치는 전차를 통해 전국적인 팬이 있는 키시키와라인. 계속운행(2006년도)이래 사업자와 지역 주민들에 의한 이벤트 등 다양한 시도를 통해 2005년도(난카이전철 운행시점)때 보다 대폭적인 이용자 증가를 보이고 있다.

海外からの団体旅客数

H23年	H24年	H25年
12	93	232

(単位：百人)

和歌山電鐵貴志川線の輸送人員

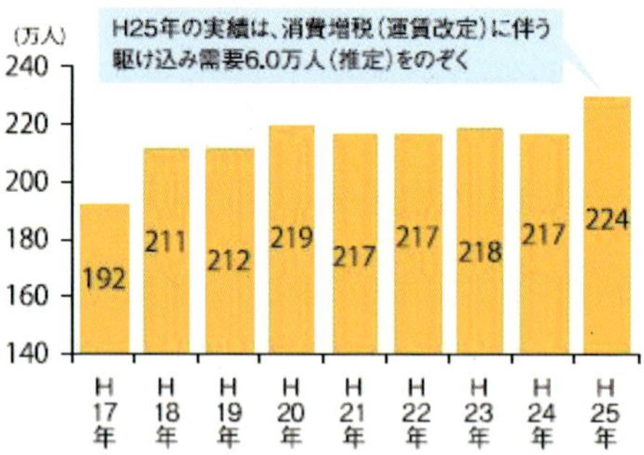

문의 : 와카야마전철주식회사

和歌山県和歌山市伊太祈曽73

TEL : 073-478-0110

URL : http://www.wakayama-dentetsu.co.jp

철도

지역주민과의 연대에 의한 이벤트열차 운행

[실시 주체 : 시가라키(信楽)고원철도주식회사]

▶ 활성화를 위한 화제만들기 이벤트열차 운행

이벤트열차[마이키 트레인]

시가라키 본바이(盆梅)열차

레일 오브제[츠나구(つなぐ)]

대응 개요 공유민영화에 의한 상하분리방식을 채용한 재건방식 도입

시가현(滋賀県) 남부 산간을 달리는 시가라키(信楽)고원철도는, JR쿠사츠(草津)라인의 키부카와(貴生川)역과 일본 육고요(六古窯)*의 하나인 시가라키 도기마을을 연결하는 길이 14.7km의 제3섹터방식 철도이다. 전쟁과 재해, 국영철도 재건, 대형사고 등이 얽히면서 몇 번이나 라인 폐쇄 위기에 직면했다. 최근에는 2013년 9월에 발생한 태풍피해로 교각 유실 등 운행 전면중지로 인해 막대한 수복비용과 시설유지 관리비용 차원에

*일본 고래로부터 전해져오는 도자기요 가운데 중세시대부터 현재까지 생산이 이어지고 있는 대표적인 6개의 도자기요(窯)에 대한 총칭. 세토(瀬戸), 도코나메(常滑), 에치젠(越前), 시가라키(信楽), 탄바(丹波), 비젠(備前)

서 폐선하는 것으로 검토되었지만, 주민과 철도 통학 이용자(고교생 등)들의 서명운동, 또한 중앙정부, 현, 시를 비롯한 많은 지원을 통해, 2014년 11월 29일에 태풍피해를 입은지 1년2개월만에 운행을 재개하기에 이르렀다. 철도는 토지를 포함한 선로설비 등을 일괄적으로 보유하는 것이 일반적이지만, 이점이 오히려 경영을 압박하는 요인이 되어, 열차사고 이후 시가라키 고원철도는 매년 5천만엔 전후의 경영손실을 계상했다. 선로설비 등의 개보수에는 중앙정부와 현, 시로부터 보조제도가 있지만, 시설보수에 드는 인건비와 고정자산세, 보조대상에서 제외되는 수선비와 동력비용이 경영손실의 큰 요인이 되었다. 이부분은 코오카(甲賀)시로부터 운영비 보조금으로 보전되고 있었지만, 자립적인 경영체질을 갖게 하는 것이 정상적인 상태이고, 또한 회사의 활성화로 이어질 수 있다는 판단에서 공유민영화에 의한 상하분리방식**을 선택해서 재건하는 것으로 진행하고 있다.

**상하분리방식(上下分離方式)이란, 철도, 공항, 도로, 항만 등의 운수사업을 시설보유 및 관리를 담당하는 하부(인프라)주체와, 교통사업 운영에 해당하는 상부(영업)주체를 분리하는 방식

지역의 특징

역의 풍경

인구감소 등의 이유로 시가라키 고원철도는 불채산 노선으로 분류되었지만, 그 때마다 코오카(甲賀)시 주민들이 존속운동을 펼쳐서 폐선 위기로부터 벗어날 수 있었다. 이번에 결정된 공유민영화에 의한 존속도 주민생활의 발로서의 역할을 담당해온 시가라키 고원철도에 대한 [철도의 필요성]이라는 강력한 주민의식 때문이라고 할 수 있다.

대응체제

선로 주변에 나무를 심는 모습

시가라키 고원철도는 1933년에 국영철도 시가라키라인으로 개통해서 제2차세계대전 중에 물자부족으로 인해 침목과 레일을 제공하게 되어 폐선 위기에 봉착했지만 지역민으로부터 침목 2만3천개와 노동력을 무상으로 제공받아서 전쟁이 끝난 후에 부활했으나, 각종 사고와 경영난으로 인해 몇 번이나 위기를 맞이했고 그 때마다 지역민들의 도움으로 위기를 극복해서 운행을 계속해 왔다.

· 지역만들기의 노하우 ·

과제 운송객수의 감소로 인한 경영악화

▶ 공유민영화에 의한 상하분할방식을 취해서 2013년 4월부터 철도시설·토지·차량을 코오카(甲賀)시가 보유하고 시가라키 고원철도는 무상으로 이 시설을 빌려서 운행만 담당하는 제2종 철도사업자로서 재출발 같은 해 6월에는 상공관광단체, 철도사업자, 여행사업자 등에 의한 [시가라키 고원철도 경영개선위원회]를 설치해서, 지속 가능한 경영과 지역활성화를 향해서 지역민 전체가 혼연일체로 노력하고 있다.

과제 철도 연변에 관광자원이 부족

▶ 철도연변에 경승지는 부족하지만, 시가라키 지역을 방문하는 내방객에게 철도연변의 경관을 즐길 수 있도록 역 주변과 연도(沿道)의 경관만들기에 지역주민이 적극적으로 동참하고 있다.

과제 승객수 증가와 시가라키 고원철도 알리기

▶ 도자기 전통마을이라는 전통을 살려서 도자기 12지 간지(干支)티켓, 본바이(盆梅)열차·칠월칠석열차·산타클로스열차 등 이벤트열차 운행을 통해 각종 미디어의 화제가 될 수 있도록 하고, 시가라키 고원철도에 대한 홍보와 승객수 증가에 힘쓰고 있다. 앞으로도 연단위의 각종 이벤트열차 운행, 기념티켓 발행 등 기간제 화제를 제공하고 이용자 증가에 힘쓰고 있다.

대응성과

철도 연변에는 시가라키궁(紫香楽宮)과 곡케이(玉桂寺)절이 있기는 하지만 경승지가 적어서 열차에서 바라보는 경관만들기를 하자는 의견이 모아져서 선로 주변의 주민활동을 진행하고 있다. 쿠모이(雲井)자치진흥회에서는 [쿠모이역을 지키는 모임]을 발족하고, 역 주변과 선로 주변의 경관만들기에 적극적으로 임하고 있다. 2014년3월에는 지역의 자원봉사 100명이 참가해서 쿠모이역 반대편에 수국150그루와 철쭉 300그루를 심었다. 또한 선로 주변으로부터 동선을 확보하기 위해 곡케이(玉桂寺)사역에서 시가현

(滋賀県) 도예가 숲으로 통하는 산책로를 정비하고, 초등학생의 자연관찰 등의 과외활동 무대로 활용하고 있다. 2015년 3월에도 각 역 주변에 벚꽃과 단풍나무를 심는 등 선로 주변의 주민이 한몸이 되어 지속적인 경관만들기에 힘쓰고 있다.

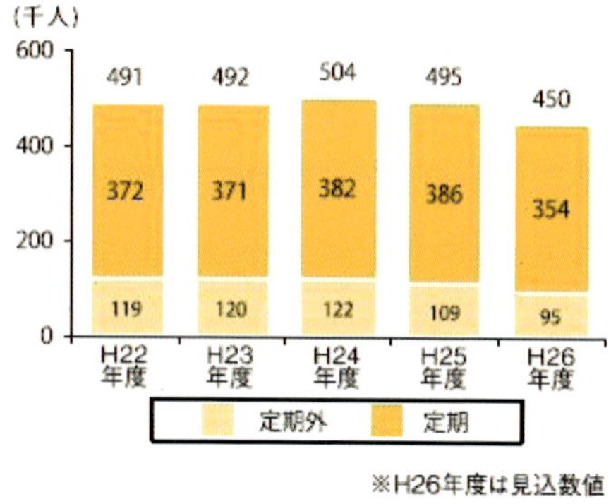

문의 : 시가라키(信楽)고원철도 주식회사
滋賀県甲賀市信楽町長野192
TEL : 0748-82-3391
URL : http://www.koka-skr.co.jp

해운(크루즈)

세토내해(瀬戸内海) "꿈으로의 여행"

미야지마(宮島)·히로시마(広島)·(呉), 그리고 마츠야마(松山)가 지금 이어진다

[실시 주체 : 세토나이(瀬戸内)·마츠야마(松山) 투어리즘 추진회의]

- 세토나이(瀬戸内)에 새로운 여행의 가치(투어리즘) 창조
- 정기항로를 활용한 히로시마(広島)·마츠야마(松山) 간 2차교통 활성화

꿈으로의 여행

세토내해(쿠츠나제도)의 저녁노을

히로시마·마츠야마 정기항로(크루즈 페리와 슈퍼제트)

대응 개요

세토내해의 광역지역에 속해있는 관민이
연대 주체가 되어서 새로운 비즈니스모델을 확립

세토내해에 새로운 여행의 가치 창조와 여행시장으로의 안착을 목표로 히로시마(広島)와 마츠야마(松山)를 잇는 정기항로를 [세토내해 길 1호선]이라고 명명하고, 연선에 있는 시정촌(市長村)의 행정이 협력하고, 두 곳을 잇는 선박회사, 철도사업자로 구성된 세토내·마츠야마 투어리즘회의를 설립하고, 히로시마지역과 마츠야마간의 2차 교통 활성화, [세토내해]를 테마로 하는 해양관광형 여행상품 조성, 관민일체의 프로모션 등으로 협력해 왔다. 단체버스와 신칸선 등을 조합한 항로 패키지 플랜을 조성함으로서

단체여행객과 개인여행자를 위한 항로이용 촉진에 힘써왔다. 인바운드 시장을 위해서는 [외국인을 위한 항로 할인서비스]외에, 칸사이(関西)국제공항·후쿠오카(福岡)공항을 기점으로 세토내해 지역를 신칸선과 항로, 시마나미 바다길 버스, 시코쿠(四国)지역을 특급열차를 5일동안 자유롭게 승하차 할 수 있는 [서유기행 프로젝트]를 시작했다. 또한, 이 항로를 단순한 이동수단으로만 사용하지 않고 새로운 해양관광자원으로서 활용하여, 눈 앞에 펼쳐지는 아름다운 섬들에서 수확한 감귤 등의 농림수산물 등을 선내와 항만시설에서 구입할 수 있는 시스템 등 여행객을 위한 서비스를 충실하게 갖추도록 노력하고 있다.

도고(道後)온천

지역의 특징

마츠야마(松山)시, 히로시마(広島)시, 쿠래(呉)시, 하츠카이치(廿日市)시를 중심으로 하는 세토내해 지역는 세계적인 경관미(섬들로 이어지는 아름다운 풍경)를 자랑하는 세토내해 중에서도 특히나 경관미가 빼어나서 세계유산과 미슐랭 평가에서 별3개를 받은 시설 등이 집중되어 있는 지역이기도 하다. 또한 연간 약 250일이라는 일본에서 손꼽힐 정도의 청명한 날이 이어지는 지역이기도 하다.

이들 지역을 잇는 정기항로인 [세토내해 길 1호선]이 가지고 있는 편리성과 매력을 최대한으로 이끌어내면서 세토내해의 새로운 투어리즘 창조에 진력하고 있다.

원폭돔 세계유산 항로

대응체제

2012년 6월에 세토내해에 새로운 여행의 가치(투어리즘) 창조를 목적으로 마츠야마(松山)시·히로시마(広島)시·쿠래(呉)시·하츠카이치(廿日市)시·이사자키선박(石崎汽船)·세토내해선박(瀬戸内海汽船)·제이알 시코쿠(JR四国)·제이알 서일본(JR西日本)으로 구성된 광역 관민연대조직인 [세토내해·마츠야마 투어리즘추진회의]를 설립했다.

· 지역만들기의 노하우 ·

과제 츄고쿠(中国)는 츄고쿠(中国), 시코쿠(四国)는 시코쿠(四国)라고 하는 지역 장벽이 있어서 세토내해 지역를 일주하는 관광상품 개발과 합동으로 할 수 있는 프로모션 전개를 하기 어렵다.

▶ 광역 지역에 속한 관민이 연계한 [세토내해·마츠야마 투어리즘추진회의]를 설립했다.

과제 2차 교통 활성화를 위한 액세스 정비

▶ 항로에 대한 패키지화 등으로 편리성 향상과 JR과 선박을 조합한 할인티켓 조성, 정기항로 선박에 있어서의 매력창출 등에 진력하고 있다.

과제 모객이 가능한 킬러 아이템이 되는 상품개발이 필요

▶ 테마가 있으면서 복수의 현(県)에 걸쳐지는 관광자원을 일주할 수 있는 이제까지 발굴하지 못했던 광역일주형 크루즈상품과 뱃길과 육로를 조합한 상품 등을 개발하고 있다.

대응성과

각 교통사업자들과 적극적으로 소통함으로서 다양한 항로에 대한 패키지상품조성을 실현했고, 이용객의 편의성을 향상시키기 위해 노력했다. 히로시마에서 마츠야마까지 약 1시간, **자유도가 높은 차터 크루즈 플랜을 통해 새로운 수학여행과 단체여행 유치에 성공**했다. 해양관광형 여행상품으로는, 2015년 종전70주년, 야마토뮤지엄 개관 10주년이라고 하는 화제성을 살려서, 복수의 현(히로시마현·야마구치현·에히메현)의 관광자원·세토내해 식도락문화를 즐기면서 일주할 수 있는 테마형 광역일주 크루즈상품 외에 오픈 톱 버스를 사용하여 뱃길과 육로(시마나미 해안길)을 조합한 상품 등을 개발했다.

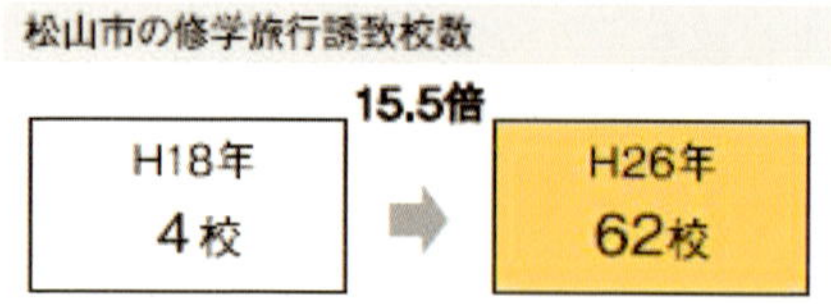

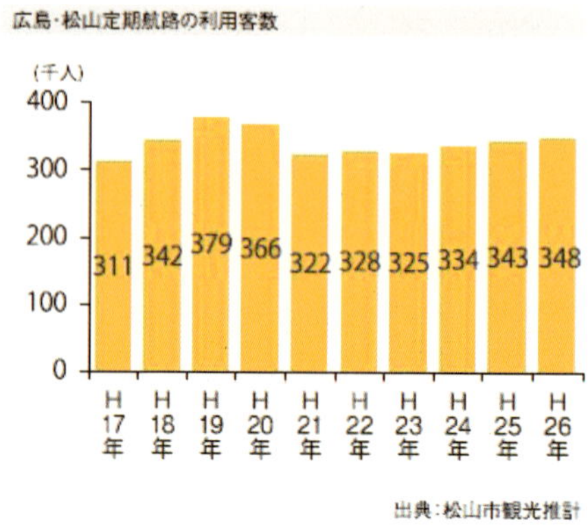

문의 : 세토내해·마츠야마 투어리즘추진회의

愛媛県松山市高浜5丁目2259−1

TEL : 089-948-6557

URL : http://setouchiyumetabi.jp

공항

노토사토야마(のと里山)공항

노토(能登)의 교류인구 확대를 위한 노력
[실시 주체 : 노토사토야마 공항 이용촉진협의회, 노토사토야마 공항 이용촉진동맹회]

- **목표 탑승율 달성을 위한 항로이용 촉진**
- **공항을 중심으로하는 활성화 창출**

노토사토야마 공항 터미널

대응 개요 지역의 핵심인 [노토사토야마 공항]

하네다발 하루 두 편 운항을 확보하기 위해 항공회사에 대해 일정 탑승율을 보증하는 [탑승율 보증제도]를 전국 최초로 도입. 매년 목표 탑승율을 설정해서 지역이 일체가 되어 이용촉진에 매진함으로서, 자치단체 뿐만 아니라 지역주민도 공항에 대한 높은 관심을 갖게 됨으로서 [우리 공항]의식이 자리잡게 되었다. 또한, 공항을 중핵으로 하는 지역진흥을 꾀하기 위해 공항 터미널빌딩으로 행정센터를 합치고 항공기술자를 양성하는 민간교육기관 유치 등을 실시했으며, 지역 활성화 창출을 위해 매주 주민이 참가하는 각종 이벤트를 개최. 이러한 노력으로 노토사토야마 공항은 노토지역의 교류 거점지역으로 발전해 왔다.

이시카와(石川)현에서는 2015년 3월에 호쿠리쿠(北陸) 신칸선이 카나자와(金沢)까지 연장되었다. 항공을 둘러 싼 환경이 크게 변화되고 있는 가운데 공항이용을 확보해 가기 위해서는 항공·신칸선의 연계와 새로운 수요 개척이 필요하게 되었다. 구체적인 대응으로 카나자와역과 노토사토야마 공항을 잇는 정기관광버스 시험운행과 렌터카에 대한 광역이용 촉진에 따라 신칸선으로 방문하는 관광객에게 카나자와(金沢)~노토(能登) 일주관광을 제안하고, 공항이용으로 이어가고자 노력하고 있다. 또한 여행회사·항공회사와 연계해서 노토의 사토야마 사토海의 매력을 활용한 여행상품 판매 촉진과 하네다공항으로부터의 승계이용에 의한 전국으로부터의 모객에 진력하고 있다.

지역의 특징

세계농업유산 [노토의 사토야마 사토海] 심볼인 시로요네센마이다(白米千枚田)

노토(能登) 반도에서는 일본의 평원풍경이라고 불릴만한 경관이 보존되어 있고, 동해로 불쑥 튀어나온 빈도의 먼바다에는 난류와 한류가 섞이면서 수산자원이 풍족하다. 노토지역에는 질 높은 삶을 영위하기 위해 길러진 생물의 다양성, 문화·제례, 전통적인 기술 등이 뿌리 깊게 전승되고 있고, 2011년에는 [노토의 사토야마 사토海]로서 사도(佐渡)시와 함께 일본 최초의 [세계농업유산(GIAHS)]으로 인증받았다.

한편, 반도라는 특성 대문에 교통인프라가 부족하고, 카나자와를 중심으로 하는 카가(加賀)지역과 비교해서 과소화·저출산고령화가 현저하게 나타나고 있다. 이런 가운데 교류인구 확대에 따른 지역활성화의 기폭제로서 커다란 기대를 받아서 노토사토야마 공항은 건설되었다.

대응체제

공항 이벤트 [비행기와 줄다리기]

노토사토야마 공항(정식명칭 : 노토공항)은 이시카와(石川)현으로서는 코마츠(小松)공항에 이어 개항한 두 번째 공항으로 2003년 7월에 개항했다. 탑승율 보증제도에 따라 항공회사와 지역이 협력해서 이용촉진에 진력하고 있고, 개항으로부터 11년간, 목표탑승율을 달성(동일본 대지진 영향을 받은 해에는 제도 적용을 제외)했다. 이사카와 현을 사무국으로 하는 [노토사토야마 공항 이용촉진협의회]가 주로 수도권으로부터 탑승객 유치를 촉진하고, 지방정부와 경제단체로 구성된 [노토사토야마 공항 이용촉진동맹회]가 주로 지역민의 이용촉진에 진력하고 있다.

· 지역만들기의 노하우 ·

과제 교류인구 확대

▶ 노토(能登)의 산과 바다의 매력을 활용한 모객촉진과 지역이 하나가 되어 지역에서의 이용 확보에 의해 하네다(羽田)발 이용촉진을 꾀하면서, 수도권과 노토지역의 교류인구 확대에 진력하고 있다.

과제 정주인구 확대

▶ 항공기술자를 양성하는 민간 교육기관을 공항 인접지역에 유치했다.

과제 지역 활성화

▶ 교류·정주인구 확대를 위한 대응이 공항 이용촉진으로 이어질 수 있도록, 노토의 매력적인 정보를 발전함과 동시에, 공항 터미널 빌딩과 행정센터를 한 곳으로 합치고, 지역 활성화를 만들어내기 위한 주민참가형 이벤트 개최를 통해 공항을 지역의 거점으로 활용하고 있다.

자동차로 달릴 수 있는 일본 유일의 해안선
[치리하마(千里浜) 나기사 드라이브웨이]

대응성과

민간 컨설턴트 예측으로는, 수도권으로부터의 관광객과 이벤트 참가자의 소비효과, 수도권과의 이동시간 단축으로 인한 생산효과 등에 의해 노토사토야마 공항의 경제적 파급효과는 연간 41억엔으로 추산하고 있다. 또한, 목표 탑승율 달성을 위해 지역이 하나가 되어 이용촉진에 매진함으로서 지역주민에게 [우리 공항]이라는 의식이 자리잡게 되었다.

문의 : 노토사토야마 공항 이용촉진협의회
(이시카와현 지획진흥부 공항기획과 내) 石川県金沢市鞍月1丁目1番地
TEL : 076-225-1336
URL : http://www.noto-airport.jp

칼럼

기존의 여객선 항로를 활용한 관광 진흥
항로 유지·확보에 대한 일조

세토내해 지역에서는 여객선 항로의 수송수요가 매년 감소하고 있고, 항로 철수와 비행기 편수의 감편 등이 현저하며, 생활항로의 유지·확보가 매우 중요한 과제가 되었다. 항로의 유지·확보를 위해서는 지역 주민의 이용은 물론 신규 수요인 관광객 이용을 촉진시키는 것도 매우 중요하다는 것은 말할 필요가 없다. 이런 가운데 세토내해의 여객선을 활용한 창의성 넘치는 노력도 시작되고 있다.

여객선과 사이클링을 조합한 [세토우치 사이클루즈 PASS]

[세토우치 사이크루즈 PASS]

수많은 여객선 항로가 운항되고 있는 세토내해 지역은, 근년 사이클리스트에게도 주목받고 있어 사이클링을 목적으로 한 관광객이 급증하고 있다. 이런 지역 특색을 살린 (사) 츄고쿠 여객선협회 및 츄고쿠 운수국을 중심으로 자전거(사이클링)와 정기여객선(크루즈)을 유기적으로 연결지어 사이클링 관광객을 위한 여객선 운임 할인카드 [세토우치 사이크루즈 PASS]를 고안했다. 당초, 시나마미 해안길을 중심으로 한 지역에서 시작된 대응은, 신규수요로서 사이클링 관광객을 여객선으로 유치하는데 성공했고, 현재는 세토내해 전역으로 넓혀가고 있다. 이런 취지에 찬동하는 기업과 지역 상가와의 콜라보레이션 특전도 있어서 많은 사이클리스트로부터 호평을 받고 있다.

여객선 정기검사 기회를 활용한 여행상품 조성

야마구치(山口)현 호후(防府)시의 미타지리(三田尻)항과 야조(野島)를 잇는 노지마(野島)해운의 정기여객선 [레인보 아카네]를 활용한 여행상품 [세토내해 산책 크루즈]가 실시됐다. 통상 1년에 한 번 정기검사를 받기 위해 호후(防府)시에서 히로시마현 오노미치(尾道)시까지는 손님을 태우지 않고 빈배로 운항하게 되는데, 그런 운항형태를 활용해서 빈 배로 운항하는 것을 하나의 여행상품으로 기획한 전국 최초의 시도이다. 이 관광상품은 에도시대의 유적이 지금도 남아있는 화장실과 섬 전체가 아연제련소로 살아있는 군함도(軍艦島)라고 불리는 찌기리(契)섬 등 이제까지 있던 정기 여객선 항로에서는 맛볼 수 없는 매력적인 코스 설정이어서 인기를 끌고 있다.

항로유지를 위한 운송 수입을 조금이라도 확보하고자 하는 여객선 사업자와 매력적인 여행상품을 저렴한 가격으로 제공하고자 하는 여행회사의 생각을 잘 매칭시킨 사례이다.

[세토내해 산책크루즈] 정보지

칼럼

유리한 지리적 조건을 활용한 크루즈 여객선 접객 체제

근래에 들어 크루즈 객선이 대형화되고 있는 추세가 진행되고 있는 상황에서 항구를 가지고 있는 자치단체는 여객선을 접항시키고자 항만시설 정비를 추진하고 있다. 조금이라도 여객선의 기항 회수를 늘리기 위해 정비해야 할 부분이 어떤 것이 있는지, 승객의 입장에서 기항지를 살펴 보았다.

기착할 수 없는 항구, 그렇지만 그곳에는 [절경]과 [멋진 서비스] 마인드가...

대형 항구는 여객선 기항도 많고, 항구에서 시내까지의 액세스도 편하기 때문에, 시내관광과 쇼핑 등이 편리하다. 그러나 모든 기항지가 여객선이 기항할 수 있는 접안 장소를 가지고 있는 것은 아니다. 그렇다고 접안(接岸)할 수 없다고 배가 기항하지 못하는 것은 아니다. 왜냐하면 통선(승객을 건네주는 작은 배)을 사용해서 육지도 이동시킬 수 있는 수단이 있기 때문이다. 오히려, 바다를 더 가까운 곳에서 느낄 수 있는 작은 배에서 바라보는 바다와 육지가 빚어내는 자연미는, 상륙에 대한 승객들의 마음을 한 껏 고양시킬 수 있고, 기분을 업 시킬 수 있다. 지역민들에게는 일상의 매일 같은 풍경일지라도, 처음 방문하는 사람에게는 감동적인 풍경으로 비칠 수 있기 대문이다. 상륙했을 때에는 자신이 탄 배가 마치 그림 속에 있는 것 같은 느낌을 가질 수 있다. 그리고, 뭍에 상륙하면 지역민들의 따뜻한 인심이 기다리고 있다. 특별한 이벤트가 없다고 해도 그 지역에서 맛볼 수 있는 맛과 특산품을 느낄 수 있도록 즉석 포장마차가 항구를 둘러싼다. 승객들은 그런 [지역민 인심]이 깃든 서비스가 그 지역의 추억거리로 남게 된다.

이키(壱岐)에 정박한 [닛폰마루]

지역 어머니들 손맛을 통한[맛 서비스]

의외로 잘 모르는 내 주변! 그것이야 말로 타인에게는 평범하지 않은 [비일상]

‘크루즈여행’하면 가장 먼저 떠오르는 단어가 [비일상]을 연상하게 된다. 여행 그 자체가 비일상이기는 하지만, 그 이상으로 특별한 체험으로 다가온다. 세계유산 등의 역사가 전해주는 엄숙함이나, 자연유산 등의 아름다운 절경을 갖고 있는 유명 관광지에서는, 처음 방문하는 사람에게 기대감에 한껏 부푼 상태로 배를 내리게 되고, 승선객은 그런 수많은 그리움을 기항지마다 즐긴다. 하지만 그것만이 관광의 전부일까? 관광을 위해 뭍으로 나오는 것이 아니라, [있는 그대로의 상태]를 보고 싶다는 생각으로 기대감을 가득 품고 발을 내딛는 항구, 마을을 찾는 관광객도 많이 있을것이다. 항구에서 마을 상점가에 이르기까지, 상점의 상인이나 쇼핑객들과 만나게 되고, 이른 아침에 서는 시장을 방문하면 그 지역에서 나는 진귀한 야채를 먹어볼 수 있다. [체험형]이라는 말은, 이제는 여행의 대명사처럼 자리잡았지만, 사람이 여행에서 추구하는 것은 지금도 옛날도 마찬가지다. 관광의 게이트웨이로서 역할을 짊어지고 있는 항구. 언어장벽이나 관습의 차이를 넘어서, 거기에 살고 있는 사람들이 배를 타고 방문하는 관광객을 따뜻하게 맞아주는 지역이 점점 많아지면 좋겠다.

카리브해에 떠있는 많은 선박들

통선을 통해 상륙하고 있는 승선객

킨키일본투어리스트(주)에서 해외여행에 종사. 그후, 세계유산 이벤트, 스포츠사업, 크루즈여행 등의 기획, 운영, 판매촉진을 거쳐, 2009년 크루즈 마스터 자격을 취득. 일본여행업협회소속으로 있을 때 크루즈여행 활동으로 폭을 넓혀, 2012년부터 (일재)지자체국제화협회에서 일본과 해외 지방지자체의 교류지원을 하면서 지자체와 여행업계와의 콜라보레이션을 기획하고 있다.

크루즈 마스터 시미즈 카츠코 (清水克子)씨
일반재단법인 지자체국제화협회 교류지원부 교류친선과 주임

인프라와 관광·지역만들기

약간은 화려한 시골마을[루번 후라노]을 향해서

[실시 주체 : 후라노시 중앙시가지 활성화협의회]

- **지방 소도시에서의 민간주도에 의한 마을활성화사업**
- **스스로 마을을 키워가고자 하는 사람들의 리스크테이크와 네트워크에 의한 메인 시설설치 및 운영**

후라노 마르셰

후라노지역 최대 기념품점[아루쟌](후라노 마르셰 내)

대응 개요

도회지 같은 감성을 가지면서
쾌적하고 여유로운 전원도시를 우리 힘으로 가꾼다.

중앙시가지 활성화 기본계획에서는, 구법(旧法)에 따라 토지구획정리사업에 의해 확장 정비된 역전광장을 교통결절점으로 결정함과 동시에 토지구획정리사업과 재개발사업의 일체시행을 통해 정비된 중앙시가지 활성화센터[후랏토]를 마을을 돌아보는 핵심 거점시설로 자리메김시켰다. 여기에 인접해서 정비한 [즈나시(無頭) 몰]에서는, 중앙시가지내에서의 휴식과 여유로움을 연출함으로서, 여름에 비어가든을 비롯한 각종 소프트 사업과 연동시켜 마을 이벤트공간으로서 많은 시민이 활용할 수 있도록 하고 있다.

이렇게 정비된 JR역 주변지구를[마을 사랑방(여기저기서 오는 수많은 사람들이 각자의 입장도 세대도 뛰어 넘어 삼삼오오 모여서 교류하는 장소=사람들의 인연이 원을 만들어가는 공간)]으로 자리메김하고, '마을사랑방 만들기'를 [루번 후라노] 구상에서 제창하고 있다.

이 같은 구상을 기반으로 중심지활성화계획의 제1기 사업으로 실시되었는데, 이것이 마을만들기 회사 [후라노 마르셰]가 마을의 현관·체류 거점으로 가정비한 시설이다. 후라노(富良野)의 식(食)문화를 살린 점포와 광장, 주차장 등도 겸비하도록 정비한 이 복합상업시설을 중심으로 관광객과 지역의 이용객이 증가. 주변 상점가에도 파급효과를 보여주고 있다. [후라노 마르셰]가 오픈한지 5년동안 방문객 수는 360만명을 넘어서고 있다.

현재는 [후라노 마르셰]와 인접한 북쪽으로 시내에 2번째 사례가 되는 시가지 재개발 사업으로 중심지활성화계획 제2기 사업인 [네이블 타운]을 정비중에 있으며, 상업, 마을 거주, 의료복지(클리닉, 시립보육소) 등의 도시기능을 함께 갖는 3세대 교류 집적화 거점이 2015년 6월에 탄생했다. 중심시가지 활성화 협의회가 지향하고 있는 관민협동 마을만들기가 또 일보 전진하게 된 것이다.

△[루번]이란 [루럴(시골)]과 [어번(도시)]를 합친 조어. 현재 2기 계획에서는 루번 후라노 구상을 좀 더 심도있는 [도회적인 감성을 가진, 쾌적하고 마음이 여유로운 전원도시를 우리 힘으로 가꾼다]로 정했다.

지역의 특징

후라노시는 홋카이도(北海道)의 중앙부에 위치해 있고 [배꼽과 스키, 와인의 고장]으로 알려져 있다. 서쪽으로는 아시베츠다케(芦別岳), 동쪽으로는 토카치다케(十勝岳)연봉이 즐비해 있는 농업과 관광업을 기간산업으로 발전하고 있는 전원도시다. 인구 약 2만3천명, 관광중심의 제3차산업 종사자가 60% 이상이고, 제1차산업 종사자는 약 20%. TV드라마 [홋카이도에서(北の国から)]의 로케지로 유명해져서 라벤다로 대표되는 여름 계절의 꽃관광과 스키 등, 1년 내내 수많은 관광객이 방문하고 있다.

대응체제

경제계, 중심시가지 관계단체, 전문가, 시(市)를 구성원으로 2007년 [후라노시(富良野市) 중심시가지 활성화 협의회]를 설립하고, 후라노시 중심시가지 활성화 기본계획의 기본 컨셉인 [루번 후라노 구상]을 책정, 시(市)에 제출했다. 이 중에서 [루번 후라노(후라노풍 콤팩트 시티)]의 역할을 '마을만들기회사'로 설정하고, 커뮤니티 재생화를 목표로 관민협동으로 마을만들기에 임했다.

수많은 방문객의 휴식처가 된 후라노 마르셰 광장

법정 협의회 모습

지금까지의 경위

2007년 2월	후라노시 중심시가지 활성화 협의회 설립
2008년 11월	후라노시 중심시가지 활성화 기본계획 인정
2010년 4월	메인 사업 가운데 하나인 [후라노 마르셰]오픈
2015년 6월	네이블 타운에 상업집적화 단지인 [마르셰2]오픈

· 지역만들기의 노하우 ·

과제 지역 활성화를 위한 새로운 시도

▶ 민간을 주체로 하는 중심시가지 활성화 협의회(법정협의회)에서 논의된 [계획골자]를 [루번 후라노 구상]으로 정리해서, 이 구상을 베이스로 [후라노시 중심시가지 활성화 기본계획]을 책정하고 있다.

대응성과

민간이 주역으로 일하게 하는 마을만들기를 추진함에 있어, 직접 사업전개를 전개하는 곳이 [후라노 마을만들기 주식회사]이다. 최대 특징은, 중심시가지 활성화계획에 적시되어 있는 사업의 실시주체, 공익성을 가진 디벨로퍼(developer)로 명확하게 자리메김 시킨것이고, 그 전단계 사업으로서 실시된 것이 [후라노 마르셰]이다. [후라노 마르셰]는 2010년 오픈한 이래로 중심시가지의 [마을 사랑방]으로서 착실한 집객효과를 가져옴과 동시에, 홋카이도를 접하고 있는 노선가격 평가액이 보합세였던 작년도에 비해 상승쪽으로 돌아선 것은 물론 그 파급효과는 마르셰효과로서 전국적으로 인정받고 있다.

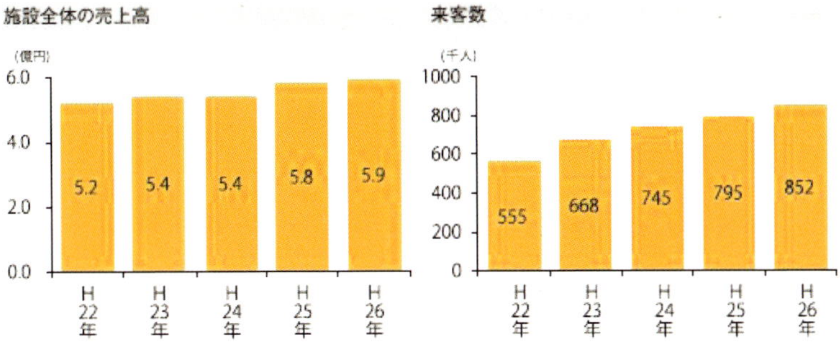

문의 : 후라노시(富良野市)중심시가지 활성화 협의회

北海道富良野市本町7－10

TEL : 0167-22-3555

URL : http://www.furano.ne.jp/furano-cci

인프라와 관광 · 지역만들기

벚꽃 명소[히로사키공원(弘前公園)]의 수질개선에 시(市)와 정부가 연대

[실시주체 : 히로사키시, 국토교통성 아오모리(青森) 하천국도 사업소]

▶ 이와키(岩木)강으로부터 히로사키공원으로 이어지는 도수에 의한 해자(垓子)의 수질개선

해자를 흘러 내려가는 벚꽃 뗏목<벚꽃 카페트>

대응 개요

관광의 관점에서 오랜 숙원을 시(市)와 정부가 연대해서 해결

히로사키공원(弘前公園)은 히로사키성과 주변을 둘러싼 벚꽃가로수로 전국에서도 손꼽힐 정도로 유명한 관광명소다. 벚꽃축제 기간 중에는 200만명의 관광객이 방문하는 일본을 대표하는 벚꽃의 명소이기도 하다.

벚꽃의 명승지인 히로사키성의 해자는 스스로 뿜어내는 수원이 부족해서, 물의 순환 부족에 의한 수질악화와 악취가 관광이라는 측면에서 심각한 영향을 끼치고 있어 문제

가 되고 있었다. 사회문제가 되어버린 악취 · 녹조 발생, 수질악화는 해결방안이 실험을 통해 알려진 바와 같이 이와키(岩木)강의 물을 도수로를 통해 끌어오는 방법밖에 없었다. 이를 통해 오랜 숙원이었던 환경개선으로 윤택한 수변공간 · 수변환경을 새롭게 창출할 수 있었다.

지역의 특징

아오모리(青森)현의 남서부에 위치한 히로사키(弘前)시는 동쪽으로 오쿠우(奥羽)산맥의 핫코다(八甲田)연봉, 서쪽으로 아오모리현의 최고봉인 [이와키(岩木)산], 남쪽으로는 세계유산인 [시라카미(白神)산지] 등의 산으로 둘러싸인 광대한 평야를 [이와키 강]이 흐르고 있다. 인구는 약 18만명, 제3차산업에 종사하는 사람이 60% 이상이고, 사과로 대표되는 제1차산업은 20%정도를 점하고 있다. 일본 제일의 벚꽃 명소인 히로사키 공원을 비롯해서 4계절 내내 방문객이 넘쳐나는 관광도시이기도 하다. 현재 히로사키공원에서는 100년만에 히로사키성 혼마루(성의 중심건물) 석벽수리가 진행되고 있고, 2015년 가을에는 중요문화재인 천수각를 70미터 이동시켜 약 10년에 걸쳐 석벽을 새롭게 쌓아 올릴 예정이다. 중요문화재를 건물 그대로 이동시키는 것은 전국에서 처음으로, 수리작업의 전 공정이 또한 새로운 관광자원으로 주목받고 있다. (https://youtu.be/aCxe8ZhVuZI)

밤 벚꽃놀이 풍경

도수 전에는 물 순환이 안되서 녹조가 발생

대응체제

히로사키공원의 해자(垓子)는 물의 순환부족으로 인해 악취와 녹조가 발생해서 1980년부터 수질악화가 사회문제로 대두되고 있어 해자의 정화를 목표로 우물을 파서 정화작업을 하거나 미생물을 이용한 정화 등 각종 대책을 시도해 보았지만 근본적인 개선이 이루어지지 못했기 때문에, 1999년 정부에 히로사키성 주변의 수질개선 검토를 요청했고, 2007년에 정부와 공동으로 [히로사키성 주변 물환경 개선에 대한 대책]을 꾸리고, 사회실험을 실시하여 수질변화와 도수량 등의 조사를 거쳐 2013년 4월에 본격적인 운용을 시작했다.

지금까지의 경위

1980년	해자(垓子)의 수질악화가 사회문제로 대두되어 오랫동안 히로사키 시의회의 의제로 다루어졌다.
1999년	히로사키시는 국토교통성에 히로사키성 주변의 물 환경개선에 관한 요청을 제출
2007년11월-2012년11월	약 5년간, 히로사키시와 국토교통성에 의한 [히로사키성 주변 물 환경 개선 대응]으로 사회실험을 실시했다.
2013년4월	본격적인 운용 개시

· 지역만들기의 노하우 ·

과제 관광지의 현저한 환경악화가 관광에 악영향

▶ 해자(垓子)의 수질문제 악화가 사회문제로 대두되어, 정부와 연대하여 [히로사키성 주변 물 환경 개선 대응]이라는 사회실험을 실시함으로서, 도수원인 이와키(岩木)강 으로부터 이와키(岩木)교 상부 지점의 수질과 같은 정도의 환경기준을 클리어 하고 있다는 결과를 얻음으로서, 악취와 녹조 발생에 대한 컴플레인을 없앨 수 있었고, 또한 윤택한 수변공간을 창출할 수 있었다. 앞으로는 계획적인 해자 준설을 실시하는 등 보다 나은 해자 정화를 추진하고자 한다.

문의 : 히로사키 시청
青森県弘前市大字上白銀1-1
TEL : 0172-35-1111

인프라와 관광 · 지역만들기

댐 관리자에 의한 지역진흥 [관광방류]

[실시 주체 : 국토교통성 사가미(相模)강 수계광역댐 관리사무소]

▶ **관광객을 위한 6분간의 미야가세(宮ヶ瀬)댐 방류로 연간 55,000명이 넘는 견학자들이 방문**

미야가세 댐 관광방류

관광방류를 즐기는 관광객(견학자 수 1,346명)

대응 개요 댐 건설 당시의 이벤트가 지금까지도 인기 관광스팟으로 이어짐

미야가세(宮ヶ瀬)댐 건설사업의 지역진흥 이벤트로 시작한 시도로, 미야가세 댐이 본격적으로 운용된 2001년 4월의 다음 해부터 실시하고 있는데, 호평을 받아 견학자 수가 대폭으로 증가하여 2015년도로 관광방류 14년째를 맞이했다.

관광을 위한 방류를 보기 위해 달려오는 견학자 수는 2002년도 12,732명에서 매년 증가해서 최근 3개년도에는 55,000명을 넘어, 관광지로서 인기 스팟이 되었다. 댐에서의 낙차가 약70m, 1초동안에 30m^{3}의 물이 6분간 방류되는데, 방류할 때 발생하는 다이나믹한 소리와 방류수가 강 바닥에 부딪침에 의해 발생하는 연기 같은 물방울이 최대 관람 포인트(1일 2회 방류). 맑은 날에는 예쁜 무지개가 걸려서 견학자를 매료시킨다. 특히 겨울은 크리스마스 트리 일루미네이션으로 현란한 크리스마스 이벤트로 바톤터치해서 연일 관광방류를 실시하고 있다.

지역의 특징

미야가세(宮ヶ瀬)댐은 카나가와(神奈川)현 북서부에 있고 도심으로부터 약50km, 요코하마(横浜)시 중심부로부터 약40km 떨어진 권내에 위치해 있으며, 사가미하라(相模原)시, 아이카와(愛川)정, 키요카와(清川)촌에 접해있다.미야가세 호수 주변은 평지보다 산이 많은 지형조건으로, 탄자와(丹沢)산지(탄자와산 국정공원, 현립 탄자와 자연공원)의 동쪽에 위치한 자연과 조화된 아름답고 숲이 우거진 지역이다.

2014년 6월 28일에는 수도권 중앙 연락자동차도의 사가미하라아이카와(相模原愛川) IC와 타카오(高尾)산IC간 도로가 개통되어, 동명고속도로 · 중앙자동차도 · 칸에츠자동차도라는3개의 대동맥이 연결되어, 현내(県内)뿐만 아니라 수도권과 야마나시(山梨)방면으로부터의 액세스가 비약적으로 향상되었다.

물과 숲으로 둘러쌓인 사가미하라(相模原)시, 아이카와(愛川)정, 키요카와(清川)촌은 아름답고 웅대한 자연에 둘러쌓여, 공원, 관광목장, 농원 등이 있고, 어른부터 아이들까지 즐길 수 있다. 미야가세 호반에서는 지역진흥을 활성화시키는 거점으로서 3개 지구를 정비하고 있고, 미야가세 댐도 그 가운데 하나의 지구에 해당한다.

미야가세 댐의 크리스마스 이벤트
[사진제공: (공재)미야가세 댐 주변진흥재단]

대응체제

[관광을 위한 방류]는 정부와 카나가와(神奈川)현 기업청과의 연대에 의해 실현된 것으로 매년 4월-11월, 매주 수요일, 제2 일요일, 제2, 제4 금요일, 그 외에 댐 주변에서 벌어지는 이벤트에 맞추어서 실시하고 있다.

관광방류 견학자 수는 2002년 12,732명에서 매년 증가하고 있고, 관광지로서 인기 스팟이 되어서 최근 3년동안 55,000명을 넘어서고 있다.

지금까지의 경위

2001년3월	미야가세 댐 완성
2004년	관광방류 견학자 수 전년대비 224%로 배증
2013년	연간 견학자 수 56,903명으로 과거 최대인원 기록

· 지역만들기의 노하우 ·

과제 예산을 크게 들이지 않고도 할 수 있는 홍보[관광방류]를 어떻게 가능하게 할 것인가?

▶ 카나가와(神奈川)현 소재 초등학교 850개교에 대해 미아갸세(宮ケ瀬)댐 견학에 대한 안내를 발송했다.

▶ 여름방학에 들어가는 7월 상순에 카나가와현에 인접해 있는 이웃 현(県)의 [미치노에키(道の駅)]에, [관광방류] 포스터, 전단지를 게시해 줄 수 있도록 의뢰했다.

▶ 방문객들에게도 홍보를 통해서 직원들이 직접 발로 뛰는 홍보(포스터, 전단지)를 실시했다.

▶ 사가미 종관도로(圏央道) 사가미하라(相模原)IC 공용화에 맞추어, NEXCO중일본의 협력을 받아 요금소 출구 도로안내표식의 보조간판에 [미야가세 댐]을 설치할 수 있도록 허가를 받았다.

대응성과

미야가세 댐의 관광방류 견학자에 대해서는 2014년도까지의 누계 견학자 수가 580,186명이 되었고, 매년 견학자 수로서는 2012년도(56,016명), 2013년도(59,903명)으로 2년 연속 과거 최고 방문객수를 갱신했다. 2014년도는 일기가 불순했던 날이 많아서 55,416명에 그쳤다.

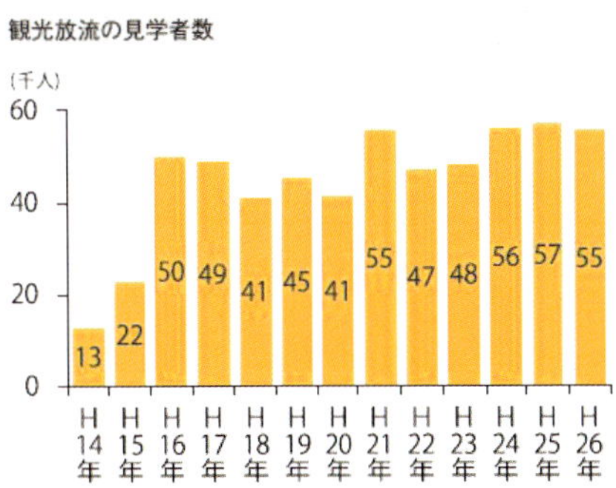

문의 : 국토교통성 관동지방 정비국
사가미강 수계 광역댐관리사업소

TEL : 046-281-6911

URL : http://www.ktr.mlit.go.jp/sagami/sagami00118.html

인프라와 관광 · 지역만들기

쿠로베이(黒塀) 프로젝트

[실시주체 : 팀 쿠로베이 프로젝트]

▶ **쿠로베이 1장 1,000원 운동과 나무 한그루 1,000원 운동에 의한 시민파워를 통한 마을만들기**

시민과 하나가 되어 쿠로베이 만들기 작업 중

대응 개요

시민의 힘으로 옛날의 쿠로베이를 바꿔 정취가 있는 경관으로 부활

역사적인 성곽마을의 모습을 부활시켜, 매력있는 경관만들기를 향해 시민이 중심이 되어 시도하고 있는 [쿠로베이(黒塀)]만들기. 그 방법은, 기존에 있었던 시멘트 블록 벽을 허물지 않고, 그 위에 판자를 고정시켜 검은 페인트를 칠하는 방법을 고안. 이렇게 해서, 옛날의 쿠로베이를 만드는 프로젝트는 시민들이 일체가 되어서 진행되었다.

지금까지 사람들의 통행이 잘 없었던 골목이었지만 [새벽의 죽초롱 축제(宵の竹灯籠祭り)]*에는 현 내외로부터 연간 20만명이 방문하게 되었고, 무라카미(村上)시를 대표하는 관광 스팟으로까지 키웠다.

*쿠로베이 거리의 빅 이벤트. 그냥 만들기만 한 것이 아니라 [쿠로베이(黒塀)]에 늘상 화제를 만들어 조명을 받을 수 있도록 [새벽의 죽초롱 축제]를 2002년부터 개최.(매년 10월 제2 토요일)
7,000개의 죽초롱이 불을 밝히고, 옛날 음색으로 연주되는 음악을 통해 분위기는 한층 부풀어 오른다.
1만명 정도의 방문객을 기록하고 있다.

지역의 특징

니가타(新潟)현의 가장 북쪽에 위치한 무라카미(村上)시. 북쪽에서 동쪽에 걸쳐 야마가타(山形)현, 남으로는 세키가와(関川)촌과 타이나이(胎内)시와 접해있고, 서쪽으로는 동해에 면하고 있다. 해안선은 약50km에 이르고, 인구은 약 6만6천명, 취업자의 인구비율은 제3차산업 종사자가 60%, 제1차산업은 10% 정도를 점하고 있다.
무라카미시는, 1588년 무라카미 요리카츠(村上頼勝)에 의해 무라카미 번(藩)이 성립된 이래로 번주(藩主)가 교대되면서 성곽마을로 번영을 누려온 역사가 있는 마을이다. 특산품은 차(茶)와 술. 데바(出羽)가도 · 미쿠니(三国)가도 키타쿠니(北国)가도 등이 모여져서, 옛날부터 교통의 요충지로, 키타마에(北前)선도 기항했던 정치 ·경제의 중심지며 상업지역이기도 했다. 코마치(小町)주변에는 정면의 폭이 매우 넓은 대형 상가건물도 널려있어서, 이전 성곽마을 시대에 상업으로 발달했었던 흔적을 볼 수 있다. 전통적인 양식의 가옥이 열지어 있어서 정취가 있고 에도시대를 방불케하는 마을풍경을 빚어내고 있다.

대응체제

무라카미의 옛날 평민거리에 있는 코로베이 거리와 주변에 걸쳐있는 곳으로, 주민(9명)이 중심이 되어 [쿠로베이(黒塀)1장에 1,000엔 운동]부터 시작했다. 시민이 출자해서 기존의 시멘트 블록벽을 부수지 않고, 그 위에 판자를 대서 검은 페인트를 칠함으로서 손수 쿠로베이 거리를 만든 프로젝트.

새벽의 죽초롱 축제

쿠로베이 프로젝트 완성

지금까지의 경위

2001년	골목 주민이 중심이 되어 [쿠로베이(黒塀)1장에 1,000엔 운동]을 시작
2007년	직접 만든 핸드메이드 향토상 수상
2008년	나무 1구좌에 1,000엔 운동 개시. 도시경관 대상[아름다운 거리상] 수상
2009년	티파니재단상 장려상
2013년	다시 한 번 핸드메이드 향토상으로 대상을 수상

· 지역만들기의 노하우 ·

과제 역사적인 가도(街道)의 부활과 지역 활성화를 양립시키고 싶다

▶ 역사적인 건조물이 많이 남아있는 쿠로베이(黒塀)거리의 경관을 망치고 있었던 시멘트 블록 담장 위에 쿠로베이를 둘러 싸서 성곽마을의 풍취를 부활. 자금이 0 이라고 해도 지혜와 전환된 생각으로 [코로베이 1장에 1,000엔 운동]을 통해서 시민이 한몸이 되어 어린이부터 어른까지 핸드메이드로 작업을 진행시키고 있다.

대응성과

이제까지의 시도에서는 400m를 쿠로베이로 바꾸었다. 성곽마을의 풍정과 정취를 느낄 수 있는 매력적인 골목으로 변신. 2008년부터는 쿠로베이 거리의 [녹음]을 3배로 만들고자 [나무 한구좌 1,000엔 운동]을 개시. 이를 통해서 시민들로부터 받은 기부금으로 나무를 식수. 이렇게 해서 골목의 경관은 가일층 아름답게 변했다. 또한 시민이 출자한 것이 되어 시민 스스로가 검은 페인트를 칠함으로서 마을에 대한 애착과 역사적인 거리를 부활시키고, 이 마을에 남고싶다는 의식이 만들어지게 되었다. 이제까지도 아이들과 함께 쿠로베이 만들기 작업을 함께 해 왔지만, 앞으로도 다음 세대로 이어질 수 있도록 더욱 더 젊은이들과 아이들을 참여시키려고 한다.

문의 : 팀 쿠로베이 프로젝트
新潟県村上市大町1−20
TEL : 0254-53-2213

인프라와 관광 · 지역만들기

나카가와(中川)운하 수변 재생을 향한 도전

[실시 주체 : (일사)나카가와 운하 캐널 아트]

▶ 매력있는 수변공간 창출

창고를 활용한 아트 이벤트

대응 개요

역사를 이어서 미래를 창조하는

운하-나고야(名古屋)를 지탱해 온 수변에 새로운 생명을

해운물료의 중심지로 번영했던 나카카와 운하. 이 운하를 재생하기 위해서 운하 주변의 수변공간을 활용한 아트 이벤트를 매년 개최하고 있다(2-4일간). 2010년부터는 근린의 기업이나 주민과 협동으로 운하주변의 청소활동과 운하를 따라 코스모스 식재를 하는 [코스모스 프로젝트]를 실시함과 동시에, 나카가와 운하의 매력창출을 향한 시도를 정력적으로 계속 해 왔다.

또한 중학교에서는 [아트 워크샵]을 개최해 지역에서 차세대를 짊어 질 아동과 학생들에게 풍성한 감성을 길러주는 시도에 계속적으로 발전하고, 지역이 주역이 되어서 새로운 매력있는 수변공간을 되찾는 운동의 선구적 인재이기도 하다.

지역의 특징

나카가와(中川)운하는, 나고야항과 옛날 국영철도 사사지마(笹島) 화물역간을 연결하는 운하로, 지선을 포함해서 전 연장은 약8km, 수역의 폭은 약36-91m, 수심은 약 3m 규모를 자랑하고 있다. 이 운하는 공업도시로 발전하기 위해 나고야(名古屋)시가 개척해서, 1930년에 간선 및 북쪽 지선이, 1932년에 동쪽 지선을 포함한 전선이 개통했다. 1951년에 나고야항 관리조합이 설립된 이후에는 조합이 관리하고 있다. 오우스(小碓)·난코(南郊)운하, 아라코(荒子)강 ·코호쿠(港北)운하 등의 해자는 당초에는 6km로 수운(水運)에 이용되었지만, 수운의 감소와 더불어 일부가 매립되어 현재는 2km로 되었다.

대응체제

2009년에 나카가와(中川)운하 캐널 아트 실행위원회를 발족하고, 각종 아트 이벤트를 개최했고, 2012년에는 (일사)나카가와운하 캐널 아트를 설립했다. 이 시도의 핵심은 [아트]를 통한 나카가와(中川)운하의 재생(再生)이지만, 더 중요한 것은 나카가와운하와 함께 생활하고 있는 지역 주민에게 흥미를 갖게함으로서, 마을 전체가 나카가와운하 재생에 관심을 갖도록 하는 환경을 만드는 것이다. 이번 시도에는 운하주변에 있는 지역기업과 아이치(愛知)대학에 도움을 요청해서, 주민, 기업, 대학생 등의 교류 ·협동의 장을 만들어 냈다.

수변공간을 활용한 보트 이벤트

코스모스 프로젝트를 위해 땀을 흘리는 모습

지금까지의 경위

2009년	나카가와운하 캐널 아트 실행위원회 발족
2010년	Project No.Zero 개최(이후 매년 개최)
2012년	일반사단법인 나카가와운하 캐널 아트 설립
2013년	나카가와운하 재생 심포지움2013 개최(이후 매년 개최)

· 지역만들기의 노하우 ·

과제 지역주민과의 대화

▶ 코스모스 프로젝트를 통한 청소, 식수활동 등의 지역에 뿌리를 내린 활동을 계속적으로 시도함으로서, 지역과의 의사소통이 원활하게 이루어질 수 있게 되고, 본 프로젝트의 취지에 대한 이해가 깊어졌다.

과제 창고 X 아트로의 도전

▶ 지역주민을 참여시키는 활동을 통해, 기업으로부터도 협력을 얻을 수 있게 되고, 위원회를 중심으로 수변공간의 재생 이유나 가능성 등에 대해 토론을 거듭한 결과, 창고 공간의 제공으로 이어질 수 있게 되었다.

과제 나카가와운하의 일체화된 활용술

▶ 당초는 운하가 이어지는 특정한 장소만의 활용을 상정했었지만, 본 단체의 활동에 대해 행정기관에서도 좋은 평가를 받아서 그 이념을 기초로 나카가와운하 연변의 많은 공간 활용에 대한 제안을 할 수 있게 되었다.

대응성과

과거 5년간, 매년 주민들과 함께 오구리(小栗)다리 주변에서 청소활동을 계속했고, 그 후 코스모스 씨를 뿌렸다. 청소를 함으로서 주민들이 운하에 대한 애착을 갖고, 코스모스가 개화할 즈음에 아트 워크숍에 참가하는 등, 주민이 적극적으로 운하를 접하는 기회를 늘렸다. 작년에는 초등학생에서 60대까지 폭넓은 세대가 30명이나 참가했고, 세대간의 교류의 장이 되었다. 본 단체에 지역민(주민과 기업)이 회원으로 참가하는 케이스가 증가하고 있다. 일본 국내뿐만 아니라, 외국의 저명한 아티스트로부터 문의(운하 연변의 아트 활동 희망 등)이 증가하고 있고, 퀄리티가 높은 아트 이벤트 개최를 향해서 관계자들과 기획안을 검토하고 있다.

문의 : 일반사단법인 나카가와운하 캐널 아트
愛知県名古屋市中区金山2−16−22守随ビル7F　アロマフォレスト内
TEL : 050-3482-0313
URL : http://www.canal-art.org

인프라와 관광 · 지역만들기

OSAKA 빛의 르네상스

[실시주체 : 오사카·빛의 향연 실행위원회]

▶ 빛이 빚어내는 매력의 도시 오사카

OSAKA 빛의 르네상스 2014 모습

텐만(天満) 브릿지 라이트업
[사진제공 : 오사카 건설국]

한신(阪神)고속 라이트업

대응 개요

나카노시마(中之島)에서 태어나 미도스지(御堂筋)로 번져 이제는 오사카(大阪)시 중심부로 영역을 확대한 [빛]

오사카(大阪) 겨울의 풍물시인 [OSAKA 빛의 르네상스]는, 오사카·빛의 향연 실행위원회가 주최하는 일루미네이션 이벤트의 하나로 2014년에 12회를 맞이했다. 같은 시기에 텐만 브릿지, 요도야(淀屋) 브릿지, 나카노시마 가든 브릿지, 텐진(天神)브릿지, 난바(難波) 브릿지, 한신(阪神)고속도로 등의 주변의 인프라도 함께 라이트업 되어, 각광을 받고 있다. 오사카·빛의 향연에서는, 그외에 [미도스지 일루미네이션]과 오사카 시내 10곳의 지역에서 각각의 [지역 프로그램]을 전개한다.

[오사카·빛의 향연]으로는 2회째로 실시된 2014년도는 [OSAKA 빛의 르네상스]에서, 일본 최초로 세계적으로 유명한 빛의 제전인 프랑스 리용市의 [르미엘 축제]로부터 참가 아티스트를 초빙해서, 오사카시 중앙 공회당을 활용한 3D맵핑 작품을 상영, 오사카

와 리용의 빛의 교류를 실현해서 많은 내방객들로부터 갈채를 받았다.

[미도스지 일루미네이션]에서는 오사카의 메인 스트리트인 미도스지를 약3km에 걸쳐서 빛으로 장식해서 빛의 경관을 창출하고, 국내외로의 발전력을 높였다. 또한 [역대 가장 많은 가로수에 일루미네이션을 장식한 거리]로서 기네스 세계기록에도 인정을 받았다. 나아가, 마을 걷기 프로그램을 발전시켜, 관민일체의 도시경영 모델로서, 오사카이기 때문에 가능한 음식과 쇼핑을 일본 전국, 그리로 해외로부터 방문한 관광객을 즐겁게 해드리기 위해 관광상품으로 새롭게 개발한 [OSAKA 빛의 향연 바루* 2014]를 개최했다. 나아가, 마을 걷기 프로그램을 발전시켜, 관민일체의 도시경영 모델로서, 오사카이기 때문에 가능한 음식과 쇼핑을 일본 전국, 그리로 해외로부터 방문한 관광객을 즐겁게 해드리기 위해 관광상품으로 새롭게 개발한 [OSAKA 빛의 향연 바루**2014]를 개최했다.

*바루(Bar)는 식당과 바(bar)가 합쳐진 듯한 음식점을 가리킨다. 스페인이나 이태리 등의 남부유럽에서는 선술집 혹은 경양식집을 가리킨다. 커피류를 마시거나 지역의 커뮤니케이션 장소로 사용된다.

**바루(Bar)는 식당과 바(bar)가 합쳐진 듯한 음식점을 가리킨다. 스페인이나 이태리 등의 남부유럽에서는 선술집 혹은 경양식집을 가리킨다. 커피류를 마시거나 지역의 커뮤니케이션 장소로 사용된다.

지역의 특징

오사카시의 관광측면에서 보면 7개 지역마다 특징이 있다. 토요토미 히데요시(豊臣秀吉)와 관련있는 오사카성, 오사카 역사박물관, 난바궁터 등의 역사를 즐길 수 있는 오사카성 주변 지역. 오사카성의 동쪽에는 오사카 비즈니스 파크(OBP)의 새로운 거리와 옛날부터 서민적인 번화가였던 쿄바시(京橋)를 중심으로 하는 지역. 키타(오사카역 ·우메다(梅田)주변)지역는 북쪽 오사카의 현관에 해당한다. 우메다(梅田)를 중심으로 패션과 어뮤즈먼트, 아트 등 최첨단의 트랜드를 발전하는 약동적인 거리. 미나미(도톤보리)지역는 난바(難波)를 중심으로 퍼져나가는 번화가.

화려한 간판으로 잘 알려진 도톤보리(道頓堀), 개성적인 가게들이 줄지어 있는 젊은 문화의 발전지인 신사이바시(心斎橋) 등, 다양한 매력으로 넘치는 에너지 넘치는 거리. 나카노시마(中之島) 주변(키타하마(北浜)·요도야바시(淀屋橋)·혼마치(本町))지역은 오사카 시청을 비롯해서 오사카의 비즈니스 ·행정의 중추인 오카와(大川)가 도지마가와(堂島川)와 토사보리가와(土佐堀川)로 분기하는 나카스(中洲)부분에 해당하는 [나카노시마]를 중심으로 동서남북으로 퍼지고 있다. 옛날부터 수운이 발달해서, 쿄토와 나라, 그리고 홋카이도(北海道)와 에도(江戸)를 잇는 배가 다니고, [물]의 힘을 충분하게 활용해서 오늘의 번영의 틀을 놓았다고 전해진다. 옛날부터 물건과 사람이 모였던 이 장소에서 "상인의 정신"이 태어났다고도 한다. 텐노지(天王寺)·아베노(阿倍野)·신세계 지역는 츠텐카쿠(通天閣)등으로 알려진 오사카시 남부에 위치한다. 많은 철도역이 접속하고 칸사이(関西)국제공항으로 액세스하는 것이 가장 좋다. 베이 지역는 옛날부터 항구로 번영한 오사카의 상징이고, 여기부터 오사카 관광의 메인 스테이지가 되는 지역이다. 카미혼마치(上本町)·츠루하시(鶴橋)지역는 오사카 중에서도 가장 빼어나고, 코리아 타운과 국제 마켓이라고 불리는 한국·북한과 깊은 관계가 있다. 또한 이세시마(伊勢志摩)·나라(奈良)방면의 터미널로서 번화하다. 이처럼 오사카시는 각각의 지구가 각기 다른 역사와 풍부한 표정을 갖고 있는 매력이 넘치는 거리다.

대응체제

오사카의 도시 브랜드 향상을 위해 오사후(大阪府), 오사카시(大阪市)와 격제관계단체 등이 관민일체가 되어 도시경영을 지향하는 체제. 2009년 [물의 도시 오사카 2009]를 개최하고, 교량의 라이트업을 새롭게 추가, 2013년에는 [OSAKA 빛의 르네상스]와 [미도스지 일루미네이션]을 코어 프로그램으로 한 [오사카·빛의 향연]을 실시. 2014년도의 협찬·협력기업과 단체 등은 59개소를 헤아린다.

이제까지의 경위

2003년	[OSAKA 빛의 르네상스] 제1회 실시
2009년	[물의 도시 오사카 2009]를 개최하고, 다리의 라이트 업이 새롭게 추가됐다.

· 지역만들기의 노하우 ·

과제 세계로 발전하는 [물과 빛의 수도·오사카], 오사카의 도시 브랜드 향상에 의한 국내외로부터의 방문자 증가

▶ 코어 프로그램인 [OSAKA 빛의 르네상스]와 [미도스지 일루미네이션]에, 오사카시 중심부 지역 매니지먼트와 지역활성화에 진력하고 있는 단체의 빛의 프로그램을 지역 프로그램, 회유체류를 촉진시키는 마을 걷기 프로그램과 3개 프로그램으로 구성하고, 국내외를 향해 오사카의 매력을 발전

대응성과

[오사카·빛의 향연]으로 2번째 실시한 2014년도에는 [OSAKA 빛의 르네상스], [미도스지 일루미네이션], [OSAKA 빛의 향연 바루 2014]를 개최함과 동시에, 오사카 시내에서 실시되는 민간에 의한 빛 프로그램인 (지역 프로그램)과 연대해서 오카사의 매력을 일체적으로 발전하는 전략적인 프로모션을 추진했다. 사업체제와 프로모션 강화를 기획함으로서 [오사카 ·빛의 향연]전체 방문객 수는 2013년도의 약517만명에서 약886만명으로 큰폭으로 증가했다.

앞으로 2015년도는 오사카에 있어 [오사카의 진(陳)]으로부터 400년이 되는 등 다양한 절목[심볼의 해]로 설정되어 있어, 오사카·빛의 향연 또한 심벌의 해에 어울리는 특별 프로그램을 실시하는 등, 더 나은 오사카의 도시 브랜드 향상과 [물과 빛의 수도, 오사카]의 실현을 향해서, 관민일체가 되는 오사카의 매력을 국내외를 향해 발전한다.

문의 : 오사카 ·빛의 향연 실행위원회 사무국

大阪府大阪市中央区本町橋2-8

TEL : 06-6910-1156

URL : http://www.hikari-kyouen.com

인프라와 관광 · 지역만들기

Okubabi 무흐흐 오텀(autumn)

[실시 주체 : 오쿠이즈모 여성을 위한 여행만들기!위원회]

▶ 여성의 힘이 만들어내는 운난권역의 열정

오쿠이즈모 여성을 위한 여행만들기!위원회(시마네현 홍보지[포토 시마네]196호(2014년10월)

대응 개요

건강한 여성의 힘이 운난(雲南)의 기

운난(雲南)시 ·오쿠이즈모(奥出雲)정 ·이이난(飯南)정으로 이루어진 운난(雲南)권역의 지역정보 발전을 위해 노력하고 있는 [오쿠이즈모 여성을 위한 여행만들기!위원회]가 [조금 더 우리마을을 즐겁게 만들자!]라는 마음에서 실시한 기획. 키 디자인으로 활용한 '수염'은, 수염이 있고 없음에 따라 사람의 얼굴이 매우 달라보이듯이, 마을의 표정도 작은 아이디어로 한결 즐겁게 만들 수 있다는 것을 의도한 것. 마을 사람들 스스로 기획자가 되어 관광객을 맞이하는(오모테나시) 체험프로그램을 기획함과 동시에, 동 위원회가 일체적인 홍보를 함으로서 집객력을 높이고 있다. 기획에 있어서는, 위원회 멤버와 지역의 기획자가 하나가 되어 연구회를 개최, 2014년 9월 27일-11월 30일까지 기간 중에 25개 프로그램을 시행했다. 프로그램의 하나를 예를 들면, [예뻐지고 싶어! 일상을 벗어난 공간에서 요가와 카페의 하루를]이라는 주제로, 오바라(尾原)댐에서 요가와 호수면 산책, 댐 탐험을 조합한 이벤트를 개최했다.
후리 페이퍼[Okutabi](3만부 발행)은 여성의 시선으로 연구를 거듭해서, 높은 인기를 얻고 있다. 나아가, 오쿠이즈모 지역의 팬클럽적 존재인 [오쿠이즈모 여성을 위한 여행 응원대]도 현재 전국 각지의 약 700명이 등록. 이 마을로 이주를 결심하게된 계기가 되었다는 목소리도 들린다.

지역의 특징

시마네(島根)현 운난(雲南)시 ·이이난(飯南)정 및 오쿠이즈모(奥出雲)정, 1시(市)2정(町)에서 광역적 연합을 설립(1999년8월). 시마네현의 동쪽에 위치하지만 히로시마(広島)현과 접해있는 지역. 3개 시정(市町)의 면적은 합계 약1,160㎢로 시마네현 총 면적의 약17%를 차지하고 인구로는 시마네현 전체의 약 9%를 점하는 지역. 권역 내에는 1급하천인 히이(斐伊)강과 칸도(神戸)강이 흐르고 있고, 2011년에는 시츠미(志津見)댐, 2012년에는 오바라(尾原)댐이 완성. 댐 주변에서의 이벤트가 계속 증가하고 있고, 댐을 지역 만들기와 관광객 유치에 활용하고자 하는 움직임이 활발해 지고 있다.

대응체제

[오쿠이즈모 여성을 위한 여행만들기!위원회]는 시마네현 오쿠이즈모(奥出雲)지역을 너무나 사랑하는 1시2정의 여성 10명(JA, 상공회, 행정의 여성공무원)이 모여서 만든 프로젝트 팀. 2013년 3월에 츄고쿠(中国) 횡단 자동차도 오미치마츠에(尾道松江)라인 {일명 츄고쿠야마나미가도}가 개통했을 때를 대비해 산요(山陽)방면으로부터의 관광객을 증대시켜 지역경제의 활성화를 꾀하기 위해 결성되었다. 이제까지는 이렇다하게 명확한 어프로치를 하지 않았던 여성 관광객을 대상으로 정보발전을 강화하는 차원에서 구성단체의 여성직원이 모여서 활동하고 있다.

수변공간을 활용한 보트 이벤트

후리 페이퍼[Okubabi]

지금까지의 경위

2012년	3개 시정(市町)의 JA, 상공회, 행정의 여성공무원 10명이 [오쿠이즈모 여성을 위한 여행만들기!위원회]결성
2013년 이후	연1회 페이스로 관광정보지 [Okutabi]를 발행해서 산요(山陽)방면을 중심으로 배포. 발행부수는 3만부. 여성의 삶을 응원하는 책[여성백화(女性百花)](2만부)발행, 여성만을 위한 모니터 투어도 실시.

· 지역만들기의 노하우 ·

과제 오쿠이즈모(奥出雲)지역의 매력이 충분하게 알려지지 않았다.

▶ 타겟을 여성으로 집중해서 인쇄물은 여성들이 좋아하는 디자인으로 작성. 활동을 응원하는 오쿠이즈모 여성을 위한 여행 응원 대모집. 책자 및 투어 모집 전단지 등을 2부씩 발송하고, 친구들에게 전달해 줄 수 있도록 편지를 동봉하는 등 다양한 아이디어를 담았다. 입소문을 통한 정보발전력이 높은 것을 활용해서 정보를 확산시키고 있다.

과제 기존의 관광 팸플릿이 관광객의 동향에 맞지 않는다

▶ 비슷비슷한 경관, 문화를 가지고 있는 오쿠이즈모 지역의 각 시정(市町)의 정보를 한데 모아서, 관광객의 동선에 맞춘 루트와 관광 스팟을 소개. 하나의 행정구역 만으로 정보를 좁히지 않고, 인접지역에 있는 중요한 관광지에 대해서도 게재하고 있다.

과제 멋진 지역자원에 대해 지역주민은 알지 못한다

▶ 디자인과 말투를 신경쓰면서 정보를 발전함으로서 [Okutabi]를 본 관광객들이 방문하게 되고, 역으로 지역주민이 지역 자원에 눈을 뜨게 되고, 비로서 지역의 멋진 모습을 실감하게 되는 쪽으로 확산되고 있다.

대응성과

[무흐흐 오텀(autumn)]의 참가자 앙케이트(회답 175명)에 따르면, 69%가 권역 밖에서 참가. 만족도를 보면, 64%의 참가자가 100%이상이었다고 답하고 있다. 또한, 본 이벤트 기획자는 거의 전원이 다음회에도 참가하고 싶다는 의향을 표시하고 있다. 지역을 위해 뭔가 해보고 싶다고 하는 지역주민의 마음과, 어디에나 있을법한 관광이 아닌, 뭔가 다른 체험을 하고 싶다는 관광객의 니즈가 잘 매치됨으로서 기획자와 참가자가 모두 대만족.

문의 : 오쿠이즈모 여성을 위한 여행만들기 위원회

島根県雲南市木次町里方1100-6　雲南広域連合内

TEL : 0854-47-7341

URL : http://okutabi.shimanedeep.jp

인프라와 관광 · 지역만들기

세토우치(瀨戸内) 시마나미해도(海道)

[실시주체 : 세토나이 시마나미해도 진흥협의회]

▶ **지역의 보물을 지역인과 함께 다듬어서 세계에 자랑할만한 시마나미 해도(海道) 지역 실현**

세토나이 시마나미해도의 심벌[타타라 대교]

키로(亀老)산 전망대에서 보는 쿠루시마(来島)해협대교

시마나미해도 랜탈자전거

대응 개요

세토나이 시마나미해도, 지역의 매력이 점점 높아지는 중

세토우치 시마나미해도는 전장 59.4㎞로, 히로시마(広島)현 오미치(尾道)시와 에히매(愛媛)현 이마바리(今治)시 사이를 9개의 교량으로 8개 섬을 잇고 있다. [바다 위를 자전거로 달린다]고하는 '시마나미'이기 때문에 가능한 매력은 서서히 확산되고 있고, 풍광명미(風光明媚)로 역사와 문화가 넘치는 섬과 섬을 돌면서, 일본에서 처음 건설된 해협을 횡단할 수 있는 전장 약70㎞의 자전거도로를 사이클링으로 만끽할 수 있다. 2012년도 자전거 통행대 수 17만대(추정)은, 국내외로부터 방문하는 사이클리스트로부터 높은 찬사를 받고 있다.

2014년도에 개최된 [세토우치 시마노와2014]는 주민주최에 의한 이벤트 개최와 높아진 오모테나시(일본식 호스피텔리티)분위기를 통해 지역주민이 힘을 합치는 시도도 적극적으로 전개되고 있다.

지역의 특징

오미치(尾道)시의 역사는 매우 깊어서, 중세 무로마치(室町)시대부터 세토내해의 중요 지점이었고, 에도(江戸)시대에는 키타마에(北前)선박의 왕래로 가일층 번성하여 부자가 된 호상(豪商)들이 많았던 것으로 전해지고 있다. 문화와 역사가 살아있고, 전쟁으로부터 떨어져 있었던 거리는 일본의 성장시대와 전후시대를 그대로 느낄 수 있다. 영화의 로케이션으로도 유명하다. 이마바라(今治)시는 수많은 경승지(景勝地)가 존재하고 타올산업이 국내 총생산의 50%를 점하는 것으로 유명하다. 또한 해운업, 조선업이 번성해서 대형선박의 건조실적은 국내의 약 20%를 점유, 석재업과 제염업 등의 각종 제조업도 집적해 있어서, 시코쿠(四国)지역에서 가장 높은 제조품 출하액을 자랑하는 [제조업마을]로 알려져 있다. 카미시마(上島)정은, 오랜 제염 역사를 가지고 있어 중앙의 권문세가(權門勢家)가 섬들을 사유화하여, 그 후 농업·어업이 주산업이 되었다. 지금은 조선관련 산업 외에 감귤류를 중심으로한 농산물 가공품이 마을을 대표하고 있다. 2시(市)1정(町)이 포함된 세토내해 국립공원은, 해역을 포함하면 일본에서 가장 큰 면적을 갖는 국립공원이고, 세토내해 일대는 섬에 남아있는 계단식 논과 오랜 항구마을의 가옥 등 옛날부터 사람과 자연이 공존해 온 지역이다.

대응체제

2007년, 세토우치海를 사이에 둔 히로시마현과 에히메현이 파트너가 되어 [세토나이 시마나미해도 진흥협의회]를 설립. 최근에는 세토우치 시마나미해도의 사이클링을 대표상품으로 국내·해외를 불문하고 관광객 모집을 통한 지역진흥책을 추진하고 있다.

사이클리스트를 위한 도표[블루 라인]

시마나미해도 특산[레몬]

지금까지의 경위

2999년5월	[세토우치 시마나미해도]전교량 개통
2006년4월	국도 317호 이쿠치(生口)섬 도로 및 오시마(大島)도로 개통에 따른 전선 개통
2007년4월	협의회 설립*

*[세토우치 시마나미해도 주변지역 진흥협의회]와 [세토우치 시마나미해도 관광추진협의회]가 통합

· 지역만들기의 노하우 ·

과제 지역의 새로운 매력 향상

▶ 지역주민과의 협동을 시도함으로서 매력도를 향상할 수 있다.

과제 지역의 인지도 향상

▶ 국내 및 해외의 주요 도시에서의 PR, 각종 미디어를 활용한 지역정보 발전으로 이미지를 확립하고 있다.

과제 새로운 관광수요 창출

▶ 렌탈 사이클 운용, 사이클링 이벤트 개최 등을 통한 [사이클링]으로 특화시킨 관광수요을 창출하고 있다.

대응성과

시마나미해도 사이클링의 인지도가 높아지고, 또한 대만·일월담(日月潭) 사이클링 로드와의 자매 자전거도로협정이 체결되었다. 시마나미해도의 지역진흥과 주민 · 민간주체에의한 오모테나시(일본식 호스피텔러티)분위기가 높아졌다.

금후, 츄고쿠(中国)·시코쿠(四国)에 걸친 광역관광주유루트 확립과 새로운 방일 외국인 관광객 유치를 위해 노력하겠다.

しまなみ海道レンタサイクル利用実績

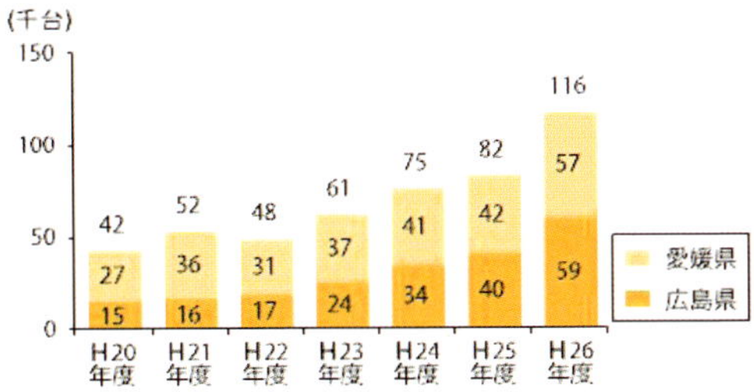

문의 : 세토우치 시마나미해도 진흥협의회

広島県尾道市久保 1-15-1　尾道市産業部觀光課內

TEL : 0848-38-9185 (尾道市觀光課)

0898-36-1541 (今治市觀光課)

0897-75-2500 (上道町産業振興課)

URL : http://www.go-shimanami.jp

인프라와 관광 · 지역만들기

지역의 관광스팟 [츠루타(鶴田)댐 ·재개발사업]

[실시 주체 : 사츠마 정(町)여관조합, 사츠마 정(町),국토교통성 큐슈지방정비국 하천사무소, 츠루타댐 관리소]

▶ **댐과 온천여관의 파트너십을 통해 관광객 증가로**

츠루타(鶴田)댐 재개발

소기(曾木)폭포 분수로

초여름부터 가을에 걸쳐 바닥이 노출되는 구 발전소

대응 개요 댐이 관광객을 모으는 효과도 발휘

츠루타 댐 하류에 있는 카로시마(鹿児島)현 사츠마(さつま)정 온천지구는 관광객의 감소가 지역의 큰 과제가 되고 있었다. 사츠마정 여관조합에서는 2014년도부터 새로운 시도를 시작했는데, 사츠마정 여관조합과 지역의 지자체가 츠루타 댐 ·재개발사업에 착목해서, 댐을 관광스팟의 하나로 정하고 관광객 증가를 위한 독자적인 투어화에 박차를 가하고 있다.

5월에 있는 밧딧불이배 운항시즌과 7월-8월의 여름방학 시즌 등에 여관에 숙박한 관광객을 츠루타 댐 ·재개발사업에 안내하는 서비스를 실시해서, 2014년도에는 약80명이 방문했다.

이 투어의 볼거리는 평상시에는 들어가 볼 수 없는 댐의 내부견학과 일본 최대규모의 재개발사업을 눈앞에서 볼 수 있다는 점이고, 댐의 수위가 내려가는 초여름부터 가을 사이에만 "100년 전의 수력발전소 흔적"이 호수 바닥에서 나타난다. 또한 전체를 내려다 볼 수 있도록 뷰포인트도 준비했다.

지역의 특징

2005년의 사츠마(薩摩)정, 츠루타(鶴田)정, 미야노시로(宮之城)정 3정이 합병되어서 탄생한지 10주년이 되는 사츠마(さつま)정은, 카고시마현의 북서부, 카고시마시로부터 약 50㎞에 위치하고 있고, 인구 약 2만3천명이다. 주위가 산들로 둘러쌓여있고, 그 가운데를 센다이(川内)강이 관통하고 있다. [오쿠사츠마(奥薩摩)]라고 불리는 이곳에서는, 봄부터 초여름에 걸쳐 센다이(川内)강의 강변에서 반딧불이를 감상할 수 있다. 사츠마정 홈페이지에 소개되어 있는 유적 ·사적에는 [츠루타 댐]도 포함되어 있다.

소기 폭포

오쿠사츠마의 반딧불이 배

대응체제

사츠마정 여관조합, 사츠마 정(町), 국토교통성 하천사무소 및 츠루타 댐 관리소가 연대해서 공동으로 주최. 사츠마정 내에 있는 여관숙박자로 한정해서, 숙박 다음날에 투어를 실행하는 시스템이다. 2013년부터는 여행업자와 연대, 2014년 5월부터는 지역의 여관조합과 연대한 인프라 투어를 개시하고 있다.

지금까지의 경위

1966년3월	츠루타 댐 준공
2006년7월	센다이(川内)강 관측사상 가장 큰 홍수가 발생하여 다양한 치수대책 공사 전개
2007년4월	츠루타 댐 재개발사업에 착수
2011년3월	[소기(曽木)폭포 분수로]가 완성, 2012년 10월에 굿 디자인2012상 수상
2013년8월	여행업자와 연대한 인프라 투어 개시

· 지역만들기의 노하우 ·

과제 관광객 감소가 온천지대의 과제

▶ 온천만이 아닌 반딧불이배 관광과 연대한 PR을 통해 상승효과로 관광객 증가를 목표로 하고 있다.

과제 새로운 관광자원 개발

▶ 1966년 완공된 츠루타 댐이 2007년부터 재개발사업을 시작할 것을 계기로, 공사현장 견학을 새로운 관광투어로 활용하는 시도를 개시하고 있다.

과제 지역이 한층 더 발전하도록 하는 시도

▶ 정부와 지역 지자체, 지역 여관조합이 연대한 인프라 투어를 시도함으로서 지역이 더욱 더 발전하도록 하는 시도를 실시하고 있다.

대응성과

근년, 츠루타(鶴田)댐 ·재개발사업에 대한 견학자 수가 증가하고 있다. 특히 여행사와 연대한 인프라투어를 시작한 2013년도부터 일반인의 츠루타댐 ·재개발사업에대한 인지도가 높아졌다. 또한 이를 한층 보강하기 위해 2014년도에 지역의 여관조합과 연대한 인프라투어가 견학자를 증가시킨 하나의 요인으로 파악하고 있다.

견학자 반응도 좋아서, SNS(Twitter, Facebook 등)과 입소문 등으로 확산되는 경향도 보이고 있어, 향후 한층 견학자가 늘고 인지도가 높아짐으로서, 지역 관광스팟의 랜드마크의 역할을 할 것으로 예측된다.

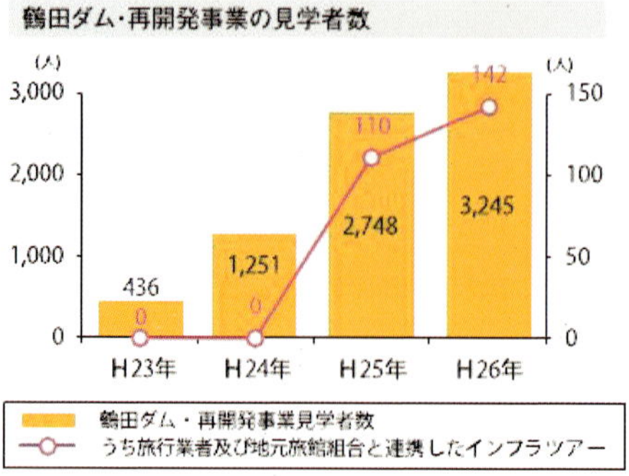

문의 : 사츠마(さつま)
鹿児島県薩摩郡さつま町宮野城屋地 1565-2
TEL : 0996-53-1111

인프라와 관광 · 지역만들기

세계유산 [나카시로(中城)성터]에 이은 고도(古道)[한타길]을 지키자

[실시주체 : 나카시로(中城)촌 문화재 안내인 서클[구스크회]]

▶ 지역의 역사, 유산, 관광은 지역이 지탱한다

방문객 안내(후면이 나카시로 성터)

방문자 안내

대응 개요 지역유산은 우리 손으로 지킨다

오키나와(沖縄)현 나카구스크(中城)촌은 류큐(琉球)*의 역사가 많이 남아있는 지역이다. 세계유산인 [나카가와 성터]에 이은 고도 [한타** 길]은 나카구스크 촌(村) 문화재 안내인 서클[구스크회]의 활동을 통해 그 아름다움을 간직한채 정비가 진행되고 있어 방문객에 대한 자원봉사자 안내는 지역 관광에 커다랗게 공헌하고 있다. 한타길을 따라 많은 문화재가 잠재해 있고, 영어를 할 수 있는 스탭도 2명이 배치되어 있다. 세계유산등록이 이루어진 2000년부터 2013년에는 방문객이 2배인 12만명으로 증가했고, 마을 인구의 약 6배에 달하는 방문객 수를 달성했다.

*류큐(琉球)는 지금의 오키나와의 옛이름

**'한타'는 벼랑, 절벽, 높아서 조망이 좋은 곳이라는 오키나와 방언

지역의 특징

나카구스크 마을은 오키나와 본섬의 중부에 위치한 인구 약 19,000명의 마을이다. 촌의 면적 40% 가까이가 밭이고, 취업자의 약70%는 제3차산업에 종사하고 있다. 옛날 류큐시대인 14세기 후반쯤부터 15세기 중반에 걸쳐 축성된 나카구스크(中城)성이 있고, 성터는 오키나와 현내 곳곳에 남았는 [성(구스크)] 가운데에서도 가장 많은 유물을 남기고 있어, 2000년에 유네스코 세계유산(문화유산)에 등록되었다. 그 나카구스크 성과 슈리(首里)성을 잇는 슈쿠미치(宿道)[나카가미호토(中頭方東) 가도]의 일부도 근년 [고도 한타길]로 정비되었다.

오리지널 그림연극을 통해 안내

한타 길 청소활동

대응체제

2002년에 발족해서 53명의 회원으로 세계유산 등의 문화재 안내를 시작으로 활동전개. 세계유산 나카구스크 성터와 고도 한타길(역사의 길)을 중심으로 연중 관광객 안내와 마을 소재 초중등학생에 대한 역사교육의 일환으로 역사 설명을 하고 있다. 정기적으로 미화·청소활동, 한타길, 세계유산 나카구스크 성터 및 그 주변에 털머위를 식재하는 등 향토의 매력을 향상시키기 위한 노력을 계속하고 있다.

지금까지의 경위

1998년	세계유산등록을 앞두고 마을이 [토요무* 숙(塾)]을 개강하고, 문화재 안내 인재육성 시도. 제1기 수료생 몇 명이 만든 작은 서클이 [구스크회] 활동의 기원.
2000년	세계유산등록. 이것이 나카구스크 성터에 대한 주민의 의식고양에 커다란 영향을 미쳤다.
2002년	나카구스크 촌 문화재 안내인 서클[구스크회]발족. 회원수는 2013년도 현재 53명이다.

*토요무(とよむ)는, 세상에 이름을 높이 알리고 세상을 울린다는 의미

· 지역만들기의 노하우 ·

과제 세계유산등록을 앞둔 문화재 안내인 육성

▶ 마을과 주민이 협동해서 노력, 후계자 육성에는 지금도 발전적으로 계속하고 있다.

과제 촌내에 있는 초등학생이 많이 방문하기 때문에 알기쉽게 나카구스크 성터의 역사를 전달할 필요가 있다

▶ 성내를 돌아보기 전에 그림연극을 통해 간단한 지식을 설명하고, 이미지를 상상하면서 견학할 수 있도록 하고 있다.

과제 해외에서 오는 방문객 안내에 대응할 필요성

▶ 영어가 가능한 스탭을 2명 배치하고, 중국어 ·한국어로 대응 가능한 스탭 육성을 검토하고 있다.

대응성과

[구스크회]에 의한 털머위 식재활동이 촌(村)내부의 NPO와 상공회까지 번져, 연도에 활기가 돌아왔다. 아직 한타길로서 정비되지 않은 구간도 있지만, 털머위 식재와 청소활동으로 지역의 환경미화에 크게 공한하고 있다. 한편, 촌(村)은 촌립3초등학교에서 향토 역사와 문화 계승을 위해 지역의 위인인 나카구스크 성주 이름에서 유래한 [고사마루과]를 특례과로 해서 수업을 만들었다. 이러한 촌(村)의 움직임과 연대해서 [구스크회]는 가일층 활동에 발전을 기하고 있다.

世界遺産「中城城跡」来場者数

H12年	2.5倍 ➡	H26年
4.7万人		11.9万人

문의 : 나카구스크 문화재 안내인 서클[구스크회]

沖縄県中頭郡北中城村大城503　中城城跡共同管理協議会

TEL : 098-935-5719

FAX : 098-935-1146

색인

ㅇ

ㅈ